OEUVRES
DE
MONTESQUIEU.

TOME IV.

IMPRIMERIE DE MARCHAND DUBREUIL,
rue de la Harpe, n. 80.

OEUVRES

DE

MONTESQUIEU

AVEC

ÉLOGES, ANALYSES, COMMENTAIRES,
REMARQUES, NOTES, RÉFUTATIONS, IMITATIONS;

PAR

MM. DESTUTT DE TRACY, VILLEMAIN, WALCKENAER,
MEMBRES DE L'INSTITUT;

D'ALEMBERT, HELVÉTIUS, VOLTAIRE, DUPIN, ÉCHASSERIAU, LENGLET,
LE CARDINAL DE BOISGELIN, CONDORCET, MARMONTEL,
CARTAUD DE LA VILLATTE, GROSLEY, FILANGIERI, BECCARIA,
LE COMTE DE SAINT-ROMAN, MADAME GEOFFRIN,
LÉONARD, COLARDEAU, SUARD.

ESPRIT DES LOIS.
TOME III.

A PARIS,
CHEZ DALIBON, LIBRAIRE
DE S. A. R. MONSEIGNEUR LE DUC DE NEMOURS,
RUE SAINT-ANDRÉ-DES-ARCS, N° 41.

M. DCCC. XXVI.

DE L'ESPRIT DES LOIS.

LIVRE XXIV.

DES LOIS, DANS LE RAPPORT QU'ELLES ONT AVEC LA RELIGION ÉTABLIE DANS CHAQUE PAYS, CONSIDÉRÉE DANS SES PRATIQUES ET EN ELLE-MÊME.

CHAPITRE I.

Des religions en général.

Comme on peut juger parmi les ténèbres celles qui sont les moins épaisses, et parmi les abîmes ceux qui sont les moins profonds, ainsi l'on peut chercher entre les religions fausses celles qui sont les plus conformes au bien de la société ; celles qui, quoiqu'elles n'aient pas l'effet de mener les hommes aux félicités de l'autre vie, peuvent le plus contribuer à leur bonheur dans celle-ci.

Je n'examinerai donc les diverses religions du monde que par rapport au bien que l'on en tire dans l'état civil, soit que je parle de celle qui a sa racine dans le ciel, ou bien de celles qui ont la leur sur la terre.

Comme dans cet ouvrage je ne suis point théologien, mais écrivain politique, il pourroit y avoir des choses qui ne seroient entièrement vraies que dans une façon de penser humaine, n'ayant point été considérées dans le rapport avec des vérités plus sublimes.

A l'égard de la vraie religion, il ne faudra que très-peu d'équité pour voir que je n'ai jamais prétendu faire céder ses intérêts aux intérêts politiques, mais les unir : or, pour les unir, il faut les connoître.

La religion chrétienne, qui ordonne aux hommes de s'aimer, veut sans doute que chaque peuple ait les meilleures lois politiques et les meilleures lois civiles, parce qu'elles sont, après elle, le plus grand bien que les hommes puissent donner et recevoir.

CHAPITRE II.

Paradoxe de Bayle.

M. Bayle a prétendu prouver qu'il valoit mieux être athée qu'idolâtre [1]; c'est-à-dire, en d'autres termes, qu'il est moins dangereux de n'avoir point du tout de religion que d'en avoir une mauvaise. « J'aimerois mieux, dit-il, que l'on dît de moi que « je n'existe pas, que si l'on disoit que je suis un « méchant homme. » Ce n'est qu'un sophisme, fondé sur ce qu'il n'est d'aucune utilité au genre humain que l'on croie qu'un certain homme existe; au lieu qu'il est très-utile que l'on croie que Dieu est. De l'idée qu'il n'est pas suit l'idée de notre indépendance ; ou, si nous ne pouvons pas avoir cette idée, celle de notre révolte. Dire que la religion n'est pas un motif réprimant, parce qu'elle ne réprime pas toujours, c'est dire que les lois civiles ne sont pas un motif réprimant non plus. C'est mal raisonner contre la religion, de rassembler dans un grand ouvrage une longue énumération des maux qu'elle a produits, si l'on ne fait de même celle des biens qu'elle a faits. Si je vou-

---

[1] Pensées sur la comète, etc.

lois raconter tous les maux qu'ont produits dans le monde les lois civiles, la monarchie, le gouvernement républicain, je dirois des choses effroyables. Quant il seroit inutile que les sujets eussent une religion, il ne le seroit pas que les princes en eussent, et qu'ils blanchissent d'écume le seul frein que ceux qui ne craignent point les lois humaines puissent avoir.

Un prince qui aime la religion et qui la craint est un lion qui cède à la main qui le flatte ou à la voix qui l'apaise: celui qui craint la religion et qui la hait est comme les bêtes sauvages qui mordent la chaîne qui les empêche de se jeter sur ceux qui passent; celui qui n'a point du tout de religion est cet animal terrible qui ne sent sa liberté que lorsqu'il déchire et qu'il dévore.

La question n'est pas de savoir s'il vaudroit mieux qu'un certain homme ou qu'un certain peuple n'eût point de religion que d'abuser de celle qu'il a; mais de savoir quel est le moindre mal, que l'on abuse quelquefois de la religion, ou qu'il n'y en ait point du tout parmi les hommes.

Pour diminuer l'horreur de l'athéisme on charge trop l'idolâtrie. Il n'est pas vrai que quand les anciens élevoient des autels à quelque vice, cela signifiât qu'ils aimassent ce vice: cela signifioit au contraire qu'ils le haïssoient. Quand les Lacédémoniens érigèrent une chapelle à la Peur, cela ne signifioit pas que cette nation belliqueuse lui demandât de s'emparer dans les combats des cœurs des Lacédémoniens. Il y avoit des divinités à qui on demandoit de ne pas inspirer le crime, et d'autres à qui on demandoit de le détourner.

CHAPITRE III.

Que le gouvernement modéré convient mieux à la religion chrétienne, et le gouvernement despotique à la mahométane.

La religion chrétienne est éloignée du pur despotisme : c'est que la douceur étant si recommandée dans l'Évangile, elle s'oppose à la colère despotique avec laquelle le prince se feroit justice et exerceroit ses cruautés.

Cette religion défendant la pluralité des femmes, les princes y sont moins renfermés, moins séparés de leurs sujets, et par conséquent plus hommes; ils sont plus disposés à se faire des lois, et plus capables de sentir qu'ils ne peuvent pas tout.

Pendant que les princes mahométans donnent sans cesse la mort ou la reçoivent, la religion, chez les chrétiens, rend les princes moins timides, et par conséquent moins cruels. Le prince compte sur ses sujets, et les sujets sur le prince. Chose admirable! la religion chrétienne, qui ne semble avoir d'objet que la félicité de l'autre vie, fait encore notre bonheur dans celle-ci.

C'est la religion chrétienne qui, malgré la grandeur de l'empire et le vice du climat, a empêché le despotisme de s'établir en Éthiopie, et a porté au milieu de l'Afrique les mœurs de l'Europe et ses lois.

Le prince héritier d'Éthiopie jouit d'une principauté, et donne aux autres sujets l'exemple de l'amour et de l'obéissance. Tout près de là, on voit le mahométisme faire enfermer les enfans du roi de Sennar : à sa mort, le conseil les envoie égorger en faveur de celui qui monte sur le trône [1].

Que, d'un côte, l'on se mette devant les yeux les massacres continuels des rois et des chefs grecs et romains, et de l'autre, la destruction des peuples et des villes par ces mêmes chefs; Timur et Gengiskan qui ont dévasté l'Asie; et nous verrons que nous devons au christianisme, et dans le gouvernement un certain droit politique, et dans la guerre un certain droit des gens, que la nature humaine ne sauroit assez reconnoître.

C'est ce droit des gens qui fait que, parmi nous, la victoire laisse aux peuples vaincus ces grandes choses, la vie, la liberté, les lois, les biens, et

---

[1] Relation d'Ethiopie, par le sieur Ponce, médecin, au quatrième recueil des Lettres édifiantes.

toujours la religion, lorsqu'on ne s'aveugle pas soi-même.

On peut dire que les peuples de l'Europe ne sont pas aujourd'hui plus désunis que ne l'étoient, dans l'empire romain, devenu despotique et militaire, les peuples et les armées, ou que ne l'étoient les armées entre elles : d'un côté, les armées se faisoient la guerre ; et de l'autre, on leur donnoit le pillage des villes, et le partage ou la confiscation des terres.

CHAPITRE IV.

Conséquences du caractère de la religion chrétienne et de celui de la religion mahométane.

Sur le caractère de la religion chrétienne et celui de la mahométane, on doit, sans autre examen, embrasser l'une et rejeter l'autre : car il nous est bien plus évident qu'une religion doit adoucir les mœurs des hommes, qu'il ne l'est qu'une religion soit vraie.

C'est un malheur pour la nature humaine lorsque la religion est donnée par un conquérant. La religion mahométane, qui ne parle que de glaive, agit encore sur les hommes avec cet esprit destructeur qui l'a fondée.

L'histoire de Sabbacon [1], un des rois pasteurs, est admirable. Le Dieu de Thèbes lui apparut en songe, et lui ordonna de faire mourir tous les prêtres d'Égypte. Il jugea que les dieux n'avoient plus pour agréable qu'il régnât, puisqu'ils lui ordonnoient des choses si contraires à leur volonté ordinaire, et il se retira en Éthiopie.

CHAPITRE V.

Que la religion catholique convient mieux à une monarchie, et que la protestante s'accommode mieux d'une république.

Lorsqu'une religion naît et se forme dans un état, elle suit ordinairement le plan du gouvernement où elle est établie : car les hommes qui la reçoivent, et ceux qui la font recevoir, n'ont guère d'autres idées de police que celle de l'état dans lequel ils sont nés.

Quand la religion chrétienne souffrit, il y a deux siècles, ce malheureux partage qui la divisa en catholique et en protestante, les peuples du nord embrassèrent la protestante, et ceux du midi gardèrent la catholique.

C'est que les peuples du nord ont et auront

---

[1] Voyez Diodore, liv. II.

toujours un esprit d'indépendance et de liberté que n'ont pas les peuples du midi, et qu'une religion qui n'a point de chef visible convient mieux à l'indépendance du climat que celle qui en a un.

Dans les pays mêmes où la religion protestante s'établit, les révolutions se firent sur le plan de l'état politique. Luther, ayant pour lui de grands princes, n'auroit guère pu leur faire goûter une autorité ecclésiastique qui n'auroit point eu de prééminence extérieure; et Calvin, ayant pour lui des peuples qui vivoient dans des républiques, ou des bourgeois obscurcis dans des monarchies, pouvoit fort bien ne pas établir des prééminences et des dignités.

Chacune de ces deux religions pouvoit se croire la plus parfaite, la calviniste se jugeant plus conforme à ce que Jésus-Christ avoit dit, et la luthérienne à ce que les apôtres avoient fait.

CHAPITRE VI.

Autre paradoxe de Bayle.

M. Bayle, après avoir insulté toutes les religions, flétrit la religion chrétienne : il ose avancer que de véritables chrétiens ne formeroient pas un état qui pût subsister. Pourquoi non? Ce seroient des citoyens infiniment éclairés sur leurs devoirs, et qui auroient un très-grand zèle pour les remplir ; ils sentiroient très-bien les droits de la défense naturelle : plus ils croiroient devoir à la religion, plus ils penseroient devoir à la patrie. Les principes du christianisme, bien gravés dans le cœur, seroient infiniment plus forts que ce faux honneur des monarchies, ces vertus humaines des républiques, et cette crainte servile des états despotiques.

Il est étonnant qu'on puisse imputer à ce grand homme d'avoir méconnu l'esprit de sa propre religion ; qu'il n'ait pas su distinguer les ordres pour l'établissement du christianisme d'avec le christianisme même, ni les préceptes de l'Évangile d'avec ses conseils. Lorsque le législateur, au lieu de donner des lois, a donné des conseils, c'est qu'il a vu que ses conseils, s'ils étoient ordonnés comme des lois, seroient contraires à l'esprit de ses lois.

CHAPITRE VII.

Des lois de perfection dans la religion.

Les lois humaines, faites pour parler à l'esprit, doivent donner des préceptes et point de conseils : la religion, faite pour parler au cœur, doit donner beaucoup de conseils et peu de préceptes.

Quand, par exemple, elle donne des règles, non pas pour le bien, mais pour le meilleur, non pas pour ce qui est bon, mais pour ce qui est parfait, il est convenable que ce soient des conseils et non pas des lois; car la perfection ne regarde pas l'universalité des hommes ni des choses. De plus, si ce sont des lois, il en faudra une infinité d'autres pour faire observer les premières. Le célibat fut un conseil du christianisme : lorsqu'on en fit une loi pour un certain ordre de gens, il en fallut chaque jour de nouvelles pour réduire les hommes à l'observation de celle-ci [1]. Le législateur se fatigua, il fatigua la société pour faire exécuter aux hommes par précepte ce que ceux qui aiment la perfection auroient exécuté comme conseil.

---

[1] Voyez la Bibliothèque des auteurs ecclésiastiques du sixième siècle, tome V, par M. Dupin.

CHAPITRE VIII.

De l'accord des lois de la morale avec celles de la religion.

Dans un pays où l'on a le malheur d'avoir une religion que Dieu n'a pas donnée, il est toujours nécessaire qu'elle s'accorde avec la morale, parce que la religion, même fausse, est le meilleur garant que les hommes puissent avoir de la probité des hommes.

Les points principaux de la religion de ceux de Pégu sont de ne point tuer, de ne point voler, d'éviter l'impudicité, de ne faire aucun déplaisir à son prochain, de lui faire au contraire tout le bien qu'on peut [1] : avec cela ils croient qu'on se sauvera dans quelque religion que ce soit; ce qui fait que ces peuples, quoique fiers et pauvres, ont de la douceur et de la compassion pour les malheureux.

[1] Recueil des Voyages qui ont servi à l'établissement de la compagnie des Indes, tome III, part. I, page 63.

CHAPITRE IX.

Des Esséens.

Les Esséens [1] faisoient vœu d'observer la justice envers les hommes, de ne faire de mal à personne, même pour obéir, de haïr les injustes, de garder la foi à tout le monde, de commander avec modestie, de prendre toujours le parti de la vérité, de fuir tout gain illicite.

CHAPITRE X.

De la secte stoïque.

Les diverses sectes de philosophie chez les anciens pouvoient être considérées comme des espèces de religion. Il n'y en a jamais eu dont les principes fussent plus dignes de l'homme et plus propres à former des gens de bien que celle des stoïciens ; et, si je pouvois un moment cesser de penser que je suis chrétien, je ne pourrois m'empêcher de mettre la destruction de la secte de Zénon au nombre des malheurs du genre humain.

---

[1] Histoire des Juifs, par Prideaux.

Elle n'outroit que les choses dans lesquelles il y a de la grandeur, le mépris des plaisirs et de la douleur.

Elle seule savoit faire les citoyens ; elle seule faisoit les grands hommes ; elle seule faisoit les grands empereurs.

Faites pour un moment abstraction des vérités révélées ; cherchez dans toute la nature, et vous n'y trouverez pas de plus grand objet que les Antonin. Julien même, Julien (un suffrage ainsi arraché ne me rendra point complice de son apostasie) ; non, il n'y a point eu après lui de prince plus digne de gouverner les hommes.

Pendant que les stoïciens regardoient comme une chose vaine les richesses, les grandeurs humaines, la douleur, les chagrins, les plaisirs, ils n'étoient occupés qu'à travailler au bonheur des hommes, à exercer les devoirs de la société : il sembloit qu'ils regardassent cet esprit sacré qu'ils croyoient être en eux-mêmes comme une espèce de providence favorable qui veilloit sur le genre humain.

Nés pour la société, ils croyoient tous que leur destin étoit de travailler pour elle : d'autant moins à charge, que leurs récompenses étoient toutes dans eux-mêmes ; qu'heureux par leur philosophie seule, il sembloit que le seul bonheur des autres pût augmenter le leur.

CHAPITRE XI.

De la contemplation.

Les hommes étant faits pour se conserver, pour se nourrir, pour se vêtir, et faire toutes les actions de la société, la religion ne doit pas leur donner une vie trop contemplative [1].

Les mahométans deviennent spéculatifs par habitude; ils prient cinq fois le jour, et chaque fois il faut qu'ils fassent un acte, par lequel ils jettent derrière leur dos tout ce qui appartient à ce monde : cela les forme à la spéculation. Ajoutez à cela cette indifférence pour toutes choses que donne le dogme d'un destin rigide.

Si d'ailleurs d'autres causes concourent à leur inspirer le détachement, comme si la dureté du gouvernement, si les lois concernant la propriété des terres, donnent un esprit précaire, tout est perdu.

La religion des guèbres rendit autrefois le royaume de Perse florissant; elle corrigea les mauvais effets du despotisme : la religion mahométane détruit aujourd'hui ce même empire.

---

[1] C'est l'inconvénient de la doctrine de Foé et de Laockium.

CHAPITRE XII.

Des pénitences.

Il est bon que les pénitences soient jointes avec l'idée de travail, non avec l'idée d'oisiveté; avec l'idée du bien, non avec l'idée de l'extraordinaire; avec l'idée de frugalité, non avec l'idée d'avarice.

CHAPITRE XIII.

Des crimes inexpiables.

Il paroît, par un passage des livres des pontifes, rapporté par Cicéron [1], qu'il y avoit, chez les Romains, des crimes inexpiables [2]; et c'est là-dessus que Zozime fonde le récit si propre à envenimer les motifs de la conversion de Constantin, et Julien cette raillerie amère qu'il fait de cette même conversion dans ses Césars.

[1] Liv. II des Lois.
[2] *Sacrum commissum, quod neque expiari poterit, impiè commissum est; quod expiari poterit, publici sacerdotes expianto.* Cicéron. *Ibid.* tome IV, page 441, édit. de Denys Godefroy, 1587.

La religion païenne, qui ne défendoit que quelques crimes grossiers, qui arrêtoit la main et abandonnoit le cœur, pouvoit avoir des crimes inexpiables : mais une religion qui enveloppe toutes les passions ; qui n'est pas plus jalouse des actions que des désirs et des pensées; qui ne nous tient point attachés par quelques chaînes, mais par un nombre innombrable de fils; qui laisse derrière elle la justice humaine, et commence une autre justice ; qui est faite pour mener sans cesse du repentir à l'amour, et de l'amour au repentir; qui met entre le juge et le criminel un grand médiateur, entre le juste et le médiateur un grand juge; une telle religion ne doit point avoir de crimes inexpiables. Mais quoiqu'elle donne des craintes et des espérances à tous, elle fait assez sentir que, s'il n'y a point de crime qui, par sa nature, soit inexpiable, toute une vie peut l'être; qu'il seroit très-dangereux de tourmenter sans cesse la miséricorde par de nouveaux crimes et de nouvelles expiations; qu'inquiets sur les anciennes dettes, jamais quittes envers le seigneur, nous devons craindre d'en contracter de nouvelles, de combler la mesure, d'aller jusqu'au terme où la bonté paternelle finit.

CHAPITRE XIV.

Comment la force de la religion s'applique à celle des lois civiles.

Comme la religion et les lois civiles doivent tendre principalement à rendre les hommes bons citoyens, on voit que, lorsqu'une des deux s'écartera de ce but, l'autre y doit tendre davantage : moins la religion sera réprimante, plus les lois civiles doivent réprimer.

Ainsi, au Japon, la religion dominante n'ayant presque point de dogmes, et ne proposant point de paradis ni d'enfer, les lois, pour y suppléer, ont été faites avec une sévérité, et exécutées avec une ponctualité extraordinaires.

Lorsque la religion établit le dogme de la nécessité des actions humaines, les peines des lois doivent être plus sévères, et la police plus vigilante, pour que les hommes, qui sans cela s'abandonneroient eux-mêmes, soient déterminés par ces motifs : mais si la religion établit le dogme de la liberté, c'est autre chose.

De la paresse de l'âme naît le dogme de la prédestination mahométane, et du dogme de cette prédestination naît la paresse de l'âme. On a dit :

Cela est dans les décrets de Dieu; il faut donc rester en repos. Dans un cas pareil, on doit exciter par les lois les hommes endormis dans la religion.

Lorsque la religion condamne des choses que les lois civiles doivent permettre, il est dangereux que les lois civiles ne permettent de leur côté ce que la religion doit condamner, une de ces choses marquant toujours un défaut d'harmonie et de justesse dans les idées, qui se répand sur l'autre.

Ainsi les Tartares de Gengiskan, chez lesquels c'étoit un péché et même un crime capital de mettre le couteau dans le feu, de s'appuyer contre un fouet, de battre un cheval avec sa bride, de rompre un os avec un autre, ne croyoient pas qu'il y eût de péché à violer la foi, à ravir le bien d'autrui, à faire injure à un homme, à le tuer [1]. En un mot, les lois qui font regarder comme nécessaire ce qui est indifférent, ont cet inconvénient, qu'elles font considérer comme indifférent ce qui est nécessaire.

Ceux de Formose croient une espèce d'enfer [2]; mais c'est pour punir ceux qui ont manqué d'aller nus en certaines saisons, qui ont mis des vê-

---

[1] Voyez la relation de frère Jean Duplan Carpin, envoyé en Tartarie par le pape Innocent IV, en l'année 1246.

[2] Recueil des Voyages qui ont servi à l'établissement de la compagnie des Indes, tome V, part. I, page 192.

temens de toile et non pas de soie, qui ont été chercher des huîtres, qui ont agi sans consulter le chant des oiseaux : aussi ne regardent-ils point comme péchés l'ivrognerie et le déréglement avec les femmes; ils croient même que les débauches de leurs enfans sont agréables à leurs dieux.

Lorsque la religion justifie pour une chose d'accident, elle perd inutilement le plus grand ressort qui soit parmi les hommes. On croit, chez les Indiens, que les eaux du Gange ont une vertu sanctifiante [1] : ceux qui meurent sur ses bords sont réputés exempts des peines de l'autre vie, et devoir habiter une région pleine de délices; on envoie des lieux les plus reculés des urnes pleines des cendres des morts pour les jeter dans le Gange. Qu'importe qu'on vive vertueusement ou non? on se fera jeter dans le Gange.

L'idée d'un lieu de récompense emporte nécessairement l'idée d'un séjour de peines; et quand on espère l'un sans craindre l'autre, les lois civiles n'ont plus de force. Des hommes qui croient des récompenses sûres dans l'autre vie échapperont au législateur; ils auront trop de mépris pour la mort. Quel moyen de contenir par les lois un homme qui croit être sûr que la plus grande peine que les magistrats lui pourront infliger ne

---

[1] Lettres édifiantes, quinzième recueil.

finira dans un moment que pour commencer son bonheur?

CHAPITRE XV.

Comment les lois civiles corrigent quelquefois les fausses religions.

Le respect pour les choses anciennes, la simplicité ou la superstition, ont quelquefois établi des mystères ou des cérémonies qui pouvoient choquer la pudeur ; et de cela les exemples n'ont pas été rares dans le monde. Aristote dit que, dans ce cas, la loi permet que les pères de famille aillent au temple célébrer ces mystères pour leurs femmes et pour leurs enfans [1] : loi civile admirable, qui conserve les mœurs contre la religion !

Auguste défendit aux jeunes gens de l'un et de l'autre sexe d'assister à aucune cérémonie nocturne, s'ils n'étoient accompagnés d'un parent plus âgé [2] ; et, lorsqu'il rétablit les fêtes lupercales, il ne voulut pas que les jeunes gens courussent nus [3].

[1] Politique, liv. VII.
[2] Suétone, *in Augusto*, liv. II, chap. xxxi.
[3] *Ibid.*

CHAPITRE XVI.

Comment les lois de la religion corrigent les inconvéniens de la constitution politique.

D'un autre côté, la religion peut soutenir l'état politique lorsque les lois se trouvent dans l'impuissance.

Ainsi, lorsque l'état est souvent agité par des guerres civiles, la religion fera beaucoup si elle établit que quelque partie de cet état reste toujours en paix. Chez les Grecs, les Éléens, comme prêtres d'Apollon, jouissoient d'une paix éternelle. Au Japon, on laisse toujours en paix la ville de Méaco, qui est une ville sainte [1] : la religion maintient ce réglement, et cet empire, qui semble être seul sur la terre, qui n'a et qui ne veut avoir aucune ressource de la part des étrangers, a toujours dans son sein un commerce que la guerre ne ruine pas.

Dans les états où les guerres ne se font pas par une délibération commune, et où les lois ne se sont laissé aucun moyen de les terminer ou de les prévenir, la religion établit des temps de paix ou

[1] Recueil des Voyages qui ont servi à l'établissement de la compagnie des Indes, tome IV, part. I, page 127.

de trèves, pour que le peuple puisse faire les choses sans lesquelles l'état ne pourroit subsister, comme les semailles et les travaux pareils.

Chaque année, pendant quatre mois, toute hostilité cessoit entre les tribus arabes [1] ; le moindre trouble eût été une impiété. Quand chaque seigneur faisoit en France la guerre ou la paix, la religion donna des trèves qui devoient avoir lieu dans de certaines saisons.

CHAPITRE XVII.

Continuation du même sujet.

Lorsqu'il y a beaucoup de sujets de haine dans un état, il faut que la religion donne beaucoup de moyens de réconciliation. Les Arabes, peuple brigand, se faisoient souvent des injures et des injustices. Mahomet fit cette loi [2] : « Si quelqu'un
« pardonne le sang de son frère [3], il pourra pour-
« suivre le malfaiteur pour des dommages et in-
« térêts ; mais celui qui fera tort au méchant,
« après avoir reçu satisfaction de lui, souffrira au
« jour du jugement des tourmens douloureux. »

[1] Voyez Prideaux, Vie de Mahomet, page 64.
[2] Dans l'Alcoran, liv. I, chap. *de la vache*.
[3] En renonçant à la loi du talion.

Chez les Germains, on héritoit des haines et des inimitiés de ses proches; mais elles n'étoient pas éternelles. On expioit l'homicide en donnant une certaine quantité de bétail, et toute la famille recevoit la satisfaction; chose très-utile, dit Tacite [1], parce que les inimitiés sont très-dangereuses chez un peuple libre. Je crois bien que les ministres de la religion, qui avoient tant de crédit parmi eux, entroient dans ces réconciliations.

Chez les Malais, où la réconciliation n'est pas établie, celui qui a tué quelqu'un, sûr d'être assassiné par les parens ou les amis du mort, s'abandonne à sa fureur, blesse et tue tout ce qu'il rencontre [2].

CHAPITRE XVIII.

Comment les lois de la religion ont l'effet des lois civiles.

Les premiers Grecs étoient de petits peuples souvent dispersés, pirates sur la mer, injustes sur la terre, sans police et sans lois. Les belles actions d'Hercule et de Thésée font voir l'état où se trou-

[1] *De moribus Germanorum*, cap. XXI.
[2] Recueil des Voyages qui ont servi à l'établissement de la compagnie des Indes, tome VII, pag. 303. Voyez aussi les Mémoires du comte de Forbin, et ce qu'il dit sur les Macassars.

voit ce peuple naissant. Que pouvoit faire la religion, que ce qu'elle fit pour donner de l'horreur du meurtre? Elle établit qu'un homme tué par violence étoit d'abord en colère contre le meurtrier, qui lui inspiroit du trouble et de la terreur, et vouloit qu'il lui cédât les lieux qu'il avoit fréquentés [1]; on ne pouvoit toucher le criminel ni converser avec lui sans être souillé ou intestable [2]; la présence du meurtrier devoit être épargnée à la ville, et il falloit l'expier [3].

CHAPITRE XIX.

Que c'est moins la vérité ou la fausseté d'un dogme qui le rend utile ou pernicieux aux hommes dans l'état civil, que l'usage ou l'abus que l'on en fait.

Les dogmes les plus vrais et les plus saints peuvent avoir de très-mauvaises conséquences lorsqu'on ne les lie pas avec les principes de la société, et, au contraire, les dogmes les plus faux en peuvent avoir d'admirables lorsqu'on fait qu'ils se rapportent aux mêmes principes.

---

[1] Platon, des Lois, liv. IX.
[2] Voyez la tragédie d'OEdipe à Colonne.
[3] Platon, des Lois, liv. IX.

La religion de Confucius nie l'immortalité de l'âme [1], et la secte de Zénon ne la croyoit pas. Qui le diroit ? ces deux sectes ont tiré de leurs mauvais principes des conséquences non pas justes, mais admirables pour la société. La religion des Tao et des Foé croit l'immortalité de l'âme ; mais de ce dogme si saint ils ont tiré des conséquences affreuses.

Presque par tout le monde, et dans tous les temps, l'opinion de l'immortalité de l'âme, mal prise, a engagé les femmes, les esclaves, les sujets, les amis, à se tuer, pour aller servir dans l'autre monde l'objet de leur respect ou de leur amour. Cela étoit ainsi dans les Indes occidentales ; cela étoit ainsi chez les Danois [2], et cela est encore au-

---

[1] Un philosophe chinois argumente ainsi contre la doctrine de Foé : « Il est dit, dans un livre de cette secte, que notre corps est « notre domicile, et l'âme l'hôtesse immortelle qui y loge : mais, « si le corps de nos parens n'est qu'un logement, il est naturel de « le regarder avec le même mépris qu'on a pour un amas de boue « et de terre. N'est-ce pas vouloir arracher du cœur la vertu de « l'amour des parens ? Cela porte de même à négliger le soin du « corps, et à lui refuser la compassion et l'affection si nécessaires « pour sa conservation : ainsi les disciples de Foé se tuent à milliers. » Ouvrage d'un philosophe chinois, dans le recueil du P. Duhalde, tome III, page 52.

[2] Voyez Thomas Bartholin, Antiquités danoises.

jourd'hui au Japon [1], et à Macassar [2], et dans plusieurs autres endroits de la terre.

Ces coutumes émanent moins directement du dogme de l'immortalité de l'âme que de celui de la résurrection des corps; d'où l'on a tiré cette conséquence, qu'après la mort un même individu auroit les mêmes besoins, les mêmes sentimens, les mêmes passions. Dans ce point de vue, le dogme de l'immortalité de l'âme affecte prodigieusement les hommes, parce que l'idée d'un simple changement de demeure est plus à la portée de notre esprit, et flatte plus notre cœur que l'idée d'une modification nouvelle.

Ce n'est pas assez pour une religion d'établir un dogme, il faut encore qu'elle le dirige. C'est ce qu'a fait admirablement bien la religion chrétienne à l'égard des dogmes dont nous parlons : elle nous fait espérer un état que nous croyions, non pas un état que nous sentions, ou que nous connoissions : tout, jusqu'à la résurrection des corps, nous mène à des idées spirituelles.

[1] Relations du Japon, dans le Recueil des Voyages qui ont servi à l'établissement de la compagnie des Indes.

[2] Mémoires de Forbin.

CHAPITRE XX.

Continuation du même sujet.

Les livres sacrés des anciens Perses disoient : « Si vous voulez être saint, instruisez vos enfans, « parce que toutes les bonnes actions qu'ils feront « vous seront imputées [1] ». Ils conseilloient de se marier de bonne heure, parce que les enfans seroient comme un pont au jour du jugement, et que ceux qui n'auroient point d'enfans ne pourroient pas passer. Ces dogmes étoient faux, mais ils étoient très-utiles.

CHAPITRE XXI.

De la métempsycose.

Le dogme de l'immortalité de l'âme se divise en trois branches : celui de l'immortalité pure, celui du simple changement de demeure, celui de la métempsycose ; c'est-à-dire le système des chrétiens, le système des Scythes, le système des Indiens. Je viens de parler des deux premiers ; et je

---

[1] M. Hyde.

dirai du troisième que, comme il a été bien et mal dirigé, il a aux Indes de bons et de mauvais effets. Comme il donne aux hommes une certaine horreur pour verser le sang, il y a aux Indes très-peu de meurtres; et quoiqu'on n'y punisse guère de mort, tout le monde y est tranquille.

D'un autre côté, les femmes s'y brûlent à la mort de leurs maris : il n'y a que les innocens qui y souffrent une mort violente.

CHAPITRE XXII.

Combien il est dangereux que la religion inspire de l'horreur pour des choses indifférentes.

Un certain honneur que des préjugés de religion établissent aux Indes, fait que les diverses castes ont horreur les unes des autres. Cet honneur est uniquement fondé sur la religion ; ces distinctions de famille ne forment pas des distinctions civiles : il y a tel Indien qui se croiroit déshonoré s'il mangeoit avec son roi.

Ces sortes de distinctions sont liées à une certaine aversion pour les autres hommes, bien différente des sentimens que doivent faire naître les différences de rangs, qui parmi nous contiennent l'amour pour les inférieurs.

Les lois de la religion éviteront d'inspirer d'autre mépris que celui du vice, et surtout d'éloigner les hommes de l'amour et de la pitié pour les hommes.

La religion mahométane et la religion indienne ont dans leur sein un nombre infini de peuples : les Indiens haïssent les Mahométans parce qu'ils mangent de la vache ; les Mahométans détestent les Indiens parce qu'ils mangent du cochon.

CHAPITRE XXIII.

Des fêtes.

Quand une religion ordonne la cessation du travail, elle doit avoir égard aux besoins des hommes, plus qu'à la grandeur de l'être qu'elle honore.

C'étoit à Athènes [1] un grand inconvénient que le trop grand nombre de fêtes. Chez ce peuple dominateur devant qui toutes les villes de la Grèce venoient porter leurs différends, on ne pouvoit suffire aux affaires.

Lorsque Constantin établit que l'on chômeroit le dimanche, il fit cette ordonnance pour les villes [2], et non pour les peuples de la campagne ; il

[1] Xénophon, de la république d'Athènes.
[2] Leg. III, cod. *de feriis*. Cette loi n'étoit faite sans doute que pour les païens.

sentoit que dans les villes étoient les travaux utiles, et dans les campagnes les travaux nécessaires.

Par la même raison, dans les pays qui se maintiennent par le commerce, le nombre des fêtes doit être relatif à ce commerce même. Les pays protestans et les pays catholiques sont situés de manière que l'on a plus besoin de travail dans les premiers que dans les seconds [1] : la suppression des fêtes convenoit donc plus aux pays protestans qu'aux pays catholiques.

Dampierre [2] remarque que les divertissemens des peuples varient beaucoup selon les climats. Comme les climats chauds produisent quantité de fruits délicats, les barbares, qui trouvent d'abord le nécessaire, emploient plus de temps à se divertir. Les Indiens des pays froids n'ont pas tant de loisir; il faut qu'ils pêchent et chassent continuellement : il y a donc chez eux moins de danses, de musique et de festins; et une religion qui s'établiroit chez ces peuples devroit avoir égard à cela dans l'institution des fêtes.

[1] Les catholiques sont plus vers le midi, et les protestans vers le nord.

[2] Nouveaux Voyages autour du monde, tome II.

CHAPITRE XXIV.

Des lois de religion locales.

Il y a beaucoup de lois locales dans les diverses religions. Et quand Montésuma s'obstinoit tant à dire que la religion des Espagnols étoit bonne pour leur pays, et celle du Mexique pour le sien, il ne disoit pas une absurdité, parce qu'en effet les législateurs n'ont pu s'empêcher d'avoir égard à ce que la nature avoit établi avant eux.

L'opinion de la métempsychose est faite pour le climat des Indes. L'excessive chaleur brûle[1] toutes les campagnes; on n'y peut nourrir que très-peu de bétail; on est toujours en danger d'en manquer pour le labourage; les bœufs ne s'y multiplient[2] que médiocrement, ils sont sujets à beaucoup de maladies : une loi de religion qui les conserve est donc très-convenable à la police du pays.

Pendant que les prairies sont brûlées, le riz et les légumes y croissent heureusement par les eaux qu'on y peut employer : une loi de religion qui ne permet que cette nourriture est donc très-utile aux hommes dans ces climats.

[1] Voyage de Bernier, tome II, page 137.
[2] Lettres édifiantes, douzième recueil, page 95.

La chair ¹ des bestiaux n'y a pas de goût, et le lait et le beurre qu'ils en tirent fait une partie de leur subsistance : la loi qui défend de manger et de tuer des vaches n'est donc pas déraisonnable aux Indes.

Athènes avoit dans son sein une multitude innombrable de peuple; son territoire étoit stérile : ce fut une maxime religieuse, que ceux qui offroient aux dieux de certains petits présens les honoroient² plus que ceux qui immoloient des bœufs.

CHAPITRE XXV.

Inconvénient du transport d'une religion d'un pays à un autre.

Il suit de là qu'il y a très-souvent beaucoup d'inconvéniens à transporter une religion d'un pays dans un autre ³.

« Le cochon, dit M. de Boulainvilliers ⁴, doit
« être très-rare en Arabie, où il n'y a presque point
« de bois, et presque rien de propre à la nourri-
« ture de ces animaux; d'ailleurs, la salure des

---

¹ Voyage de Bernier, tome II, page 137.

² Euripide, dans Athénée, liv. II, page 40.

³ On ne parle point ici de la religion chrétienne, parce que, comme on a dit au livre XXIV, chapitre 1, à la fin, la religion chrétienne est le premier bien.

⁴ Vie de Mahomet.

« eaux et des alimens rend le peuple très-suscep-
« tible des maladies de la peau. » La loi locale qui
le défend ne sauroit être bonne pour d'autres pays [1]
où le cochon est une nourriture presque universelle, et en quelque façon nécessaire.

Je ferai ici une réflexion. Sanctorius a observé
que la chair de cochon que l'on mange se transpire
peu, et que même cette nourriture empêche beaucoup la transpiration des autres alimens : il a trouvé
que la diminution alloit à un tiers [2]. On sait d'ailleurs que le défaut de transpiration forme ou aigrit
les maladies de la peau : la nourriture du cochon
doit donc être défendue dans les climats où l'on
est sujet à ces maladies, comme celui de la Pales-
tine, de l'Arabie, de l'Égypte et de la Libye.

CHAPITRE XXVI.

Continuation du même sujet.

M. Chardin [3] dit qu'il n'y a point de fleuve na-
vigable en Perse, si ce n'est le fleuve Kur, qui est
aux extrémités de l'empire. L'ancienne loi des
Guèbres, qui défendoit de naviguer sur les fleuves,

---

[1] Comme à la Chine.

[2] Médecine statique, sect. III, aphorisme 23.

[3] Voyage de Perse, tome II.

n'avoit donc aucun inconvénient dans leur pays ; mais elle auroit ruiné le commerce dans un autre.

Les continuelles lotions sont très en usage dans les climats chauds. Cela fait que la loi mahométane et la religion indienne les ordonnent. C'est un acte très-méritoire aux Indes de prier Dieu dans l'eau courante [1] : mais comment exécuter ces choses dans d'autres climats ?

Lorsque la religion fondée sur le climat a trop choqué le climat d'un autre pays, elle n'a pu s'y établir ; et quand on l'y a introduite elle en a été chassée. Il semble, humainement parlant, que ce soit le climat qui a prescrit des bornes à la religion chrétienne et à la religion mahométane.

Il suit de là qu'il est presque toujours convenable qu'une religion ait des dogmes particuliers et un culte général. Dans les lois qui concernent les pratiques de culte, il faut peu de détails ; par exemple, des mortifications, et non pas une certaine mortification. Le christianisme est plein de bon sens : l'abstinence est de droit divin ; mais une abstinence particulière est de droit de police, et on peut la changer.

[1] Voyage de Bernier, tome II.

LIVRE XXV.

DES LOIS, DANS LE RAPPORT QU'ELLES ONT AVEC L'ÉTABLISSEMENT DE LA RELIGION DE CHAQUE PAYS, ET SA POLICE EXTÉRIEURE.

CHAPITRE I.

Du sentiment pour la religion.

L'homme pieux et l'athée parlent toujours de religion ; l'un parle de ce qu'il aime, et l'autre de ce qu'il craint.

CHAPITRE II.

Du motif d'attachement pour les diverses religions.

Les diverses religions du monde ne donnent pas à ceux qui les professent des motifs égaux d'attachement pour elles : cela dépend beaucoup de la manière dont elles se concilient avec la façon de penser et de sentir des hommes.

Nous sommes extrêmement portés à l'idolâtrie, et cependant nous ne sommes pas fort attachés aux religions idolâtres ; nous ne sommes guère portés aux idées spirituelles, et cependant nous sommes très-attachés aux religions qui nous font adorer un être spirituel. C'est un sentiment heureux qui vient en partie de la satisfaction que nous trouvons en nous-mêmes d'avoir été assez intelligens pour avoir choisi une religion qui tire la divinité de l'humiliation où les autres l'avoient mise. Nous regardons l'idolâtrie comme la religion des peuples grossiers, et la religion qui a pour objet un être spirituel, comme celle des peuples éclairés.

Quand, avec l'idée d'un être spirituel suprême qui forme le dogme, nous pouvons joindre encore des idées sensibles qui entrent dans le culte, cela nous donne un grand attachement pour la religion, parce que les motifs dont nous venons de parler se trouvent joints à notre penchant naturel pour les choses sensibles. Aussi les catholiques, qui ont plus de cette sorte de culte que les protestans, sont-ils plus invinciblement attachés à leur religion que les protestans ne le sont à la leur, et plus zélés pour sa propagation.

Lorsque le peuple d'Éphèse eut appris que les pères du concile avoient décidé qu'on pouvoit appeler la vierge *mère de Dieu*, il fut transporté de joie, il baisoit les mains des évêques, il embrassoit leurs genoux ; tout retentissoit d'acclamations [1].

Quand une religion intellectuelle nous donne encore l'idée d'un choix fait par la divinité, et d'une distinction de ceux qui la professent d'avec ceux qui ne la professent pas, cela nous attache beaucoup à cette religion. Les Mahométans ne seroient pas si bons musulmans si d'un côté il n'y avoit pas de peuples idolâtres qui leur font penser qu'ils sont les vengeurs de l'unité de Dieu, et de l'autre des chrétiens pour leur faire croire qu'ils sont l'objet de ses préférences.

Une religion chargée de beaucoup de pratiques [2] attache plus à elle qu'une autre qui l'est moins ; on tient beaucoup aux choses dont on est continuellement occupé ; témoin l'obstination tenace des mahométans et des juifs, et la facilité qu'ont de changer de religion les peuples barbares et sauvages qui, uniquement occupés de la chasse ou de la guerre, ne se chargent guère de pratiques religieuses [3].

---

[1] Lettre de saint Cyrille.

[2] Ceci n'est point contradictoire avec ce que j'ai dit au chapitre penultième du livre précédent : ici je parle des motifs d'attachement pour une religion ; et là, des moyens de la rendre plus générale.

[3] Cela se remarque par toute la terre. Voyez, sur les Turcs, les missions du Levant, le recueil des Voyages qui ont servi à l'éta-

Les hommes sont extrêmement portés à espérer et à craindre ; et une religion qui n'auroit ni enfer ni paradis, ne sauroit guère leur plaire. Cela se prouve par la facilité qu'ont eue les religions étrangères à s'établir au Japon, et le zèle et l'amour avec lesquels on les y a reçues [1].

Pour qu'une religion attache, il faut qu'elle ait une morale pure. Les hommes, fripons en détail, sont en gros de très-honnêtes gens ; ils aiment la morale ; et si je ne traitois pas un sujet si grave, je dirois que cela se voit admirablement bien sur les théâtres : on est sûr de plaire au peuple par les sentimens que la morale avoue, et on est sûr de le choquer par ceux qu'elle réprouve.

Lorsque le culte extérieur a une grande magnificence, cela nous flatte et nous donne beaucoup d'attachement pour la religion. Les richesses des temples et celles du clergé nous affectent beaucoup. Ainsi la misère même des peuples est un motif qui les attache à cette religion qui a servi de prétexte à ceux qui ont causé leur misère.

blissement de la compagnie des Indes, tome III, part. I, p. 201, sur les Maures de Batavia ; et le P. Labat, sur les nègres mahométans, etc.

[1] La religion chrétienne et les religions des Indes : celles-ci ont un enfer et un paradis, au lieu que la religion des Sintos n'en a point.

CHAPITRE III.

Des temples.

Presque tous les peuples policés habitent dans des maisons. De là est venue naturellement l'idée de bâtir à Dieu une maison où ils puissent l'adorer et l'aller chercher dans leurs craintes ou leurs espérances.

En effet, rien n'est plus consolant pour les hommes qu'un lieu où ils trouvent la divinité plus présente, et où tous ensemble ils font parler leur foiblesse et leur misère.

Mais cette idée si naturelle ne vient qu'aux peuples qui cultivent les terres; et on ne verra pas bâtir des temples chez ceux qui n'ont pas de maisons eux-mêmes.

C'est ce qui fit que Gengiskan marqua un si grand mépris pour les mosquées [1]. Ce prince [2] interrogea les mahométans; il approuva tous leurs dogmes, excepté celui qui porte la nécessité d'aller à la Mecque; il ne pouvoit comprendre qu'on ne

---

[1] Entrant dans la mosquée de Buchara, il enleva l'alcoran, et le jeta sous les pieds de ses chevaux. Histoire des Tattars, partie III, page 273.

[2] *Ibid.*, page 342.

pût pas adorer Dieu partout. Les Tartares, n'habitant point de maisons, ne connoissoient point de temples.

Les peuples qui n'ont point de temples ont peu d'attachement pour leur religion : voilà pourquoi les Tartares ont été de tout temps si tolérans [1] ; pourquoi les peuples barbares qui conquirent l'empire romain ne balancèrent pas un moment à embrasser le christianisme ; pourquoi les sauvages de l'Amérique sont si peu attachés à leur propre religion ; et pourquoi, depuis que nos missionnaires leur ont fait bâtir au Paraguay des églises, ils sont si fort zélés pour la nôtre.

Comme la divinité est le refuge des malheureux, et qu'il n'y a pas de gens plus malheureux que les criminels, on a été naturellement porté à penser que les temples étoient un asile pour eux ; et cette idée parut encore plus naturelle chez les Grecs, où les meurtriers, chassés de leur ville et de la présence des hommes, sembloient n'avoir plus de maisons que les temples, ni d'autres protecteurs que les dieux.

Ceci ne regarda d'abord que les homicides involontaires ; mais, lorsqu'on y comprit les grands criminels, on tomba dans une contradiction gros-

---

[1] Cette disposition d'esprit a passé jusqu'aux Japonais, qui tirent leur origine des Tartares, comme il est aisé de le prouver.

sière : s'ils avoient offensé les hommes, ils avoient, à plus forte raison, offensé les dieux.

Ces asiles se multiplièrent dans la Grèce. Les temples, dit Tacite [1], étoient remplis de débiteurs insolvables et d'esclaves méchans ; les magistrats avoient de la peine à exercer la police ; le peuple protégeoit les crimes des hommes, comme les cérémonies des dieux ; le sénat fut obligé d'en retrancher un grand nombre.

Les lois de Moïse furent très-sages. Les homicides involontaires étoient innocens ; mais ils devoient être ôtés de devant les yeux des parens du mort : il établit donc un asile pour eux [2]. Les grands criminels ne méritent point d'asile ; ils n'en eurent pas [3]. Les Juifs n'avoient qu'un tabernacle portatif, et qui changeoit continuellement de lieu ; cela excluoit l'idée d'asile. Il est vrai qu'ils devoient avoir un temple ; mais les criminels, qui y seroient venus de toutes parts, auroient pu troubler le service divin. Si les homicides avoient été chassés hors du pays, comme ils le furent chez les Grecs, il eût été à craindre qu'ils n'adorassent des dieux étrangers. Toutes ces considérations firent établir des villes d'asile, où l'on devoit rester jusqu'à la mort du souverain pontife.

---

[1] Annales, liv. III, § 60.   [3] *Ibid.*, v. 16 et suiv.
[2] Nombr., chap. xxxv, v. 14.

CHAPITRE IV.

Des ministres de la religion.

Les premiers hommes, dit Porphyre, ne sacrifioient que de l'herbe. Pour un culte si simple, chacun pouvoit être pontife dans sa famille.

Le désir naturel de plaire à la divinité multiplia les cérémonies; ce qui fit que les hommes, occupés à l'agriculture, devinrent incapables de les exécuter toutes, et d'en remplir les détails.

On consacra aux dieux des lieux particuliers; il fallut qu'il y eût des ministres pour en prendre soin, comme chaque citoyen prend soin de sa maison et de ses affaires domestiques. Aussi les peuples qui n'ont point de prêtres sont-ils ordinairement barbares : tels étoient autrefois les Pédaliens [1], tels sont encore les Wolguskys [2].

Des gens consacrés à la divinité devoient être honorés, surtout chez les peuples qui s'étoient formé une certaine idée d'une pureté corporelle, nécessaire pour approcher des lieux les plus

---

[1] Lilius Giraldus, pag. 726.

[2] Peuple de la Sibérie. Voyez la relation de M. Éverard Isbrands-Ides, dans le Recueil des Voyages du nord, tome VIII.

agréables aux dieux, et dépendante de certaines pratiques.

Le culte des dieux demandant une attention continuelle, la plupart des peuples furent portés à faire du clergé un corps séparé. Ainsi, chez les Égyptiens, les Juifs et les Perses [1], on consacra à la divinité de certaines familles qui se perpétuoient, et faisoient le service. Il y eut même des religions où l'on ne pensa pas seulement à éloigner les ecclésiastiques des affaires, mais encore à leur ôter l'embarras d'une famille; et c'est la pratique de la principale branche de la loi chrétienne.

Je ne parlerai point ici des conséquences de la loi du célibat; on sent qu'elle pourroit devenir nuisible à proportion que le corps du clergé seroit trop étendu, et que par conséquent celui des laïques ne le seroit pas assez.

Par la nature de l'entendement humain, nous aimons, en fait de religion, tout ce qui suppose un effort, comme, en matière de morale, nous aimons spéculativement tout ce qui porte le caractère de la sévérité. Le célibat a été plus agréable aux peuples à qui il sembloit convenir le moins, et pour lesquels il pouvoit avoir de plus fâcheuses suites. Dans les pays du midi de l'Europe, où, par

---

[1] Voyez M. Hyde.

la nature du climat, la loi du célibat est plus difficile à observer, elle a été retenue ; dans ceux du nord, où les passions sont moins vives, elle a été proscrite. Il y a plus : dans les pays où il y a peu d'habitans, elle a été admise ; dans ceux où il y en a beaucoup, on l'a rejetée. On sent que toutes ces réflexions ne portent que sur la trop grande extension du célibat, et non sur le célibat même.

CHAPITRE V.

Des bornes que les lois doivent mettre aux richesses du clergé.

Les familles particulières peuvent périr : ainsi les biens n'y ont point une destination perpétuelle. Le clergé est une famille qui ne peut pas périr : les biens y sont donc attachés pour toujours, et n'en peuvent pas sortir.

Les familles particulières peuvent s'augmenter : il faut donc que leurs biens puissent croître aussi. Le clergé est une famille qui ne doit point s'augmenter : les biens doivent donc y être bornés.

Nous avons retenu les dispositions du Lévitique sur les biens du clergé, excepté celles qui regardent les bornes de ces biens : effectivement, on ignorera toujours parmi nous quel est le terme après lequel il n'est plus permis à une communauté religieuse d'acquérir.

Ces acquisitions sans fin paroissent aux peuples si déraisonnables, que celui qui voudroit parler pour elles seroit regardé comme imbécile.

Les lois civiles trouvent quelquefois des obstacles à changer des abus établis, parce qu'ils sont liés à des choses qu'elles doivent respecter : dans ce cas, une disposition indirecte marque plus le bon esprit du législateur qu'une autre qui frapperoit sur la chose même. Au lieu de défendre les acquisitions du clergé, il faut chercher à l'en dégoûter lui-même; laisser le droit, et ôter le fait.

Dans quelques pays de l'Europe, la considération des droits des seigneurs a fait établir en leur faveur un droit d'indemnité sur les immeubles acquis par les gens de main-morte. L'intérêt du prince lui a fait exiger un droit d'amortissement dans le même cas. En Castille, où il n'y a point de droit pareil, le clergé a tout envahi; en Aragon, où il y a quelque droit d'amortissement, il a acquis moins; en France, où ce droit et celui d'indemnité sont établis, il a moins acquis encore; et l'on peut dire que la prospérité de cet état est due en partie à l'exercice de ces deux droits. Augmentez-les ces droits, et arrêtez la main-morte, s'il est possible.

Rendez sacré et inviolable l'ancien et nécessaire domaine du clergé, qu'il soit fixe et éternel comme lui; mais laissez sortir de ses mains les nouveaux domaines.

Permettez de violer la règle lorsque la règle est devenue un abus; souffrez l'abus lorsqu'il rentre dans la règle.

On se souvient toujours à Rome d'un mémoire qui y fut envoyé à l'occasion de quelques démêlés avec le clergé. On y avoit mis cette maxime : « Le clergé doit contribuer aux charges de l'état, « quoi qu'en dise l'ancien Testament. » On en conclut que l'auteur du mémoire entendoit mieux le langage de la maltôte que celui de la religion.

CHAPITRE VI.

Des monastères.

LE moindre bon sens fait voir que ces corps qui se perpétuent sans fin ne doivent pas vendre leurs fonds à vie, ni faire des emprunts à vie, à moins qu'on ne veuille qu'ils se rendent héritiers de tous ceux qui n'ont point de parens et de tous ceux qui n'en veulent point avoir. Ces gens jouent contre le peuple, mais ils tiennent la banque contre lui.

CHAPITRE VII.

Du luxe de la superstition.

« Ceux-là sont impies envers les dieux, dit
« Platon [1], qui nient leur existence, ou qui l'ac-
« cordent, mais soutiennent qu'ils ne se mêlent
« point des choses d'ici-bas, ou enfin qui pensent
« qu'on les apaise aisément par des sacrifices :
« trois opinions également pernicieuses. » Platon
dit là tout ce que la lumière naturelle a jamais dit
de plus sensé en matière de religion.

La magnificence du culte extérieur a beaucoup
de rapport à la constitution de l'état. Dans les
bonnes républiques, on n'a pas seulement ré-
primé le luxe de la vanité, mais encore celui de
la superstition; on a fait dans la religion des lois
d'épargne. De ce nombre sont plusieurs lois de
Solon, plusieurs lois de Platon sur les funérailles,
que Cicéron a adoptées; enfin quelques lois de
Numa [2] sur les sacrifices.

« Des oiseaux, dit Cicéron, et des peintures
« faites en un jour, sont des dons très-divins.

---

[1] *Des Lois*, liv. X.

[2] *Rogum vino ne respergito.* Loi des douze tables.

« Nous offrons des choses communes, disoit un
« Spartiate, afin que nous ayons tous les jours
« le moyen d'honorer les dieux. »

Le soin que les hommes doivent avoir de rendre
un culte à la divinité est bien différent de la magnificence de ce culte.

« Ne lui offrons point nos trésors, si nous ne
« voulons lui faire voir l'estime que nous faisons
« des choses qu'elle veut que nous méprisions. »

« Que doivent penser les dieux des dons des
« impies, dit admirablement Platon [1], puisqu'un
« homme de bien rougiroit de recevoir des pré-
« sens d'un malhonnête homme? »

Il ne faut pas que la religion, sous prétexte de
dons, exige des peuples ce que les nécessités de
l'état leur ont laissé; et, comme dit Platon [2], des
hommes chastes et pieux doivent offrir des dons
qui leur ressemblent.

Il ne faudroit pas non plus que la religion encourageât les dépenses des funérailles. Qu'y a-t-il
de plus naturel que d'ôter la différence des fortunes dans une chose et dans les momens qui
égalisent toutes les fortunes?

---

[1] *Des Lois*, liv. X.
[2] *Ibid.* liv. III.

CHAPITRE VIII.

Du pontificat.

Lorsque la religion a beaucoup de ministres, il est naturel qu'ils aient un chef, et que le pontificat y soit établi. Dans la monarchie, où l'on ne sauroit trop séparer les ordres de l'état, et où l'on ne doit point assembler sur une même tête toutes les puissances, il est bon que le pontificat soit séparé de l'empire. La même nécessité ne se rencontre pas dans le gouvernement despotique, dont la nature est de réunir sur une même tête tous les pouvoirs ; mais, dans ce cas, il pourroit arriver que le prince regarderoit la religion comme ses lois mêmes, et comme des effets de sa volonté. Pour prévenir cet inconvénient, il faut qu'il y ait des monumens de la religion ; par exemple, des livres sacrés qui la fixent et qui l'établissent. Le roi de Perse est le chef de la religion, mais l'Alcoran règle la religion ; l'empereur de la Chine est le souverain pontife, mais il y a des livres qui sont entre les mains de tout le monde, auxquels il doit lui-même se conformer : en vain un empereur voulut-il les abolir, ils triomphèrent de la tyrannie.

CHAPITRE IX.

De la tolérance en fait de religion.

Nous sommes ici politiques et non pas théologiens, et, pour les théologiens mêmes, il y a bien de la différence entre tolérer une religion et l'approuver.

Lorsque les lois d'un état ont cru devoir souffrir plusieurs religions, il faut qu'elles les obligent aussi à se tolérer entre elles. C'est un principe, que toute religion qui est réprimée devient elle-même réprimante : car sitôt que, par quelque hasard, elle peut sortir de l'oppression, elle attaque la religion qui l'a réprimée, non pas comme une religion, mais comme une tyrannie.

Il est donc utile que les lois exigent de ces diverses religions, non-seulement qu'elles ne troublent pas l'état, mais aussi qu'elles ne se troublent pas entre elles. Un citoyen ne satisfait point aux lois en se contentant de ne pas agiter le corps de l'état, il faut encore qu'il ne trouble pas quelque citoyen que ce soit.

CHAPITRE X.

Continuation du même sujet.

Comme il n'y a guère que les religions intolérantes qui aient un grand zèle pour s'établir ailleurs, parce qu'une religion qui peut tolérer les autres ne songe guère à sa propagation, ce sera une très-bonne loi civile, lorsque l'état est satisfait de la religion déjà établie, de ne point souffrir l'établissement d'une autre [1].

Voici donc le principe fondamental des lois politiques en fait de religion. Quand on est maître de recevoir dans un état une nouvelle religion, ou de ne la pas recevoir, il ne faut pas l'y établir; quand elle y est établie, il faut la tolérer.

[1] Je ne parle point dans tout ce chapitre de la religion chrétienne, parce que, comme j'ai dit ailleurs, la religion chrétienne est le premier bien. Voyez la fin du chapitre 1 du livre précédent, et la Défense de l'Esprit des Lois, partie II.

CHAPITRE XI.

Du changement de religion.

Un prince qui entreprend dans son état de détruire ou de changer la religion dominante s'expose beaucoup. Si son gouvernement est despotique, il court plus de risque de voir une révolution que par quelque tyrannie que ce soit, qui n'est jamais dans ces sortes d'états une chose nouvelle. La révolution vient de ce qu'un état ne change pas de religion, de mœurs et de manières dans un instant, et aussi vite que le prince publie l'ordonnance qui établit une religion nouvelle.

De plus, la religion ancienne est liée avec la constitution de l'état, et la nouvelle n'y tient point : celle-là s'accorde avec le climat, et souvent la nouvelle s'y refuse. Il y a plus : les citoyens se dégoûtent de leurs lois; ils prennent du mépris pour le gouvernement déjà établi; on substitue des soupçons contre les deux religions à une ferme croyance pour une ; en un mot, on donne à l'état, au moins pour quelque temps, et de mauvais citoyens et de mauvais fidèles

CHAPITRE XII.

Des lois pénales.

Il faut éviter les lois pénales en fait de religion : elles impriment de la crainte, il est vrai ; mais comme la religion a ses lois pénales aussi qui inspirent de la crainte, l'une est effacée par l'autre. Entre ces deux craintes différentes, les âmes deviennent atroces.

La religion a de si grandes menaces, elle a de si grandes promesses, que lorsqu'elles sont présentes à notre esprit, quelque chose que le magistrat puisse faire pour nous contraindre à la quitter, il semble qu'on ne nous laisse rien quand on nous l'ôte, et qu'on ne nous ôte rien lorsqu'on nous la laisse.

Ce n'est donc pas en remplissant l'âme de ce grand objet, en l'approchant du moment où il lui doit être d'une plus grande importance, que l'on parvient à l'en détacher : il est plus sûr d'attaquer une religion par la faveur, par les commodités de la vie, par l'espérance de la fortune ; non pas par ce qui avertit, mais par ce qui fait que l'on oublie ; non pas par ce qui indigne, mais par ce qui jette dans la tiédeur, lorsque d'autres passions agissent sur nos âmes, et que celles que la religion inspire sont dans le silence. Règle générale : en fait de changement de religion, les invitations sont plus fortes que les peines.

Le caractère de l'esprit humain a paru dans l'ordre même des peines qu'on a employées. Que l'on se rappelle les persécutions du Japon [1], on se révolta plus contre les supplices cruels que contre les peines longues, qui lassent plus qu'elles n'effarouchent, qui sont plus difficiles à surmonter, parce qu'elles paroissent moins difficiles.

En un mot, l'histoire nous apprend assez que les lois pénales n'ont jamais eu d'effet que comme destruction.

CHAPITRE XIII.

Très-humble remontrance aux inquisiteurs d'Espagne et de Portugal.

UNE Juive de dix-huit ans, brûlée à Lisbonne au dernier auto-da-fé, donna occasion à ce petit ouvrage; et je crois que c'est le plus inutile qui ait jamais été écrit. Quand il s'agit de prouver des choses si claires, on est sûr de ne pas convaincre.

---

[1] Voyez le Recueil des Voyages qui ont servi à l'établissement de la compagnie des Indes, tome V, part. I, page 192.

L'auteur déclare que, quoiqu'il soit Juif, il respecte la religion chrétienne, et qu'il l'aime assez pour ôter aux princes qui ne seront pas chrétiens un prétexte plausible pour la persécuter.

« Vous vous plaignez, dit-il aux inquisiteurs, de
« ce que l'empereur du Japon fait brûler à petit
« feu tous les chrétiens qui sont dans ses états;
« mais il vous répondra : Nous vous traitons, vous
« qui ne croyez pas comme nous, comme vous
« traitez vous-mêmes ceux qui ne croient pas
« comme vous : vous ne pouvez-vous plaindre que
« de votre foiblesse, qui vous empêche de nous
« exterminer, et qui fait que nous vous extermi-
« nons.

« Mais il faut avouer que vous êtes bien plus
« cruels que cet empereur. Vous nous faites mou-
« rir, nous qui ne croyons que ce que vous croyez,
« parce que nous ne croyons pas tout ce que vous
« croyez. Nous suivons une religion que vous savez
« vous-mêmes avoir été autrefois chérie de Dieu :
« nous pensons que Dieu l'aime encore, et vous
« pensez qu'il ne l'aime plus; et parce que vous
« jugez ainsi, vous faites passer par le fer et par le
« feu ceux qui sont dans cette erreur si pardon-
« nable, de croire que Dieu aime encore ce qu'il
« a aimé [1].

---

[1] C'est la source de l'aveuglement des Juifs de ne pas sentir

« Si vous êtes cruels à notre égard, vous l'êtes
« bien plus à l'égard de nos enfans; vous les faites
« brûler, parce qu'ils suivent les inspirations que
« leur ont données ceux que la loi naturelle et les
« lois de tous les peuples leur apprennent à res-
« pecter comme des dieux.

« Vous vous privez de l'avantage que vous a
« donné sur les mahométans la manière dont leur
« religion s'est établie. Quand ils se vantent du
« nombre de leurs fidèles, vous leur dites que la
« force les leur a acquis, et qu'ils ont étendu leur
« religion par le fer : pourquoi donc établissez-
« vous la vôtre par le feu?

« Quand vous voulez nous faire venir à vous,
« nous vous objectons une source dont vous vous
« faites gloire de descendre. Vous nous répondez
« que votre religion est nouvelle, mais qu'elle est
« divine; et vous le prouvez parce qu'elle s'est ac-
« crue par la persécution des païens et par le sang
« de vos martyrs : mais aujourd'hui vous prenez
« le rôle des Dioclétiens, et vous nous faites pren-
« dre le vôtre.

« Nous vous conjurons, non pas par le Dieu
« puissant que nous servons vous et nous, mais
« par le Christ que vous nous dites avoir pris la

que l'économie de l'Evangile est dans l'ordre des desseins de Dieu,
et qu'ainsi elle est une suite de son immutabilité même.

« condition humaine pour vous proposer des exem-
« ples que vous puissiez suivre ; nous vous conju-
« rons d'agir avec nous comme il agiroit lui-même
« s'il étoit encore sur la terre. Vous voulez que
« nous soyons chrétiens, et vous ne voulez pas
« l'être.

« Mais, si vous ne voulez pas être chrétiens,
« soyez au moins des hommes : traitez-nous
« comme vous feriez, si, n'ayant que ces foibles
« lueurs de justice que la nature nous donne,
« vous n'aviez point une religion pour vous con-
« duire, et une révélation pour vous éclairer.

« Si le ciel vous a assez aimés pour vous faire
« voir la vérité, il vous a fait une grande grâce :
« mais est-ce aux enfans qui ont l'héritage de leur
« père de haïr ceux qui ne l'ont pas eu ?

« Que si vous avez cette vérité, ne nous la cachez
« pas par la manière dont vous nous la proposez.
« Le caractère de la vérité, c'est son triomphe sur
« les cœurs et les esprits, et non pas cette impuis-
« sance que vous avouez, lorsque vous voulez la
« faire recevoir par des supplices.

« Si vous êtes raisonnables, vous ne devez pas
« nous faire mourir parce que nous ne voulons
« pas vous tromper. Si votre Christ est le fils de
« Dieu, nous espérons qu'il nous récompensera
« de n'avoir pas voulu profaner ses mystères ; et
« nous croyons que le Dieu que nous servons vous

« et nous ne nous punira pas de ce que nous avons
« souffert la mort pour une religion qu'il nous a
« autrefois donnée, parce que nous croyons qu'il
« nous l'a encore donnée.

« Vous vivez dans un siècle où la lumière natu-
« relle est plus vive qu'elle n'a jamais été, où la
« philosophie a éclairé les esprits, où la morale
« de votre évangile a été plus connue, où les droits
« respectifs des hommes les uns sur les autres,
« l'empire qu'une conscience a sur une autre cons-
« cience, sont mieux établis. Si donc vous ne re-
« venez pas de vos anciens préjugés, qui, si vous
« n'y prenez garde, sont vos passions, il faut
« avouer que vous êtes incorrigibles, incapables
« de toute lumière et de toute instruction; et une
« nation est bien malheureuse, qui donne de l'au-
« torité à des hommes tels que vous.

« Voulez-vous que nous vous disions naïvement
« notre pensée? Vous nous regardez plutôt comme
« vos ennemis que comme les ennemis de votre
« religion: car, si vous aimiez votre religion, vous
« ne la laisseriez pas corrompre par une igno-
« rance grossière.

« Il faut que nous vous avertissions d'une chose;
« c'est que, si quelqu'un dans la postérité ose ja-
« mais dire que dans le siècle où nous vivons les
« peuples d'Europe étoient policés, on vous citera
« pour prouver qu'ils étoient barbares; et l'idée

« que l'on aura de vous sera telle qu'elle flétrira
« votre siècle, et portera la haine sur tous vos
« contemporains. »

CHAPITRE XIV.

Pourquoi la religion chrétienne est si odieuse au Japon.

J'ai parlé[1] du caractère atroce des âmes japonaises. Les magistrats regardèrent la fermeté qu'inspire le christianisme, lorsqu'il s'agit de renoncer à la foi, comme très-dangereuse : on crut voir augmenter l'audace. La loi du Japon punit sévèrement la moindre désobéissance. On ordonna de renoncer à la religion chrétienne : n'y pas renoncer, c'étoit désobéir; on châtia ce crime; et la continuation de la désobéissance parut mériter un autre châtiment.

Les punitions, chez les Japonais, sont regardées comme la vengeance d'une insulte faite au prince. Les chants d'allégresse de nos martyrs parurent être un attentat contre lui : le titre de martyr intimida les magistrats; dans leur esprit il signifioit rebelle : ils firent tout pour empêcher qu'on ne l'obtînt. Ce fut alors que les âmes s'effa-

---

[1] Liv. VI, chap. XIII.

rouchèrent, et que l'on vit un combat horrible entre les tribunaux qui condamnèrent et les accusés qui souffrirent; entre les lois civiles et celles de la religion.

CHAPITRE XV.

De la propagation de la religion.

Tous les peuples d'Orient, excepté les mahométans, croient toutes les religions en elles-mêmes indifférentes. Ce n'est que comme changement dans le gouvernement qu'ils craignent l'établissement d'une autre religion. Chez les Japonais, où il y a plusieurs sectes, et où l'état a eu si long-temps un chef ecclésiastique, on ne dispute jamais sur la religion [1]. Il en est de même chez les Siamois [2]. Les Calmouks font plus : ils se font une affaire de conscience de souffrir toutes sortes de religions [3]. A Calicut, c'est une maxime d'état, que toute religion est bonne [4].

Mais il n'en résulte pas qu'une religion apportée d'un pays très-éloigné et totalement différent de

[1] Voyez Kempfer.
[2] Mémoires du comte de Forbin.
[3] Histoire des Tattars, partie V.
[4] Voyage de François Pirard, chap. XXVII.

climat, de lois, de mœurs et de manières, ait tout le succès que sa sainteté devroit lui promettre. Cela est surtout vrai dans les grands empires despotiques : on tolère d'abord les étrangers, parce qu'on ne fait point d'attention à ce qui ne paroît pas blesser la puissance du prince; on y est dans une ignorance extrême de tout. Un Européen peut se rendre agréable par de certaines connoissances qu'il procure : cela est bon pour les commencemens; mais sitôt que l'on a quelque succès, que quelque dispute s'élève, que les gens qui peuvent avoir quelque intérêt sont avertis; comme cet état, par sa nature, demande surtout la tranquillité, et que le moindre trouble peut le renverser, on proscrit d'abord la religion nouvelle et ceux qui l'annoncent : les disputes entre ceux qui prêchent venant à éclater, on commence à se dégoûter d'une religion dont ceux qui la proposent ne conviennent pas.

LIVRE XXVI.

DES LOIS, DANS LE RAPPORT QU'ELLES DOIVENT AVOIR AVEC L'ORDRE DES CHOSES SUR LESQUELLES ELLES STATUENT.

CHAPITRE I.

Idée de ce livre.

Les hommes sont gouvernés par diverses sortes de lois : par le droit naturel; par le droit divin, qui est celui de la religion; par le droit ecclésiastique, autrement appelé canonique, qui est celui de la police de la religion; par le droit des gens, qu'on peut considérer comme le droit civil de l'univers, dans le sens que chaque peuple en est un citoyen; par le droit politique général, qui a pour objet cette sagesse humaine qui a fondé toutes les sociétés; par le droit politique particulier, qui concerne chaque société; par le droit de conquête, fondé sur ce qu'un peuple a voulu, a pu, ou a dû faire violence à un autre; par le droit civil de chaque société, par lequel un citoyen peut défendre ses biens et sa vie contre tout autre citoyen; enfin par le droit domestique, qui vient de ce qu'une société est divisée en diverses familles qui ont besoin d'un gouvernement particulier.

Il y a donc différens ordres de lois; et la sublimité de la raison humaine consiste à savoir bien auquel de ces ordres se rapportent principalement les choses sur lesquelles on doit statuer, et à ne point mettre de confusion dans les principes qui doivent gouverner les hommes.

CHAPITRE II.

Des lois divines et des lois humaines.

On ne doit point statuer par les lois divines ce qui doit l'être par les lois humaines, ni régler par les lois humaines ce qui doit l'être par les lois divines.

Ces deux sortes de lois diffèrent par leur origine, par leur objet, et par leur nature.

Tout le monde convient bien que les lois humaines sont d'une autre nature que les lois de la religion, et c'est un grand principe; mais ce principe lui-même est soumis à d'autres qu'il faut chercher.

1°. La nature des lois humaines est d'être soumises à tous les accidens qui arrivent, et de varier à mesure que les volontés des hommes changent : au contraire, la nature des lois de la religion est de ne varier jamais. Les lois humaines statuent sur le bien; la religion, sur le meilleur. Le bien peut avoir un autre objet, parce qu'il y a plusieurs biens; mais le meilleur n'est qu'un, il ne peut donc pas changer. On peut bien changer les lois, parce qu'elles ne sont censées qu'être bonnes : mais les institutions de la religion sont toujours supposées être les meilleures.

2° Il y a des états où les lois ne sont rien, ou ne sont qu'une volonté capricieuse et transitoire du souverain. Si dans ces états les lois de la religion étoient de la nature des lois humaines, les lois de la religion ne seroient rien non plus : il est pourtant nécessaire à la société qu'il y ait quelque chose de fixe; et c'est cette religion qui est quelque chose de fixe.

3° La force principale de la religion vient de ce qu'on la croit; la force des lois humaines vient de ce qu'on les craint. L'antiquité convient à la religion, parce que souvent nous croyons plus les choses à mesure qu'elles sont plus reculées, car nous n'avons pas dans la tête des idées accessoires, tirées de ces temps-là, qui puissent les contredire. Les lois humaines, au contraire, tirent avantage de leur nouveauté, qui annonce une attention particulière et actuelle du législateur, pour les faire observer.

CHAPITRE III.

Des lois civiles qui sont contraires à la loi naturelle.

Si un esclave, dit Platon, se défend, et tue un homme libre, il doit être traité comme un parricide [1]. Voilà une loi civile qui punit la défense naturelle.

La loi qui, sous Henri VIII, condamnoit un homme sans que les témoins lui eussent été confrontés, étoit contraire à la défense naturelle : en effet, pour qu'on puisse condamner, il faut bien que les témoins sachent que l'homme contre qui ils déposent est celui que l'on accuse, et que celui-ci puisse dire : Ce n'est pas moi dont vous parlez.

La loi passée sous le même règne, qui condamnoit toute fille qui, ayant eu un mauvais commerce avec quelqu'un, ne le déclareroit point au roi, avant de l'épouser, violoit la défense de la pudeur naturelle : il est aussi déraisonnable d'exiger d'une fille qu'elle fasse cette déclaration, que de demander d'un homme qu'il ne cherche pas à défendre sa vie.

[1] Liv. IX des Lois.

La loi de Henri II, qui condamne à mort une fille dont l'enfant a péri, en cas qu'elle n'ait point déclaré au magistrat sa grossesse, n'est pas moins contraire à la défense naturelle. Il suffisoit de l'obliger d'en instruire une de ses plus proches parentes, qui veillât à la conservation de l'enfant.

Quel autre aveu pourroit-elle faire dans ce supplice de la pudeur naturelle? L'éducation a augmenté en elle l'idée de la conservation de cette pudeur; et à peine, dans ces momens, est-il resté en elle une idée de la perte de la vie.

On a beaucoup parlé d'une loi d'Angleterre qui permettoit à une fille de sept ans de se choisir un mari [1]. Cette loi étoit révoltante de deux manières : elle n'avoit aucun égard au temps de la maturité que la nature a donnée à l'esprit, ni au temps de la maturité qu'elle a donnée au corps.

Un père pouvoit, chez les Romains, obliger sa fille à répudier son mari, quoiqu'il eût lui-même consenti au mariage [2]. Mais il est contre la nature que le divorce soit mis entre les mains d'un tiers.

Si le divorce est conforme à la nature, il ne l'est, que lorsque les deux parties, ou, au moins, une d'elles, y consentent; et lorsque ni l'une ni l'autre

---

[1] M. Bayle, dans sa Critique de l'histoire du calvinisme, parle de cette loi, page 293.

[2] Voyez la loi v, au code *de repudiis et judicio de moribus sublato*.

n'y consentent, c'est un monstre que le divorce. Enfin la faculté du divorce ne peut être donnée qu'à ceux qui ont les incommodités du mariage, et qui sentent le moment où ils ont intérêt de les faire cesser.

CHAPITRE IV.

Continuation du même sujet.

Gondebaud, roi de Bourgogne, vouloit que, si la femme, ou le fils de celui qui avoit volé, ne révéloit pas le crime, ils fussent réduits en esclavage [1]. Cette loi étoit contre la nature. Comment une femme pouvoit-elle être accusatrice de son mari ? Comment un fils pouvoit-il être accusateur de son père ? Pour venger une action criminelle, il en ordonnoit une plus criminelle encore.

La loi de Recessuinde permettoit aux enfans de la femme adultère, ou à ceux de son mari, de l'accuser, et de mettre à la question les esclaves de la maison [2]. Loi inique, qui, pour conserver les mœurs, renversoit la nature, d'où tirent leur origine les mœurs.

Nous voyons avec plaisir sur nos théâtres un

---

[1] Lois des Bourguignons, tit. 41.

[2] Dans le code des Wisigoths, liv. III, 4, § 13.

jeune héros montrer autant d'horreur pour découvrir le crime de sa belle-mère qu'il en avoit eu pour le crime même : il ose à peine, dans sa surprise, accusé, jugé, condamné, proscrit, et couvert d'infamie, faire quelques réflexions sur le sang abominable dont Phèdre est sortie : il abandonne ce qu'il a de plus cher, et l'objet le plus tendre, tout ce qui parle à son cœur, tout ce qui peut l'indigner, pour aller se livrer à la vengeance des dieux, qu'il n'a point méritée. Ce sont les accens de la nature qui causent ce plaisir; c'est la plus douce de toutes les voix.

CHAPITRE V.

Cas où l'on peut juger par les principes du droit civil, en modifiant les principes du droit naturel.

Une loi d'Athènes obligeoit les enfans de nourrir leurs pères tombés dans l'indigence [1]; elle exceptoit ceux qui étoient nés d'une courtisane, ceux dont le père avoit exposé la pudicité par un trafic infâme [2], ceux à qui il n'avoit point donné de métier pour gagner leur vie [3].

---

[1] Sous peine d'infamie; une autre, sous peine de prison.
[2] Plutarque, Vie de Solon.
[3] *Ibid.*; et Galien, *in exhort. ad Art.*, cap. VIII.

La loi considéroit que, dans le premier cas, le père se trouvant incertain, il avoit rendu précaire son obligation naturelle; que, dans le second, il avoit flétri la vie qu'il avoit donnée, et que le plus grand mal qu'il pût faire à ses enfans, il l'avoit fait, en les privant de leur caractère : que, dans le troisième, il leur avoit rendu insupportable une vie qu'ils trouvoient tant de difficulté à soutenir. La loi n'envisageoit plus le père et le fils que comme deux citoyens, ne statuoit plus que sur des vues politiques et civiles; elle considéroit que, dans une bonne république, il faut surtout des mœurs. Je crois bien que la loi de Solon étoit bonne dans les deux premiers cas, soit celui où la nature laisse ignorer au fils quel est son père, soit celui où elle semble même lui ordonner de le méconnoître : mais on ne sauroit l'approuver dans le troisième, où le père n'avoit violé qu'un règlement civil.

CHAPITRE VI.

Que l'ordre des successions dépend des principes du droit politique ou civil, et non pas des principes du droit naturel.

La loi Voconienne ne permettoit point d'instituer une femme héritière, pas même sa fille unique. Il n'y eut jamais, dit saint Augustin [1], une loi plus injuste. Une formule de [2] Marculfe traite d'impie la coutume qui prive les filles de la succession de leurs pères. Justinien [3] appelle barbare le droit de succéder des mâles, au préjudice des filles. Ces idées sont venues de ce que l'on a regardé le droit que les enfans ont de succéder à leurs pères comme une conséquence de la loi naturelle ; ce qui n'est pas.

La loi naturelle ordonne aux pères de nourrir leurs enfans ; mais elle n'oblige pas de les faire héritiers. Le partage des biens, les lois sur ce partage, les successions après la mort de celui qui a eu ce partage ; tout cela ne peut avoir été réglé que par la société, et par conséquent par des lois politiques ou civiles.

Il est vrai que l'ordre politique ou civil demande souvent que les enfans succèdent aux pères ; mais il ne l'exige pas toujours.

Les lois de nos fiefs ont pu avoir des raisons pour que l'aîné des mâles, ou les plus proches parens par mâles, eussent tout, et que les filles n'eussent rien ; et les lois des Lombards [4] ont pu en avoir pour que les sœurs, les enfans naturels,

---

[1] *De civitate Dei*, liv. III.
[2] Liv. II, chap. XII.
[3] Novelle 21.
[4] Liv. II, tit. 14, § 6, 7 et 8.

les autres parens, et à leur défaut le fisc, concourussent avec les filles.

Il fut réglé dans quelques dynasties de la Chine que les frères de l'empereur lui succéderoient, et que ses enfans ne lui succéderoient pas. Si l'on vouloit que le prince eût une certaine expérience, si l'on craignoit les minorités, s'il falloit prévenir que des eunuques ne plaçassent successivement des enfans sur le trône, on put très-bien établir un pareil ordre de succession ; et quand quelques [1] écrivains ont traité ces frères d'usurpateurs, ils ont jugé sur des idées prises des lois de ces pays-ci.

Selon la coutume de Numidie [2], Delsace, frère de Géla, succéda au royaume, non pas Massinisse son fils; et encore aujourd'hui [3], chez les Arabes de Barbarie, où chaque village a un chef, on choisit, selon cette ancienne coutume, l'oncle, ou quelque autre parent pour succéder.

Il y a des monarchies purement électives ; et, dès qu'il est clair que l'ordre des successions doit dériver des lois politiques ou civiles, c'est à elles à décider dans quels cas la raison veut que cette succession soit déférée aux enfans, et dans quels cas il faut la donner à d'autres.

[1] Le P. Duhalde, sur la deuxième dynastie.
[2] Tite-Live, liv. XXIX, c. xxviii.
[3] Voyez les Voyages de Schaw, tome I, page 402.

Dans les pays où la polygamie est établie, le prince a beaucoup d'enfans ; le nombre en est plus grand dans des pays que dans d'autres. Il y a des [1] états où l'entretien des enfans du roi seroit impossible au peuple ; on a pu y établir que les enfans du roi ne lui succéderoient pas, mais ceux de sa sœur.

Un nombre prodigieux d'enfans exposeroit l'état à d'affreuses guerres civiles. L'ordre de succession qui donne la couronne aux enfans de la sœur, dont le nombre n'est pas plus grand que ne seroit celui des enfans d'un prince qui n'auroit qu'une seule femme, prévient ces inconvéniens.

Il y a des nations chez lesquelles des raisons d'état ou quelque maxime de religion ont demandé qu'une certaine famille fût toujours régnante : telle est aux Indes [2] la jalousie de sa caste, et la crainte de n'en point descendre. On y a pensé que, pour avoir toujours des princes du sang royal, il falloit prendre les enfans de la sœur aînée du roi.

Maxime générale : nourrir ses enfans est une

---

[1] Voyez le Recueil des Voyages qui ont servi à l'établissement de la compagnie des Indes, tome IV, part. I, p. 114 ; et M. Smith, Voyage de Guinée, part. II, page 150, sur le royaume de Juida.

[2] Voyez les Lettres édifiantes, quatorzième recueil ; et les Voyages qui ont servi à l'établissement de la compagnie des Indes, tome III, part. II, page 644.

obligation du droit naturel; leur donner sa succession est une obligation du droit civil ou politique. De là dérivent les différentes dispositions sur les bâtards dans les différens pays du monde : elles suivent les lois civiles ou politiques de chaque pays.

CHAPITRE VII.

Qu'il ne faut point décider par les préceptes de la religion lorsqu'il s'agit de ceux de la loi naturelle.

Les Abyssins ont un carême de cinquante jours très-rude, et qui les affoiblit tellement, que de long-temps ils ne peuvent agir : les Turcs ne manquent pas de les attaquer après leur carême [1]. La religion devroit, en faveur de la défense naturelle, mettre des bornes à ces pratiques.

Le sabbat fut ordonné aux Juifs; mais ce fut une stupidité à cette nation de ne point se défendre [2], lorsque ses ennemis choisirent ce jour pour l'attaquer.

---

[1] Recueil des Voyages qui ont servi à l'établissement de la compagnie des Indes, tome IV, part. I, pages 35 et 103.

[2] Comme ils firent lorsque Pompée assiégea le temple. Voyez Dion, liv. XXXVII.

Cambyse, assiégeant Peluze, mit au premier rang un grand nombre d'animaux que les Égyptiens tenoient pour sacrés : les soldats de la garnison n'osèrent tirer. Qui ne voit que la défense naturelle est d'un ordre supérieur à tous les préceptes ?

CHAPITRE VIII.

Qu'il ne faut pas régler par les principes du droit qu'on appelle canonique les choses réglées par les principes du droit civil.

Par le droit civil des Romains [1], celui qui enlève d'un lieu sacré une chose privée n'est puni que du crime de vol : par le droit canonique [2], il est puni du crime de sacrilége. Le droit canonique fait attention au lieu, le droit civil à la chose ; mais n'avoir attention qu'au lieu, c'est ne réfléchir ni sur la nature et la définition du vol, ni sur la nature et la définition du sacrilége.

Comme le mari peut demander la séparation à cause de l'infidélité de sa femme, la femme la

---

[1] Leg. 5, ff. *ad leg. Juliam peculatûs.*

[2] Cap. *Quisquis* xvii, *quæstione* 4; Cujas, observ., liv. XIII, chap xix, tome III.

demandoit autrefois à cause de l'infidélité du mari [1]. Cet usage, contraire à la disposition des lois romaines [2], s'étoit introduit dans les cours d'église [3], où l'on ne voyoit que les maximes du droit canonique; et effectivement, à ne regarder le mariage que dans des idées purement spirituelles et dans le rapport aux choses de l'autre vie, la violation est la même. Mais les lois politiques et civiles de presque tous les peuples ont avec raison distingué ces deux choses : elles ont demandé des femmes un degré de retenue et de continence qu'elles n'exigent point des hommes, parce que la violation de la pudeur suppose dans les femmes un renoncement à toutes les vertus; parce que la femme, en violant les lois du mariage, sort de l'état de sa dépendance naturelle; parce que la nature a marqué l'infidélité des femmes par des signes certains, outre que les enfans adultérins de la femme sont nécessairement au mari et à la charge du mari, au lieu que les enfans adultérins du mari ne sont pas à la femme, ni à la charge de la femme.

---

[1] Beaumanoir, ancienne coutume de Beauvoisis, chap. XVIII.

[2] Leg. I, cod. *ad leg. Jul. de adult.*

[3] Aujourd'hui, en France, elles ne connoissent point de ces choses.

CHAPITRE IX.

Que les choses qui doivent être réglées par les principes du droit civil peuvent rarement l'être par les principes des lois de la religion.

Les lois religieuses ont plus de sublimité ; les lois civiles ont plus d'étendue.

Les lois de perfection tirées de la religion ont plus pour objet la bonté de l'homme qui les observe que celle de la société dans laquelle elles sont observées ; les lois civiles, au contraire, ont plus pour objet la bonté morale des hommes en général que celle des individus.

Ainsi, quelque respectables que soient les idées qui naissent immédiatement de la religion, elles ne doivent pas toujours servir de principe aux lois civiles, parce que celles-ci en ont un autre, qui est le bien général de la société.

Les Romains firent des réglemens pour conserver dans la république les mœurs des femmes ; c'étoient des institutions politiques. Lorsque la monarchie s'établit, ils firent là-dessus des lois civiles, et ils les firent sur les principes du gouvernement civil. Lorsque la religion chrétienne eut pris naissance, les lois nouvelles que l'on fit eurent moins de rapport à la bonté générale des mœurs qu'à la sainteté du mariage ; on considéra moins l'union des deux sexes dans l'état civil que dans un état spirituel.

D'abord, par la loi romaine [1], un mari qui ramenoit sa femme dans sa maison après la condamnation d'adultère fut puni comme complice de ses débauches. Justinien [2], dans un autre esprit, ordonna qu'il pourroit, pendant deux ans, l'aller reprendre dans le monastère.

Lorsqu'une femme qui avoit son mari à la guerre n'entendoit plus parler de lui, elle pouvoit, dans les premiers temps, aisément se remarier, parce qu'elle avoit entre ses mains le pouvoir de faire divorce. La loi de Constantin [3] voulut qu'elle attendît quatre ans, après quoi elle pouvoit envoyer le libelle de divorce au chef ; et, si son mari revenoit, il ne pouvoit plus l'accuser d'adultère. Mais Justinien [4] établit que, quelque temps qui se fût écoulé depuis le départ du mari, elle ne pouvoit se remarier, à moins que, par la déposition et le serment du chef, elle ne prouvât la mort de son mari. Justinien avait en vue l'indissolubilité du mariage ; mais on peut dire qu'il

[1] Leg. 11, § ult. ff. *ad leg. Jul. de adult.*
[2] Novelle 134, chap. x.
[3] Leg. 7, cod. *de repudiis et judicio de moribus sublato.*
[4] *Auth. Hodiè quantiscumque*, cod. *de repud.*

l'avoit trop en vue. Il demandoit une preuve positive, lorsqu'une preuve négative suffisoit; il exigeoit une chose très-difficile, de rendre compte de la destinée d'un homme éloigné et exposé à tant d'accidens; il présumoit un crime, c'est-à-dire la désertion du mari, lorsqu'il étoit si naturel de présumer sa mort. Il choquoit le bien public en laissant une femme sans mariage; il choquoit l'intérêt particulier en l'exposant à mille dangers.

La loi de Justinien [1], qui mit parmi les causes de divorce le consentement du mari et de la femme d'entrer dans le monastère, s'éloignoit entièrement des principes des lois civiles. Il est naturel que des causes de divorce tirent leur origine de certains empêchemens qu'on ne devoit pas prévoir avant le mariage; mais ce désir de garder la chasteté pouvoit être prévu, puisqu'il est en nous. Cette loi favorise l'inconstance dans un état qui, de sa nature, est perpétuel; elle choque le principe fondamental du divorce, qui ne souffre la dissolution d'un mariage que dans l'espérance d'un autre; enfin, à suivre même les idées religieuses, elle ne fait que donner des victimes à Dieu sans sacrifice.

[1] *Auth. Quòd hodiè*, cod. *de repud.*

CHAPITRE X.

Dans quel cas il faut suivre la loi civile qui permet, et non pas la loi de la religion qui défend.

Lorsqu'une religion qui défend la polygamie s'introduit dans un pays où elle est permise, on ne croit pas, à ne parler que politiquement, que la loi du pays doive souffrir qu'un homme qui a plusieurs femmes embrasse cette religion, à moins que le magistrat ou le mari ne les dédommage en leur rendant de quelque manière leur état civil : sans cela, leur condition seroit déplorable ; elles n'auroient fait qu'obéir aux lois, et elles se trouveroient privées des plus grands avantages de la société.

CHAPITRE XI.

Qu'il ne faut point régler les tribunaux humains par les maximes des tribunaux qui regardent l'autre vie.

Le tribunal de l'inquisition, formé par les moines chrétiens sur l'idée du tribunal de la pénitence, est contraire à toute bonne police. Il a trouvé partout un soulèvement général, et il auroit cédé aux contradictions, si ceux qui vouloient l'établir n'avoient tiré avantage de ces contradictions mêmes.

Ce tribunal est insupportable dans tous les gouvernemens. Dans la monarchie, il ne peut faire que des délateurs et des traîtres; dans les républiques, il ne peut former que des malhonnêtes gens; dans l'état despotique, il est destructeur comme lui.

CHAPITRE XII.

Continuation du même sujet.

C'est un des abus de ce tribunal que, de deux personnes qui y sont accusées du même crime, celle qui nie est condamnée à la mort, et celle qui avoue évite le supplice. Ceci est tiré des idées monastiques, où celui qui nie paroît être dans l'impénitence et damné, et celui qui avoue semble être dans le repentir et sauvé. Mais une pareille distinction ne peut concerner les tribunaux humains : la justice humaine, qui ne voit que les actions, n'a qu'un pacte avec les hommes, qui est celui de l'innocence; la justice divine, qui voit les pensées, en a deux, celui de l'innocence et celui du repentir.

CHAPITRE XIII.

Dans quel cas il faut suivre, à l'égard des mariages, les lois de la religion; et dans quel cas il faut suivre les lois civiles.

Il est arrivé dans tous les pays et dans tous les temps que la religion s'est mêlée des mariages. Dès que de certaines choses ont été regardées comme impures ou illicites, et que cependant elles étoient nécessaires, il a bien fallu y appeler la religion, pour les légitimer dans un cas et les réprouver dans les autres.

D'un autre côté, les mariages étant de toutes les actions humaines celle qui intéresse le plus la société, il a bien fallu qu'ils fussent réglés par les lois civiles.

Tout ce qui regarde le caractère du mariage, sa forme, la manière de le contracter, la fécondité qu'il procure, qui a fait comprendre à tous les peuples qu'il étoit l'objet d'une bénédiction particulière qui, n'y étant pas toujours attachée, dépendoit de certaines grâces supérieures; tout cela est du ressort de la religion.

Les conséquences de cette union par rapport

aux biens, les avantages réciproques, tout ce qui a du rapport à la famille nouvelle, à celle dont elle est sortie, à celle qui doit naître; tout cela regarde les lois civiles.

Comme un des grands objets du mariage est d'ôter toutes les incertitudes des conjonctions illégitimes, la religion y imprime son caractère, et les lois civiles y joignent le leur, afin qu'il ait toute l'authenticité possible. Ainsi, outre les conditions que demande la religion pour que le mariage soit valide, les lois civiles en peuvent encore exiger d'autres.

Ce qui fait que les lois civiles ont ce pouvoir, c'est que ce sont des caractères ajoutés, et non pas des caractères contradictoires. La loi de la religion veut de certaines cérémonies, et les lois civiles veulent le consentement des pères; elles demandent en cela quelque chose de plus, mais elles ne demandent rien qui soit contraire.

Il suit de là que c'est à la loi de la religion à décider si le lien sera indissoluble ou non; car si les lois de la religion avoient établi le lien indissoluble, et que les lois civiles eussent réglé qu'il se peut rompre, ce seroient deux choses contradictoires.

Quelquefois les caractères imprimés au mariage par les lois civiles ne sont pas d'une absolue nécessité : tels sont ceux qui sont établis par les lois qui, au lieu de casser le mariage, se sont contentées de punir ceux qui le contractoient.

Chez les Romains, les lois Pappiennes déclarèrent injustes les mariages qu'elles prohiboient, et les soumirent seulement à des peines [1], et le sénatus-consulte rendu sur le discours de l'empereur Marc-Antonin les déclara nuls; il n'y eut plus de mariage, de femme, de dot, de mari [2]. La loi civile se détermine selon les circonstances; quelquefois elle est plus attentive à réparer le mal, quelquefois à le prévenir.

CHAPITRE XIV.

Dans quels cas, dans les mariages entre parens, il faut se régler par les lois de la nature; dans quels cas on doit se régler par les lois civiles.

En fait de prohibition de mariage entre parens, c'est une chose très-délicate de bien poser le point auquel les lois de la nature s'arrêtent, et où les lois civiles commencent: pour cela, il faut établir des principes.

[1] Voyez ce que j'ai dit ci-dessus, au chap. xxi du livre xxiii, Des lois, dans le rapport qu'elles ont avec le nombre des habitans.

[2] Voyez la loi xvi, ff. *de ritu nuptiarum;* et la loi iii, § i, aussi au digeste, *de donationibus inter virum et uxorem.*

Le mariage du fils avec la mère confond l'état des choses : le fils doit un respect sans bornes à sa mère, la femme doit un respect sans bornes à son mari ; le mariage d'une mère avec son fils renverseroit dans l'un et dans l'autre leur état naturel.

Il y a plus : la nature a avancé dans les femmes le temps où elles peuvent avoir des enfans ; elle l'a reculé dans les hommes, et, par la même raison, la femme cesse plus tôt d'avoir cette faculté, et l'homme plus tard. Si le mariage entre la mère et le fils étoit permis, il arriveroit presque toujours que, lorsque le mari seroit capable d'entrer dans les vues de la nature, la femme n'y seroit plus.

Le mariage entre le père et la fille répugne à la nature comme le précédent ; mais il répugne moins, parce qu'il n'a point ces deux obstacles : aussi les Tartares, qui peuvent épouser leurs filles [1], n'épousent-ils jamais leurs mères, comme nous le voyons dans les relations [2].

Il a toujours été naturel aux pères de veiller sur la pudeur de leurs enfans : chargés du soin de les établir, ils ont dû leur conserver et le corps le plus parfait et l'âme la moins corrompue, tout

---

[1] Cette loi est bien ancienne parmi eux. Attila, dit Priscus dans son ambassade, s'arrêta dans un certain lieu pour épouser Esca, sa fille : chose permise, dit-il, par les lois des Scythes, page 22.

[2] Histoire des Tattars, part. III, page 256.

ce qui peut mieux inspirer des désirs et tout ce qui est le plus propre à donner de la tendresse. Des pères toujours occupés à conserver les mœurs de leurs enfans ont dû avoir un éloignement naturel pour tout ce qui pourroit les corrompre. Le mariage n'est point une corruption, dira-t-on : mais avant le mariage il faut parler, il faut se faire aimer, il faut séduire ; c'est cette séduction qui a dû faire horreur.

Il a donc fallu une barrière insurmontable entre ceux qui devoient donner l'éducation et ceux qui devoient la recevoir, et éviter toute sorte de corruption, même pour cause légitime. Pourquoi les pères privent-ils si soigneusement ceux qui doivent épouser leurs filles de leur compagnie et de leur familiarité ?

L'horreur pour l'inceste du frère avec la sœur a dû partir de la même source. Il suffit que les pères et les mères aient voulu conserver les mœurs de leurs enfans et leurs maisons pures, pour avoir inspiré à leurs enfans de l'horreur pour tout ce qui pouvoit les porter à l'union des deux sexes.

La prohibition du mariage entre cousins-germains a la même origine. Dans les premiers temps, c'est-à-dire dans les temps saints, dans les âges où le luxe n'étoit point connu, tous les enfans restoient dans la maison [1], et s'y établissoient :

---

[1] Cela fut ainsi chez les premiers Romains.

c'est qu'il ne falloit qu'une maison très-petite pour une grande famille. Les enfans des deux frères, ou les cousins-germains, étoient regardés et se regardoient entre eux comme frères [1]. L'éloignement qui étoit entre les frères et les sœurs pour le mariage étoit donc aussi entre les cousins-germains [2].

Ces causes sont si fortes et si naturelles, qu'elles ont agi presque par toute la terre, indépendamment d'aucune communication. Ce ne sont point les Romains qui ont appris aux habitans de Formose [3] que le mariage avec leurs parens au quatrième degré étoit incestueux : ce ne sont point les Romains qui l'ont dit aux Arabes [4]; ils ne l'ont point enseigné aux Maldives [5].

Que si quelques peuples n'ont point rejeté les mariages entre les pères et les enfans, les sœurs et les frères, on a vu, dans le livre premier, que

[1] En effet, chez les Romains, ils avoient le même nom; les cousins germains étoient nommés frères.

[2] Ils le furent à Rome dans les premiers temps, jusqu'à ce que le peuple fît une loi pour les permettre; il vouloit favoriser un homme extrêmement populaire, et qui s'étoit marié avec sa cousine germaine. Plutarque, au traité *Des demandes des choses romaines.*

[3] Recueil des Voyages des Indes, tome V, part. I, relation de l'état de l'île de Formose.

[4] L'Alcoran, chap. *des femmes.*

[5] Voyez François Pirard.

les êtres intelligens ne suivent pas toujours leurs lois. Qui le diroit? des idées religieuses ont souvent fait tomber les hommes dans ces égaremens. Si les Assyriens, si les Perses ont épousé leurs mères, les premiers l'ont fait par un respect religieux pour Sémiramis ; et les seconds, parce que la religion de Zoroastre donnoit la préférence à ces mariages [1]. Si les Égyptiens ont épousé leurs sœurs, ce fut encore un délire de la religion égyptienne, qui consacra ces mariages en l'honneur d'Isis. Comme l'esprit de la religion est de nous porter à faire avec effort des choses grandes et difficiles, il ne faut pas juger qu'une chose soit naturelle parce qu'une religion fausse l'a consacrée.

Le principe que les mariages entre les pères et les enfans, les frères et les sœurs, sont défendus pour la conservation de la pudeur naturelle dans la maison, servira à nous faire découvrir quels sont les mariages défendus par la loi naturelle, et ceux qui ne peuvent l'être que par la loi civile.

Comme les enfans habitent ou sont censés habiter dans la maison de leur père, et par conséquent le beau-fils avec la belle-mère, le beau-

---

[1] Ils étoient regardés comme plus honorables. Voyez Philon, *De specialibus legibus quæ pertinent ad præcepta decalogi.* Paris, 1640, page 778.

père avec la belle-fille, ou avec la fille de sa femme, le mariage entre eux est défendu par la loi de la nature. Dans ce cas, l'image a le même effet que la réalité, parce qu'elle a la même cause : la loi civile ne peut ni ne doit permettre ces mariages.

Il y a des peuples chez lesquels, comme j'ai dit, les cousins-germains sont regardés comme frères, parce qu'ils habitent ordinairement dans la même maison; il y en a où on ne connoît guère cet usage. Chez ces peuples, le mariage entre cousins germains doit être regardé comme contraire à la nature; chez les autres, non.

Mais les lois de la nature ne peuvent être des lois locales. Ainsi, quand ces mariages sont défendus ou permis, ils sont, selon les circonstances, permis ou défendus par une loi civile.

Il n'est point d'un usage nécessaire que le beau-frère et la belle-sœur habitent dans la même maison. Le mariage n'est donc point défendu entre eux pour conserver la pudicité dans la maison; et la loi qui le permet ou le défend n'est point la loi de la nature, mais une loi civile qui se règle sur les circonstances, et dépend des usages de chaque pays : ce sont des cas où les lois dépendent des mœurs et des manières.

Les lois civiles défendent les mariages lorsque, par les usages reçus dans un certain pays, ils se trouvent être dans les mêmes circonstances que ceux qui sont défendus par les lois de la nature ; et elles les permettent lorsque les mariages ne se trouvent point dans ce cas. La défense des lois de la nature est invariable, parce qu'elle dépend d'une chose invariable, le père, la mère et les enfans habitant nécessairement dans la maison ; mais les défenses des lois civiles sont accidentelles, parce qu'elles dépendent d'une circonstance accidentelle, les cousins germains et autres habitant accidentellement dans la maison.

Cela explique comment les lois de Moïse, celles des Égyptiens et de plusieurs autres peuples [1], permettent le mariage entre le beau-frère et la belle-sœur, pendant que ces mêmes mariages sont défendus chez d'autres nations.

Aux Indes, on a une raison bien naturelle d'admettre ces sortes de mariages. L'oncle y est regardé comme père, et il est obligé d'entretenir et d'établir ses neveux comme si c'étoient ses propres enfans : ceci vient du caractère de ce peuple, qui est bon et plein d'humanité. Cette loi ou cet usage en a produit un autre. Si un mari a perdu sa femme, il ne manque pas d'en épouser la sœur [2], et cela est très-naturel ; car la nou-

---

[1] Voyez la loi VIII, au code *de incestis et inutilibus nuptiis*.
[2] Lettres édifiantes, quatorzième recueil, page 403.

velle épouse devient la mère des enfans de sa sœur, et il n'y a point d'injuste marâtre.

CHAPITRE XV.

Qu'il ne faut point régler par les principes du droit politique les choses qui dépendent des principes du droit civil.

Comme les hommes ont renoncé à leur indépendance naturelle pour vivre sous des lois politiques, ils ont renoncé à la communauté naturelle des biens pour vivre sous des lois civiles.

Ces premières lois leur acquièrent la liberté, les secondes la propriété. Il ne faut pas décider par les lois de la liberté, qui, comme nous avons dit, n'est que l'empire de la cité, ce qui ne doit être décidé que par les lois qui concernent la propriété. C'est un paralogisme de dire que le bien particulier doit céder au bien public : cela n'a lieu que dans les cas où il s'agit de l'empire de la cité, c'est-à-dire de la liberté du citoyen ; cela n'a pas lieu dans ceux où il est question de la propriété des biens, parce que le bien public est toujours que chacun conserve invariablement la propriété que lui donnent les lois civiles.

Cicéron soutenoit que les lois agraires étoient

funestes, parce que la cité n'étoit établie que pour que chacun conservât ses biens.

Posons donc pour maxime que, lorsqu'il s'agit du bien public, le bien public n'est jamais que l'on prive un particulier de son bien, ou même qu'on lui en retranche la moindre partie par une loi ou un réglement politique. Dans ce cas, il faut suivre à la rigueur la loi civile, qui est le palladium de la propriété.

Ainsi, lorsque le public a besoin du fonds d'un particulier, il ne faut jamais agir par la rigueur de la loi politique; mais c'est là que doit triompher la loi civile, qui, avec des yeux de mère, regarde chaque particulier comme toute la cité même.

Si le magistrat politique veut faire quelque édifice public, quelque nouveau chemin, il faut qu'il indemnise : le public est, à cet égard, comme un particulier qui traite avec un particulier. C'est bien assez qu'il puisse contraindre un citoyen de lui vendre son héritage, et qu'il lui ôte ce grand privilége qu'il tient de la loi civile, de ne pouvoir être forcé d'aliéner son bien.

Après que les peuples qui détruisirent les Romains eurent abusé de leurs conquêtes mêmes, l'esprit de liberté les rappela à celui d'équité; les droits les plus barbares, ils les exercèrent avec modération; et, si l'on en doutoit, il n'y auroit qu'à lire l'admirable ouvrage de Beaumanoir, qui écrivoit sur la jurisprudence dans le douzième siècle.

On raccommodoit de son temps les grands chemins, comme on fait aujourd'hui. Il dit que, quand un grand chemin ne pouvoit être rétabli, on en faisoit un autre, le plus près de l'ancien qu'il étoit possible; mais qu'on dédommageoit les propriétaires aux frais de ceux qui tiroient quelque avantage du chemin [1]. On se déterminoit pour lors par la loi civile; on s'est déterminé de nos jours par la loi politique.

CHAPITRE XVI.

Qu'il ne faut point décider par les règles du droit civil quand il s'agit de décider par celles du droit politique.

On verra le fond de toutes les questions, si l'on ne confond point les règles qui dérivent de la propriété de la cité avec celles qui naissent de la liberté de la cité.

Le domaine d'un état est-il aliénable, ou ne

---

[1] Le seigneur nommoit des prud'hommes pour faire la levée sur le paysan; les gentilshommes étoient contraints à la contribution par le comte; l'homme d'église, par l'évêque. Beaumanoir, chap. XXII.

l'est-il pas? Cette question doit être décidée par la loi politique, et non pas par la loi civile. Elle ne doit pas être décidée par la loi civile, parce qu'il est aussi nécessaire qu'il y ait un domaine pour faire subsister l'état, qu'il est nécessaire qu'il y ait dans l'état des lois civiles qui règlent la disposition des biens.

Si donc on aliène le domaine, l'état sera forcé de faire un nouveau fonds pour un autre domaine. Mais cet expédient renverse encore le gouvernement politique, parce que, par la nature de la chose, à chaque domaine qu'on établira, le sujet paiera plus toujours, et le souverain retirera toujours moins; en un mot, le domaine est nécessaire, et l'aliénation ne l'est pas.

L'ordre de succession est fondé, dans les monarchies, sur le bien de l'état, qui demande que cet ordre soit fixé, pour éviter les malheurs que j'ai dit devoir arriver dans le despotisme, où tout est incertain, parce que tout y est arbitraire.

Ce n'est pas pour la famille régnante que l'ordre de succession est établi, mais parce qu'il est de l'intérêt de l'état qu'il y ait une famille régnante. La loi qui règle la succession des particuliers est une loi civile, qui a pour objet l'intérêt des particuliers; celle qui règle la succession à la monarchie est une loi politique, qui a pour objet le bien et la conservation de l'état.

Il suit de là que, lorsque la loi politique a établi dans un état un ordre de succession, et que cet ordre vient à finir, il est absurde de réclamer la succession, en vertu de la loi civile de quelque peuple que ce soit. Une société particulière ne fait point de lois pour une autre société. Les lois civiles des Romains ne sont pas plus applicables que toutes autres lois civiles; ils ne les ont point employées eux-mêmes, lorsqu'ils ont jugé les rois : et les maximes par lesquelles ils ont jugé les rois sont si abominables, qu'il ne faut point les faire revivre.

Il suit encore de là que, lorsque la loi politique a fait renoncer quelque famille à la succession, il est absurde de vouloir employer les restitutions tirées de la loi civile. Les restitutions sont dans la loi, et peuvent être bonnes contre ceux qui vivent dans la loi; mais elles ne sont pas bonnes pour ceux qui ont été établis pour la loi, et qui vivent pour la loi.

Il est ridicule de prétendre décider des droits des royaumes, des nations et de l'univers, par les mêmes maximes sur lesquelles on décide entre particuliers d'un droit pour une gouttière, pour me servir de l'expression de Cicéron [1].

---

[1] Livre I, *des Lois*.

CHAPITRE XVII.

Continuation du même sujet.

L'ostracisme doit être examiné par les règles de la loi politique, et non par les règles de la loi civile; et, bien loin que cet usage puisse flétrir le gouvernement populaire, il est au contraire très-propre à en prouver la douceur; et nous aurions senti cela, si, l'exil parmi nous étant toujours une peine, nous avions pu séparer l'idée de l'ostracisme d'avec celle de la punition.

Aristote nous dit [1] qu'il est convenu de tout le monde que cette pratique a quelque chose d'humain et de populaire. Si, dans les temps et dans les lieux où l'on exerçoit ce jugement, on ne le trouvoit point odieux, est-ce à nous, qui voyons les choses de si loin, de penser autrement que les accusateurs, les juges, et l'accusé même?

Et, si l'on fait attention que ce jugement du peuple combloit de gloire celui contre qui il étoit rendu; que, lorsqu'on en eut abusé à Athènes contre un homme sans mérite [2], on cessa dans ce

---

[1] République, liv. III, chap. XIII.
[2] Hyperbolus. Voyez Plutarque, Vie d'Aristide.

moment de l'employer ¹, on verra bien qu'on en a pris une fausse idée, et que c'étoit une loi admirable que celle qui prévenoit les mauvais effets que pouvoit produire la gloire d'un citoyen, en le comblant d'une nouvelle gloire.

CHAPITRE XVIII.

Qu'il faut examiner si les lois qui paroissent se contredire sont du même ordre.

A Rome, il fut permis au mari de prêter sa femme à un autre. Plutarque nous le dit formellement ². On sait que Caton prêta sa femme à Hortensius ³, et Caton n'étoit point homme à violer les lois de son pays.

D'un autre côté, un mari qui souffroit les débauches de sa femme, qui ne la mettoit pas en jugement, ou qui la reprenoit après la condamnation, étoit puni ⁴. Ces lois paroissent se contredire, et ne se contredisent point. La loi qui permettoit à un Romain de prêter sa femme est visiblement une institution lacédémonienne, éta-

¹ Il se trouva opposé à l'esprit du législateur.

² Plutarque, dans sa comparaison de Lycurgue et de Numa.

³ Plutarque, Vie de Caton. Cela se passa de notre temps, dit Strabon, liv. XI.

⁴ Leg. II, § ult. ff. *ad leg. Jul. de adult.*

blie pour donner à la république des enfans d'une bonne espèce, si j'ose me servir de ce terme : l'autre avoit pour objet de conserver les mœurs. La première étoit une loi politique, la seconde une loi civile.

CHAPITRE XIX.

Qu'il ne faut pas décider par les lois civiles les choses qui doivent l'être par les lois domestiques.

La loi des Wisigoths vouloit que les esclaves fussent obligés de lier l'homme et la femme qu'ils surprenoient en adultère [1], et de les présenter au mari et au juge; loi terrible, qui mettoit entre les mains de ces personnes viles le soin de la vengeance publique, domestique et particulière !

Cette loi ne seroit bonne que dans les sérails d'Orient, où l'esclave qui est chargé de la clôture a prévariqué sitôt qu'on prévarique. Il arrête les criminels, moins pour les faire juger que pour se faire juger lui-même, et obtenir que l'on cherche dans les circonstances de l'action si l'on peut perdre le soupçon de sa négligence.

Mais dans les pays où les femmes ne sont point

---

[1] Loi des Wisigoths, liv. III, tit. 4, § 6.

gardées, il est insensé que la loi civile les soumette, elles qui gouvernent la maison, à l'inquisition de leurs esclaves.

Cette inquisition pourroit être, tout au plus dans de certains cas, une loi particulière domestique, et jamais une loi civile.

CHAPITRE XX.

Qu'il ne faut pas décider par les principes des lois civiles les choses qui appartiennent au droit des gens.

La liberté consiste principalement à ne pouvoir être forcé à faire une chose que la loi n'ordonne pas ; et on n'est dans cet état que parce qu'on est gouverné par des lois civiles : nous sommes donc libres, parce que nous vivons sous des lois civiles.

Il suit de là que les princes, qui ne vivent point entre eux sous des lois civiles, ne sont point libres, ils sont gouvernés par la force : ils peuvent continuellement forcer ou être forcés. De là il suit que les traités qu'ils ont faits par force sont aussi obligatoires que ceux qu'ils auroient faits de bon gré.

Quand nous, qui vivons sous des lois civiles, sommes contraints à faire quelque contrat que la loi n'exige pas, nous pouvons, à la faveur de la loi, revenir contre la violence ; mais un prince, qui est toujours dans cet état dans lequel il force ou il est forcé, ne peut pas se plaindre d'un traité qu'on lui a fait faire par violence : c'est comme s'il se plaignoit de son état naturel ; c'est comme s'il vouloit être prince à l'égard des autres princes, et que les autres princes fussent citoyens à son égard, c'est-à-dire choquer la nature des choses.

CHAPITRE XXI.

Qu'il ne faut pas décider par les lois politiques les choses qui appartiennent au droit des gens.

Les lois politiques demandent que tout homme soit soumis aux tribunaux criminels et civils du pays où il est, et à l'animadversion du souverain.

Le droit des gens a voulu que les princes s'envoyassent des ambassadeurs, et la raison, tirée de la nature de la chose, n'a pas permis que ces ambassadeurs dépendissent du souverain chez qui ils sont envoyés, ni de ses tribunaux. Ils sont la parole du prince qui les envoie, et cette parole doit être libre : aucun obstacle ne doit les empêcher d'agir. Ils peuvent souvent déplaire, parce qu'ils parlent pour un homme indépendant. On pourroit leur imputer des crimes, s'ils pouvoient être punis pour des crimes; on pourroit leur supposer des dettes, s'ils pouvoient être arrêtés pour des dettes. Un prince qui a une fierté naturelle parleroit par la bouche d'un homme qui auroit tout à craindre. Il faut donc suivre, à l'égard des ambassadeurs, les raisons tirées du droit des gens, et non pas celles qui dérivent du droit politique. Que s'ils abusent de leur être représentatif, on le fait cesser, en les renvoyant chez eux : on peut même les accuser devant leur maître, qui devient par là leur juge ou leur complice.

CHAPITRE XXII.

Malheureux sort de l'ynca Athualpa.

Les principes que nous venons d'établir furent cruellement violés par les Espagnols. L'ynca Athualpa ne pouvoit être jugé que par le droit des gens [1] ; ils le jugèrent par des lois politiques et civiles. Ils l'accusèrent d'avoir fait mourir quelques-uns de ses sujets, d'avoir eu plusieurs femmes, etc., et le comble de la stupidité fut qu'ils ne le condamnèrent pas par les lois politiques et civiles de son pays, mais par les lois politiques et civiles du leur.

[1] Voyez l'ynca Garcilasso de la Vega, page 108.

CHAPITRE XXIII.

Que lorsque, par quelque circonstance, la loi politique détruit l'etat, il faut decider par la loi politique qui le conserve, qui devient quelquefois un droit des gens.

Quand la loi politique qui a établi dans l'état un certain ordre de succession devient destructrice du corps politique pour lequel elle a été faite, il ne faut pas douter qu'une autre loi politique ne puisse changer cet ordre ; et, bien loin que cette même loi soit opposée à la première, elle y sera dans le fond entièrement conforme, puisqu'elles dépendront toutes deux de ce principe : Le salut du peuple est la suprême loi.

J'ai dit qu'un grand état [1] devenu accessoire d'un autre s'affoiblissoit, et même affoiblissoit le principal. On sait que l'état a intérêt d'avoir son chef chez lui, que les revenus soient bien administrés, que sa monnoie ne sorte point pour enrichir un autre pays. Il est important que celui qui doit gouverner ne soit point imbu de maximes étrangères ; elles conviennent moins que celles

---

[1] Voyez ci-dessus, liv. V, chap. xiv; liv. VIII, chap. xvi, xvii, xviii, xix et xx; liv. IX, chap. iv, v, vi et vii; et liv. X, chap. ix et x.

qui sont déjà établies : d'ailleurs, les hommes tiennent prodigieusement à leurs lois et à leurs coutumes; elles font la félicité de chaque nation; il est rare qu'on les change sans de grandes secousses et une grande effusion de sang, comme les histoires de tous les pays le font voir.

Il suit de là que, si un grand état a pour héritier le possesseur d'un grand état, le premier peut fort bien l'exclure, parce qu'il est utile à tous les deux états que l'ordre de la succession soit changé. Ainsi la loi de Russie, faite au commencement du règne d'Élisabeth, exclut-elle très-prudemment tout héritier qui possèderoit une autre monarchie; ainsi la loi de Portugal rejette-t-elle tout étranger qui seroit appelé à la couronne par le droit du sang.

Que si une nation peut exclure, elle a, à plus forte raison, le droit de faire renoncer. Si elle craint qu'un certain mariage n'ait des suites qui puissent lui faire perdre son indépendance, ou la jeter dans un partage, elle pourra fort bien faire renoncer les contractans, et ceux qui naîtront d'eux, à tous les droits qu'ils auroient sur elle; et celui qui renonce, et ceux contre qui on renonce, pourront d'autant moins se plaindre, que l'état auroit pu faire une loi pour les exclure.

CHAPITRE XXIV.

Que les réglemens de police sont d'un autre ordre que les autres lois civiles.

Il y a des criminels que le magistrat punit, il y en a d'autres qu'il corrige. Les premiers sont soumis à la puissance de la loi, les autres à son autorité : ceux-là sont retranchés de la société, on oblige ceux-ci de vivre selon les règles de la société.

Dans l'exercice de la police, c'est plutôt le magistrat qui punit que la loi ; dans les jugemens des crimes, c'est plutôt la loi qui punit que le magistrat. Les matières de police sont des choses de chaque instant, et où il ne s'agit ordinairement que de peu : il ne faut donc guère de formalités. Les actions de la police sont promptes, et elle s'exerce sur des choses qui reviennent tous les jours : les grandes punitions n'y sont donc pas propres. Elle s'occupe perpétuellement de détails : les grands exemples ne sont donc point faits pour elle. Elle a plutôt des règlemens que des lois. Les gens qui relèvent d'elle sont sans cesse sous les yeux du magistrat : c'est donc la faute du magistrat s'ils tombent dans des excès.

Ainsi il ne faut pas confondre les grandes violations des lois avec la violation de la simple police : ces choses sont d'un ordre différent.

De là il suit qu'on ne s'est point conformé à la nature des choses dans cette république d'Italie [1], où le port des armes à feu est puni comme un crime capital, et où il n'est pas plus fatal d'en faire un mauvais usage que de les porter.

Il suit encore que l'action tant louée de cet empereur, qui fit, empaler un boulanger qu'il avoit surpris en fraude, est une action de sultan, qui ne sait être juste qu'en outrant la justice même.

CHAPITRE XXV.

Qu'il ne faut pas suivre les dispositions générales du droit civil lorsqu'il s'agit de choses qui doivent être soumises à des règles particulières tirées de leur propre nature.

Est-ce une bonne loi que toutes les obligations civiles passées dans le cours d'un voyage entre les matelots dans un navire soient nulles ? François Pirard nous dit [2] que, de son temps, elle n'étoit point observée par les Portugais ; mais qu'elle

---

[1] Venise.

[2] Chapitre xiv, partie XII.

l'étoit par les François. Des gens qui ne sont ensemble que pour peu de temps, qui n'ont aucun besoin, puisque le prince y pourvoit, qui ne peuvent avoir qu'un objet, qui est celui de leur voyage, qui ne sont plus dans la société, mais citoyens du navire, ne doivent point contracter de ces obligations qui n'ont été introduites que pour soutenir les charges de la société civile.

C'est dans ce même esprit que la loi des Rhodiens, faite pour un temps où l'on suivoit toujours les côtes, vouloit que ceux qui, pendant la tempête, restoient dans le vaisseau eussent le navire et la charge, et que ceux qui l'avoient quitté n'eussent rien.

LIVRE XXVII.

CHAPITRE UNIQUE.

De l'origine et des révolutions des lois des Romains sur les successions.

Cette matière tient à des établissemens d'une antiquité très-reculée ; et, pour la pénétrer à fond, qu'il me soit permis de chercher dans les premières lois des Romains ce que je ne sache pas que l'on y ait vu jusqu'ici.

On sait que Romulus partagea les terres de son petit état à ses citoyens [1] : il me semble que c'est de là que dérivent les lois de Rome sur les successions.

La loi de la division des terres demanda que les biens d'une famille ne passassent pas dans une autre : de là il suivit qu'il n'y eut que deux ordres d'héritiers établis par la loi [2] ; les enfans et tous

---

[1] Denys d'Halicarnasse, liv. II, page 61. Plutarque, dans sa comparaison de Numa et de Lycurgue.

[2] *Ast si intestatus moritur, cui suus hæres nec extabit, agnatus proximus familiam habeto.* Fragment de la loi des douze tables, dans Ulpien, titre dernier.

les descendans qui vivoient sous la puissance du père, qu'on appela héritiers-siens, et, à leur défaut, les plus proches parens par mâles, qu'on appela agnats.

Il suivit encore que les parens par femmes, qu'on appela cognats, ne devoient point succéder, ils auroient transporté les biens dans une autre famille; et cela fut ainsi établi.

Il suivit encore de là que les enfans ne devoient point succéder à leur mère, ni la mère à ses enfans; cela auroit porté les biens d'une famille dans une autre : aussi les voit-on exclus dans la loi des douze tables[1]; elle n'appeloit à la succession que les agnats, et le fils et la mère ne l'étoient pas entre eux.

Mais il étoit indifférent que l'héritier-sien, ou, à son défaut, le plus proche agnat, fût mâle lui-même ou femelle, parce que les parens du côté maternel ne succédant point, quoiqu'une femme héritière se mariât, les biens rentroient toujours dans la famille dont ils étoient sortis : c'est pour cela que l'on ne distinguoit point dans la loi des douze tables si la personne qui succédoit étoit mâle ou femelle[2].

Cela fit que, quoique les petits-enfans par le

---

[1] Voyez les Fragmens d'Ulpien, § 8, tit. 26; Instit., tit. 3, *in præmio ad sen. cons. Tertullianum.*

[2] Paul, liv. IV, *de sent.*, tit. 8, § 3.

fils succédassent au grand-père, les petits-enfans par la fille ne lui succédèrent point ; car, pour que les biens ne passassent pas dans une autre famille, les agnats leur étoient préférés : ainsi la fille succéda à son père, et non pas ses enfans [1].

Ainsi, chez les premiers Romains, les femmes succédoient lorsque cela s'accordoit avec la loi de la division des terres, et elles ne succédoient point lorsque cela pouvoit la choquer.

Telles furent les lois des successions chez les premiers Romains ; et, comme elles étoient une dépendance naturelle de la constitution, et qu'elles dérivoient du partage des terres, on voit bien qu'elles n'eurent pas une origine étrangère, et ne furent point du nombre de celles que rapportèrent les députés que l'on envoya dans les villes grecques.

Denys d'Halicarnasse [2] nous dit que Servius Tullius trouvant les lois de Romulus et de Numa sur le partage des terres abolies, il les rétablit, en fit de nouvelles pour donner aux anciennes un nouveau poids. Ainsi on ne peut douter que les lois dont nous venons de parler, faites en conséquence de ce partage, ne soient l'ouvrage de ces trois législateurs de Rome.

---

[1] Instit., liv. III, tit. 1, § 15.
[2] Liv. IV, page 276.

L'ordre de succession ayant été établi en conséquence d'une loi politique, un citoyen ne devoit pas le troubler par une volonté particulière, c'est-à-dire que, dans les premiers temps de Rome, il ne devoit pas être permis de faire un testament: cependant il eût été dur qu'on eût été privé, dans ses derniers momens, du commerce des bienfaits.

On trouva un moyen de concilier à cet égard les lois avec la volonté des particuliers. Il fut permis de disposer de ses biens dans une assemblée du peuple, et chaque testament fut en quelque façon un acte de la puissance législative.

La loi des douze tables permit à celui qui faisoit son testament de choisir pour son héritier le citoyen qu'il vouloit. La raison qui fit que les lois romaines restreignirent si fort le nombre de ceux qui pouvoient succéder *ab intestat* fut la loi du partage des terres; et la raison pourquoi elles étendirent si fort la faculté de tester fut que, le père pouvant vendre ses enfans [1], il pouvoit, à plus forte raison, les priver de ses biens. C'étoient donc des effets différens, puisqu'ils couloient de principes divers; et c'est l'esprit des lois romaines à cet égard.

[1] Denys d'Halicarnasse prouve par une loi de Numa que la loi qui permettoit au père de vendre son fils trois fois étoit une loi de Romulus, non pas des décemvirs, liv. II.

Les anciennes lois d'Athènes ne permirent point au citoyen de faire de testament. Solon le permit [1], excepté à ceux qui avoient des enfans ; et les législateurs de Rome, pénétrés de l'idée de la puissance paternelle, permirent de tester au préjudice même des enfans. Il faut avouer que les anciennes lois d'Athènes furent plus conséquentes que les lois de Rome. La permission indéfinie de tester, accordée chez les Romains, ruina peu à peu la disposition politique sur le partage des terres ; elle introduisit, plus que toute autre chose, la funeste différence entre les richesses et la pauvreté : plusieurs partages furent assemblés sur une même tête ; des citoyens eurent trop, une infinité d'autres n'eurent rien. Aussi le peuple, continuellement privé de son partage, demanda-t-il sans cesse une nouvelle distribution des terres : il la demanda dans le temps où la frugalité, la parcimonie et la pauvreté faisoient le caractère distinctif des Romains, comme dans les temps où leur luxe fut porté à l'excès.

Les testamens étant proprement une loi faite dans l'assemblée du peuple, ceux qui étoient à l'armée se trouvoient privés de la faculté de tester. Le peuple donna aux soldats le pouvoir de faire [2]

---

[1] Voyez Plutarque, Vie de Solon.

[2] Ce testament, appelé *in procinctu*, étoit différent de celui que

devant quelques-uns de leurs compagnons les dispositions qu'ils auroient faites devant lui [1].

Les grandes assemblées du peuple ne se faisoient que deux fois l'an ; d'ailleurs le peuple s'étoit augmenté, et les affaires aussi. On jugea qu'il convenoit de permettre à tous les citoyens de faire leur testament devant quelques citoyens romains pubères [2], qui représentassent le corps du peuple : on prit cinq citoyens [3], devant lesquels l'héritier achetoit du testateur sa famille, c'est-à-dire son hérédité [4]; un autre citoyen portoit une balance pour en peser le prix, car les Romains n'avoient point encore de monnoie [5].

Il y a apparence que ces cinq citoyens représentoient les cinq classes du peuple, et qu'on ne

l'on appela *militaire*, qui ne fut établi que par les constitutions des empereurs, leg. 1, ff. *de militari testamento :* ce fut une de leurs cajoleries envers les soldats.

[1] Ce testament n'étoit point écrit, et étoit sans formalités, *sine librâ et tabulis*, comme dit Cicéron, liv. I de l'Orateur, page 187. Édition de Denys Godeffroy, 1587.

[2] Instit., liv. II, tit. 10, § 1 ; Aulu-Gelle, liv. XV, chap. XXVII. On appela cette sorte de testament *per æs et libram*.

[3] Ulpien, tit. 10, § 2.

[4] Théophile, Instit. liv. II, tit. 10.

[5] Ils n'en eurent qu'au temps de la guerre de Pyrrhus. Tite-Live, parlant du siége de Véies, dit : « *Nondùm argentum signatum erat.* » Liv. IV, c. 60.

comptoit pas la sixième, composée de gens qui n'avoient rien.

Il ne faut pas dire, avec Justinien, que ces ventes étoient imaginaires ; elles le devinrent, mais au commencement elles ne l'étoient pas. La plupart des lois qui réglèrent dans la suite les testamens tirent leur origine de la réalité de ces ventes ; on en trouve bien la preuve dans les fragmens d'Ulpien [1]. Le sourd, le muet, le prodigue, ne pouvoient faire de testament : le sourd, parce qu'il ne pouvoit pas entendre les paroles de l'acheteur de la famille ; le muet, parce qu'il ne pouvoit pas prononcer les termes de la nomination ; le prodigue, parce que toute gestion d'affaires lui étant interdite, il ne pouvoit pas vendre sa famille. Je passe les autres exemples.

Les testamens se faisant dans l'assemblée du peuple, ils étoient plutôt des actes du droit politique que du droit civil, du droit public plutôt que du droit privé : de là il suivit que le père ne pouvoit permettre à son fils, qui étoit en sa puissance, de faire un testament.

Chez la plupart des peuples, les testamens ne sont pas soumis à de plus grandes formalités que les contrats ordinaires, parce que les uns et les

---

[1] Tit. 20, § 13.

autres ne sont que des expressions de la volonté de celui qui contracte, qui appartiennent également au droit privé. Mais, chez les Romains, où les testamens dérivoient du droit public, ils eurent de plus grandes formalités que les autres actes [1], et cela subsiste encore aujourd'hui dans les pays de France qui se régissent par le droit romain.

Les testamens étant, comme je l'ai dit, une loi du peuple, ils devoient être faits avec la force du commandement, et par des paroles que l'on appela *directes* et *impératives*. De là il se forma une règle, que l'on ne pourroit donner ni transmettre son hérédité que par des paroles de commandement [2] : d'où il suivit que l'on pouvoit bien, dans de certains cas, faire une substitution [3], et ordonner que l'hérédité passât à un autre héritier, mais qu'on ne pouvoit jamais faire de fidéicommis [4]; c'est-à-dire charger quelqu'un, en forme de prière, de remettre à un autre l'hérédité ou une partie de l'hérédité.

Lorsque le père n'instituoit ni exhérédoit son fils, le testament étoit rompu; mais il étoit va-

---

[1] Instit., liv. II, tit. 10, § 1.

[2] Titius, sois mon héritier.

[3] La vulgaire, la pupillaire, l'exemplaire.

[4] Auguste, par des raisons particulières, commença à autoriser les fidéicommis. Instit., liv. II, tit 23, § 1.

lable, quoiqu'il n'exhérédât ni instituât sa fille : j'en vois la raison. Quand il n'instituoit ni exhérédoit son fils, il faisoit tort à son petit-fils, qui auroit succédé *ab intestat* à son père; mais, en n'instituant ni exhérédant sa fille, il ne faisoit aucun tort aux enfans de sa fille, qui n'auroient point succédé *ab intestat* à leur mère [1], parce qu'ils n'étoient héritiers-siens ni agnats.

Les lois des premiers Romains sur les successions n'ayant pensé qu'à suivre l'esprit du partage des terres, elles ne restreignirent pas assez les richesses des femmes, et elles laissèrent par là une porte ouverte au luxe, qui est toujours inséparable de ces richesses. Entre la seconde et la troisième guerre punique, on commença à sentir le mal, on fit la loi Voconienne [2]; et comme de très-grandes considérations la firent faire, qu'il ne nous en reste que peu de monumens et qu'on n'en a jusqu'ici parlé que d'une manière très-confuse, je vais l'éclaircir.

Cicéron nous en a conservé un fragment qui dé-

---

[1] *Ad liberos matris intestatæ hereditas, ex lege* XII *tabul., non pertinebat, quia fœminæ suos heredes non habent.* Ulpien, Fragmens, tit. 26, § 7.

[2] Quintus Voconius, tribun du peuple, la proposa. Voyez Cicéron, seconde harangue contre Verrès, C, tome Ier, page 109. Dans l'Épitome de Tite-Live, liv. XLI, il faut lire Voconius au lieu de Volumnius.

fend d'instituer une femme héritière, soit qu'elle fût mariée, soit qu'elle ne le fût pas [1].

L'épitome de Tite-Live, où il est parlé de cette loi, n'en dit pas davantage [2]. Il paroît, par Cicéron [3] et par saint Augustin [4], que la fille, et même la fille unique, étoient comprises dans la prohibition.

Caton l'ancien contribua de tout son pouvoir à faire recevoir cette loi [5]. Aulu-Gelle cite un fragment de la harangue qu'il fit dans cette occasion [6]. En empêchant les femmes de succéder, il voulut prévenir les causes du luxe, comme en prenant la défense de la loi Oppienne il voulut arrêter le luxe même.

Dans les institutes de Justinien [7] et de Théophile [8], on parle d'un chapitre de la loi Voconienne, qui restreignoit la faculté de léguer. En lisant ces auteurs, il n'y a personne qui ne pense que ce chapitre fut fait pour éviter que la suc-

---

[1] *Sanxit... ne quis heredem virginem neve mulierem faceret.* Cicéron, seconde harangue contre Verrès. *Ibid.*

[2] *Legem tulit, ne quis heredem mulierem institueret,* liv. XLI.

[3] Seconde harangue contre Verrès.

[4] Livre III de la Cité de Dieu.

[5] Épitome de Tite-Live, liv. XLI.

[6] Liv. XVII, chap. VI.

[7] Instit., liv. II, tit 22.

[8] Liv. II, tit. 22.

cession ne fût tellement épuisée par des legs que l'héritier refusât de l'accepter : mais ce n'étoit point là l'esprit de la loi Voconienne; nous venons de voir qu'elle avoit pour objet d'empêcher les femmes de recevoir aucune succession. Le chapitre de cette loi qui mettoit des bornes à la faculté de léguer entroit dans cet objet; car, si on avoit pu léguer autant que l'on auroit voulu, les femmes auroient pu recevoir comme legs ce qu'elles ne pouvoient obtenir comme succession.

La loi Voconienne fut faite pour prévenir les trop grandes richesses des femmes : ce fut donc des successions considérables dont il fallut les priver, et non pas de celles qui ne pouvoient entretenir le luxe. La loi fixoit une certaine somme qui devoit être donnée aux femmes qu'elle privoit de la succession. Cicéron [1], qui nous apprend ce fait, ne nous dit point quelle étoit cette somme; mais Dion dit qu'elle étoit de cent mille sesterces [2].

La loi Voconienne étoit faite pour régler les richesses, et non pas pour régler la pauvreté; aussi Cicéron nous dit-il [3] qu'elle ne statuoit que sur ceux qui étoient inscrits dans le cens.

---

[1] *Nemo censuit plus Fadiæ dandum, quàm posset ad eam lege Voconiâ pervenire.* De finibus bon. et mal., lib. II.

[2] *Cùm lege Voconiâ mulieribus prohiberetur ne qua majorem centum millibus nummûm hereditatem posset adire.* Liv. LVI.

[3] *Qui census esset.* Harangue seconde contre Verrès.

Ceci fournit un prétexte pour éluder la loi. On sait que les Romains étoient extrêmement formalistes, et nous avons dit ci-dessus que l'esprit de la république étoit de suivre la lettre de la loi. Il y eut des pères qui ne se firent point inscrire dans le cens, pour pouvoir laisser leur succession à leur fille, et les préteurs jugèrent qu'on ne violoit point la loi Voconienne, puisqu'on n'en violoit point la lettre.

Un certain Anius Asellus avoit institué sa fille unique héritière. Il le pouvoit, dit Cicéron ; la loi Voconienne ne l'en empêchoit pas, parce qu'il n'étoit point dans le cens [1]. Verrès, étant préteur, avoit privé la fille de la succession. Cicéron soutient que Verrès avoit été corrompu, parce que sans cela il n'auroit point interverti un ordre que les autres préteurs avoient suivi.

Qu'étoient donc ces citoyens qui n'étoient point dans le cens qui comprenoit tous les citoyens ? Mais, selon l'institution de Servius Tullius, rapportée par Denys d'Halicarnasse [2], tout citoyen qui ne se faisoit point inscrire dans le cens étoit fait esclave. Cicéron lui-même dit qu'un tel homme perdoit la liberté [3] ; Zonaras dit la même chose : il falloit donc qu'il y eût de la différence entre n'être

---

[1] *Census non erat.* Harangue seconde contre Verrès
[2] Liv. IV.
[3] *In oratione pro Cecinnâ.*

point dans le cens selon l'esprit de la loi Voconienne, et n'être point dans le cens selon l'esprit des institutions de Servius Tullius.

Ceux qui ne s'étoient point fait inscrire dans les cinq premières classes, où l'on étoit placé selon la proportion de ses biens [1], n'étoient point dans le cens selon l'esprit de la loi Voconienne : ceux qui n'étoient point inscrits dans le nombre des six classes, ou qui n'étoient point mis par les censeurs au nombre de ceux que l'on appeloit *ærarii*, n'étoient point dans le cens suivant les institutions de Servius Tullius. Telle étoit la force de la nature, que des pères, pour éluder la loi Voconienne, consentoient à souffrir la honte d'être confondus dans la sixième classe avec les prolétaires et ceux qui étoient taxés pour leur tête, ou peut-être même à être renvoyés dans les tables des Cérites [2].

Nous avons dit que la jurisprudence des Romains n'admettoit point les fidéicommis : l'espérance d'éluder la loi Voconienne les introduisit. On instituoit un héritier capable de recevoir par la loi, et on le prioit de remettre la succession à une personne que la loi en avoit exclue. Cette nouvelle manière de disposer eut des effets bien

---

[1] Ces cinq premières classes étoient si considérables que quelquefois les auteurs n'en rapportent que cinq.

[2] *In Cæritum tabulas referri; ærarius fieri.*

différens. Les uns rendirent l'hérédité, et l'action de Sextus Peduceus fut remarquable[1] ; on lui donna une grande succession. Il n'y avoit personne dans le monde que lui qui sût qu'il étoit prié de la remettre ; il alla trouver la veuve du testateur, et lui donna tout le bien de son mari.

Les autres gardèrent pour eux la succession, et l'exemple de P. Sextilius Rufus fut célèbre encore, parce que Cicéron l'emploie dans ses disputes contre les Épicuriens[2]. « Dans ma jeu-
« nesse, dit-il, je fus prié par Sextilius de l'accom-
« pagner chez ses amis, pour savoir d'eux s'il
« devoit remettre l'hérédité de Quintus Fadius
« Gallus à Fadia sa fille. Il avoit assemblé plusieurs
« jeunes gens, avec de très-graves personnages,
« et aucun ne fut d'avis qu'il donnât plus à Fadia
« que ce qu'elle devoit avoir par la loi Voco-
« nienne. Sextilius eut là une grande succession
« dont il n'auroit pas retenu un sesterce s'il avoit
« préféré ce qui étoit juste et honnête à ce qui
« étoit utile. Je puis croire, ajoute-t-il, que vous
« auriez rendu l'hérédité, je puis croire même
« qu'Épicure l'auroit rendue ; mais vous n'auriez
« pas suivi vos principes. » Je ferai ici quelques réflexions.

[1] Cicéron, *de finibus bonorum et malorum*, liv. II.
[2] *Idem, ibid.*

C'est un malheur de la condition humaine que les législateurs soient obligés de faire des lois qui combattent les sentimens naturels mêmes : telle fut la loi Voconienne. C'est que les législateurs statuent plus sur la société que sur le citoyen, et sur le citoyen que sur l'homme. La loi sacrifioit et le citoyen et l'homme, et ne pensoit qu'à la république. Un homme prioit son ami de remettre sa succession à sa fille : la loi méprisoit dans le testateur les sentimens de la nature; elle méprisoit dans la fille la piété filiale; elle n'avoit aucun égard pour celui qui étoit chargé de remettre l'hérédité, qui se trouvoit dans de terribles circonstances. La remettoit-il, il étoit un mauvais citoyen ; la gardoit-il, il étoit un malhonnête homme. Il n'y avoit que les gens d'un bon naturel qui pensassent à éluder la loi ; il n'y avoit que les honnêtes gens qu'on pût choisir pour l'éluder : car c'est toujours un triomphe à remporter sur l'avarice et les voluptés, et il n'y a que les honnêtes gens qui obtiennent ces sortes de triomphes. Peut-être même y auroit-il de la rigueur à les regarder en cela comme de mauvais citoyens. Il n'est pas impossible que le législateur eût obtenu une grande partie de son objet, lorsque sa loi étoit telle qu'elle ne forçoit que les honnêtes gens à l'éluder.

Dans le temps que l'on fit la loi Voconienne,

les mœurs avoient conservé quelque chose de leur ancienne pureté. On intéressa quelquefois la conscience publique en faveur de la loi, et l'on fit jurer qu'on l'observeroit [1] : de sorte que la probité faisoit, pour ainsi dire, la guerre à la probité. Mais, dans les derniers temps, les mœurs se corrompirent au point que les fidéicommis dûrent avoir moins de force pour éluder la loi Voconienne que cette loi n'en avoit pour se faire suivre.

Les guerres civiles firent périr un nombre infini de citoyens. Rome, sous Auguste, se trouva presque déserte ; il falloit la repeupler. On fit les lois Pappiennes, où l'on n'omit rien de ce qui pouvoit encourager les citoyens à se marier et à avoir des enfans [2]. Un des principaux moyens fut d'augmenter, pour ceux qui se prêtoient aux vues de la loi, les espérances de succéder, et de les diminuer pour ceux qui s'y refusoient ; et, comme la loi Voconienne avoit rendu les femmes incapables de succéder, la loi Pappienne fit, dans de certains cas, cesser cette prohibition.

Les femmes [3], surtout celles qui avoient des enfans, furent rendues capables de recevoir en

---

[1] Sextilius disoit qu'il avoit juré de l'observer. (Cicéron, *de finibus bon. et mal.*, liv. II.

[2] Voyez ce que j'en ai dit au livre XXIII, chapitre XXI.

[3] Voyez sur ceci les Fragmens d'Ulpien, tit. 15, § 16.

vertu du testament de leurs maris; elles purent, quand elles avoient des enfans, recevoir en vertu du testament des étrangers, tout cela contre la disposition de la loi Voconienne; et il est remarquable qu'on n'abandonna pas entièrement l'esprit de cette loi. Par exemple, la loi Pappienne [1] permettoit à un homme qui avoit un enfant de recevoir toute l'hérédité par le testament d'un étranger [2]; elle n'accordoit la même grâce à la femme que lorsqu'elle avoit trois enfans [3].

Il faut remarquer que la loi Pappienne ne rendit les femmes qui avoient trois enfans capables de succéder qu'en vertu du testament des étrangers, et qu'à l'égard de la succession des parens, elle laissa les lois anciennes et la loi Voconienne dans toute leur force [4]; mais cela ne subsista pas.

Rome, abîmée par les richesses de toutes les nations, avoit changé de mœurs; il ne fut plus

---

[1] La même différence se trouve dans plusieurs dispositions de la loi Pappienne. Voyez les Fragmens d'Ulpien, § 4 et 5, titre dernier; et le même, au même titre, § 6.

[2] *Quod tibi filiolus, vel filia, nascitur ex me,*
Jura parentis habes; propter me scriberis heres.
JUVÉNAL, satire IX.

[3] Voyez la loi IX, code Théodosien, *de bonis proscriptorum*; et Dion, liv. LV. Voyez les Fragmens d'Ulpien, titre dernier, § 6, et tit. 29, § 3.

[4] Fragmens d'Ulpien, tit. 16, § 1; Sozom., liv. I, chap. XIX.

question d'arrêter le luxe des femmes. Aulu-Gelle [1], qui vivoit sous Adrien, nous dit que, de son temps, la loi Voconienne étoit presque anéantie; elle fut couverte par l'opulence de la cité : aussi trouvons-nous dans les sentences de Paul [2], qui vivoit sous Niger, et dans les fragmens d'Ulpien [3], qui étoit du temps d'Alexandre Sévère, que les sœurs du côté du père pouvoient succéder, et qu'il n'y avoit que les parens d'un degré plus éloigné qui fussent dans le cas de la prohibition de la loi Voconienne.

Les anciennes lois de Rome avoient commencé à paroître dures, et les préteurs ne furent plus touchés que des raisons d'équité, de modération et de bienséance.

Nous avons vu que, par les anciennes lois de Rome, les mères n'avoient point de part à la succession de leurs enfans : la loi Voconienne fut une nouvelle raison pour les en exclure. Mais l'empereur Claude donna à la mère la succession de ses enfans, comme une consolation de leur perte : le sénatus-consulte Tertullien, fait sous Adrien [4], la leur donna lorsqu'elles avoient trois enfans, si

---

[1] Liv. XX, chap. 1.
[2] Liv. IV, tit. 8, § 3.
[3] Tit. 26, § 6.
[4] C'est-à-dire l'empereur Pie, qui prit le nom d'Adrien par adoption.

elles étoient ingénues, ou quatre, si elles étoient affranchies. Il est clair que ce sénatus-consulte n'étoit qu'une extension de la loi Pappienne, qui, dans le même cas, avoit accordé aux femmes les successions qui leur étoient déférées par les étrangers. Enfin Justinien [1] leur accorda la succession, indépendamment du nombre de leurs enfans.

Les mêmes causes qui firent restreindre la loi qui empêchoit les femmes de succéder firent renverser peu à peu celle qui avoit gêné la succession des parens par femmes. Ces lois étoient très-conformes à l'esprit d'une bonne république, où l'on doit faire en sorte que ce sexe ne puisse se prévaloir pour le luxe ni de ses richesses, ni de l'espérance de ses richesses. Au contraire, le luxe d'une monarchie rendant le mariage à charge et coûteux, il faut y être invité et par les richesses que les femmes peuvent donner, et par l'espérance des successions qu'elles peuvent procurer. Ainsi, lorsque la monarchie s'établit à Rome, tout le système fut changé sur les successions. Les préteurs appelèrent les parens par femmes, au défaut des parens par mâles; au lieu que, par les anciennes lois, les parens par femmes n'étoient jamais appelés. Le sénatus-consulte Orphitien ap-

---

[1] Leg. 2, cod. *de jure liberorum*; Instit., liv. III, tit. 3, § 4, *de senatus-consulto Tertulliano*.

pela les enfans à la succession de leur mère, et les empereurs Valentinien, Théodose et Arcadius [1], appelèrent les petits-enfans par la fille à la succession du grand-père. Enfin l'empereur Justinien ôta jusqu'au moindre vestige du droit ancien sur les successions : il établit trois ordres d'héritiers, les descendans, les ascendans, les collatéraux, sans aucune distinction, entre les mâles et les femelles, entre les parens par femmes et les parens par mâles, et abrogea toutes celles qui restoient à cet égard [2]. Il crut suivre la nature même en s'écartant de ce qu'il appela les embarras de l'ancienne jurisprudence.

[1] Leg. 9, cod. *de suis et legitimis liberis.*

[2] Leg. 12, cod. *de suis et legitimis liberis;* et les Novelles 118 et 127.

LIVRE XXVIII.

DE L'ORIGINE ET DES RÉVOLUTIONS DES LOIS CIVILES CHEZ LES FRANÇAIS.

> In nova fert animus mutatas dicere formas
> Corpora. . . . .
> OVID., Metam.

CHAPITRE I.

Du différent caractère des lois des peuples germains.

Les Francs étant sortis de leur pays, ils firent rédiger par les sages de leur nation les lois saliques [1]. La tribu des Francs ripuaires s'étant jointe, sous Clovis [2], à celle des Francs saliens, elle conserva ses usages ; et Théodoric [3], roi

---

[1] Voyez le Prologue de la loi salique. M. de Leibnitz dit, dans son traité de l'origine des Francs, que cette loi fut faite avant le règne de Clovis : mais elle ne put l'être avant que les Francs fussent sortis de la Germanie : ils n'entendoient pas pour lors la langue latine.

[2] Voyez Grégoire de Tours.

[3] Voyez le Prologue de la loi des Bavarois, et celui de la loi salique.

d'Austrasie, les fit mettre par écrit. Il recueillit de même les usages des Bavarois et des Allemands [1] qui dépendoient de son royaume : car la Germanie étant affoiblie par la sortie de tant de peuples, les Francs, après avoir conquis devant eux, avoient fait un pas en arrière, et porté leur domination dans les forêts de leurs pères. Il y a apparence que le code des Thuringiens fut donné par le même Théodoric [2], puisque les Thuringiens étoient aussi ses sujets. Les Frisons ayant été soumis par Charles Martel et Pepin, leur loi n'est pas antérieure à ces princes [3]. Charlemagne, qui, le premier, dompta les Saxons, leur donna la loi que nous avons. Il n'y a qu'à lire ces deux derniers codes pour voir qu'ils sortent des mains des vainqueurs. Les Wisigoths, les Bourguignons et les Lombards, ayant fondé des royaumes, firent écrire leurs lois, non pas pour faire suivre leurs usages aux peuples vaincus, mais pour les suivre eux-mêmes.

Il y a, dans les lois saliques et ripuaires, dans celles des Allemands, des Bavarois, des Thuringiens et des Frisons, une simplicité admirable : on y trouve une rudesse originale, et un esprit

[1] Voyez le Prologue de la loi des Bavarois et celui de la loi salique.

[2] *Lex Angliorum Werinorum, hoc est, Thuringorum.*

[3] Ils ne savoient point écrire.

qui n'avoit point été affoibli par un autre esprit. Elles changèrent peu, parce que ces peuples, si on excepte les Francs, restèrent dans la Germanie. Les Francs mêmes y fondèrent une grande partie de leur empire : ainsi leurs lois furent toutes germaines. Il n'en fut pas de même des lois des Wisigoths, des Lombards et des Bourguignons; elles perdirent beaucoup de leur caractère, parce que ces peuples, qui se fixèrent dans leurs nouvelles demeures, perdirent beaucoup du leur.

Le royaume des Bourguignons ne subsista pas assez long-temps pour que les lois du peuple vainqueur pussent recevoir de grands changemens. Gondebaud et Sigismond, qui recueillirent leurs usages, furent presque les derniers de leurs rois. Les lois des Lombards reçurent plutôt des additions que des changemens : celles de Rotharis furent suivies de celles de Grimoald, de Luitprand, de Rachis, d'Aistulphe; mais elles ne prirent point de nouvelle forme. Il n'en fut pas de même des lois des Wisigoths [1]; leurs rois les refondirent et les firent refondre par le clergé.

[1] Euric les donna; Leuvigilde les corrigea. Voyez la Chronique d'Isidore. Chaindasuinde et Recessuinde les réformèrent. Égiga fit faire le code que nous avons, et en donna la commission aux évêques : on conserva pourtant les lois de Chaindasuinde et de Recessuinde, comme il paroît par le seizième concile de Tolède.

Les rois de la première race ôtèrent bien aux lois saliques et ripuaires ce qui ne pouvoit absolument s'accorder avec le christianisme; mais ils en laissèrent tout le fond [1] : c'est ce qu'on ne peut pas dire des lois des Wisigoths.

Les lois des Bourguignons, et surtout celles des Wisigoths, admirent les peines corporelles : les lois saliques et ripuaires ne les reçurent pas [2]; elles conservèrent mieux leur caractère.

Les Bourguignons et les Wisigoths, dont les provinces étoient très-exposées, cherchèrent à se concilier les anciens habitans, et à leur donner des lois civiles les plus impartiales [3]; mais les rois francs, sûrs de leur puissance, n'eurent pas ces égards [4].

Les Saxons, qui vivoient sous l'empire des Francs, eurent une humeur indomptable et s'obstinèrent à se révolter. On trouve dans leurs lois [5] des duretés du vainqueur, qu'on ne voit point dans les autres codes des lois des barbares.

---

[1] Voyez le Prologue de la loi des Bavarois.

[2] On en trouve seulement quelques-unes dans le décret de Childebert.

[3] Voyez le Prologue du code des Bourguignons, et le code même, surtout le tit. 12, § 5, et le tit. 38. Voyez aussi Grégoire de Tours, liv. II, chap. XXXIII, et le code des Wisigoths

[4] Voyez ci-après le chap. III.

[5] Voyez le chap. II, § 8 et 9, et le chap. IV, § 2 et 7.

On y voit l'esprit des lois des Germains dans les peines pécuniaires, et celui du vainqueur dans les peines afflictives.

Les crimes qu'ils font dans leur pays sont punis corporellement, et on ne suit l'esprit des lois germaniques que dans la punition de ceux qu'ils commettent hors de leur territoire.

On y déclare que, pour leurs crimes, ils n'auront jamais de paix, et on leur refuse l'asile des églises mêmes.

Les évêques eurent une autorité immense à la cour des rois wisigoths; les affaires les plus importantes étoient décidées dans les conciles. Nous devons au code des Wisigoths toutes les maximes, tous les principes et toutes les vues de l'inquisition d'aujourd'hui; et les moines n'ont fait que copier, contre les Juifs, des lois faites autrefois par les évêques.

Du reste, les lois de Gondebaud pour les Bourguignons paroissent assez judicieuses; celles de Rotharis et des autres princes lombards le sont encore plus. Mais les lois des Wisigoths, celles de Recessuinde, de Chaindasuinde et d'Égiga sont puériles, gauches, idiotes; elles n'atteignent point le but, pleines de rhétorique et vides de sens, frivoles dans le fond et gigantesques dans le style.

CHAPITRE II.

Que les lois des barbares furent toutes personnelles.

C'est un caractère particulier de ces lois des barbares, qu'elles ne furent point attachées à un certain territoire : le Franc étoit jugé par la loi des Francs, l'Allemand par la loi des Allemands, le Bourguignon par la loi des Bourguignons, le Romain par la loi romaine; et, bien loin qu'on songeât, dans ces temps-là, à rendre uniformes les lois des peuples conquérans, on ne pensa pas même à se faire législateur du peuple vaincu.

Je trouve l'origine de cela dans les mœurs des peuples germains. Ces nations étoient partagées par des marais, des lacs et des forêts ; on voit même dans César [1] qu'elles aimoient à se séparer. La frayeur qu'elles eurent des Romains fit qu'elles se réunirent : chaque homme, dans ces nations mêlées, dut être jugé par les usages et les coutumes de sa propre nation. Tous ces peuples, dans leur particulier, étoient libres et indépendans et, quand ils furent mêlés, l'indépendance resta encore. La patrie étoit commune, et la ré-

---

[1] *De bello Gallico*, lib. VI.

publique particulière; le territoire étoit le même, et les nations diverses. L'esprit des lois personnelles étoit donc chez ces peuples avant qu'ils partissent de chez eux, et ils le portèrent dans leurs conquêtes.

On trouve cet usage établi dans les formules de Marculfe [1], dans les codes des lois des barbares, surtout dans la loi des Ripuaires [2], dans les décrets des rois de la première race [3], d'où dérivèrent les capitulaires que l'on fit là-dessus dans la seconde [4]. Les enfans suivoient la loi de leur père [5], les femmes celle de leur mari [6]; les veuves revenoient à leur loi [7], les affranchis avoient celle de leur patron [8]. Ce n'est pas tout: chacun pouvoit prendre la loi qu'il vouloit; la constitution de Lothaire I exigea que ce choix fût rendu public [9].

[1] Liv. I, form. 8.

[2] Chap. xxxi.

[3] Celui de Clotaire, de l'an 560, dans l'édition des Capitulaires de Baluze, tome I, art. 4; *ibid.*, in fine.

[4] Capitulaires ajoutés à la loi des Lombards, liv. I, titre 25, chap. lxxi; liv. II, titre 41, chap. vii, et titre 56, chap. i et ii.

[5] *Ibid.*, liv. II, titre 5.

[6] *Ibid.*, liv. II, titre 7, chap. I.

[7] *Ibid.*, chap. ii.

[8] *Ibid.*, liv. II, titre 35, chap. ii.

[9] Dans la loi des Lombards, liv. II, titre 57.

CHAPITRE III.

Différence capitale entre les lois saliques et les lois des Wisigoths et des Bourguignons.

J'AI dit [1] que la loi des Bourguignons et celle des Wisigoths étoient impartiales, mais la loi salique ne le fut pas; elle établit entre les Francs et les Romains les distinctions les plus affligeantes. Quand [2] on avoit tué un Franc, un barbare, ou un homme qui vivoit sous la loi salique, on payoit à ses parens une composition de 200 sous; on n'en payoit qu'une de 100 lorsqu'on avoit tué un Romain possesseur [3], et seulement une de 45 quand on avoit tué un Romain tributaire: la composition pour le meurtre d'un Franc, vassal [4] du roi, étoit de 600 sous, et celle du meurtre d'un Romain, convive [5] du roi [6], n'étoit que de 300.

---

[1] Au chapitre 1 de ce livre.

[2] Loi salique, titre 44, § 1.

[3] *Qui res in pago ubi remanet proprias habet.* Loi salique, tit. 44, § 15; voyez aussi le § 7.

[4] *Qui in truste dominicâ est.* Loi salique, tit. 44, § 4.

[5] *Si romanus homo conviva regis fuerit.* Ibid., § 6.

[6] Les principaux Romains s'attachoient à la cour, comme on le voit par la vie de plusieurs évêques qui y furent élevés. Il n'y avoit guère que les Romains qui sussent écrire.

Elle mettoit donc une cruelle différence entre le seigneur franc et le seigneur romain, et entre le Franc et le Romain qui étoient d'une condition médiocre.

Ce n'est pas tout : si l'on assembloit [1] du monde pour assaillir un Franc dans sa maison, et qu'on le tuât, la loi salique ordonnoit une composition de 600 sous; mais, si on avoit assailli un Romain ou un affranchi [2], on ne payoit que la moitié de la composition. Par la même loi [3], si un Romain enchaînoit un Franc, il devoit 30 sous de composition ; mais si un Franc enchaînoit un Romain, il n'en devoit qu'une de quinze. Un Franc dépouillé par un Romain avoit soixante-deux sous et demi de composition, et un Romain dépouillé par un Franc n'en recevoit qu'une de trente : tout cela devoit être accablant pour les Romains.

Cependant un auteur célèbre [4] forme un système de l'établissement des Francs dans les Gaules, sur la présupposition qu'ils étoient les meilleurs amis des Romains. Les Francs étoient donc les meilleurs amis des Romains, eux qui leur firent,

---

[1] Loi salique, tit. 45.

[2] *Lidus*, dont la condition étoit meilleure que celle du serf. Loi des Allemands, chap. xcv.

[3] Tit. 35, § 3 et 4.

[4] L'abbé Dubos.

eux qui en reçurent des maux effroyables [1]? Les Francs étoient amis des Romains, eux qui, après les avoir assujettis par les armes, les opprimèrent de sang-froid par leurs lois. Ils étoient amis des Romains comme les Tartares qui conquirent la Chine étoient amis des Chinois.

Si quelques évêques catholiques ont voulu se servir des Francs pour détruire des rois ariens, s'ensuit-il qu'ils aient désiré de vivre sous des peuples barbares? En peut-on conclure que les Francs eussent des égards particuliers pour les Romains ? J'en tirerois bien d'autres conséquences : plus les Francs furent sûrs des Romains, moins ils les ménagèrent.

Mais l'abbé Dubos a puisé dans de mauvaises sources pour un historien, les poëtes et les orateurs; ce n'est point sur des ouvrages d'ostentation qu'il faut fonder des systèmes.

[1] Témoin l'expédition d'Arbogaste, dans Grégoire de Tours. Histoire, liv. II.

CHAPITRE IV.

Comment le droit romain se perdit dans le pays du domaine des Francs, et se conserva dans le pays du domaine des Goths et des Bourguignons.

Les choses que j'ai dites donneront du jour à d'autres, qui ont été jusqu'ici pleines d'obscurités.

Le pays qu'on appelle aujourd'hui la France fut gouverné, dans la première race, par la loi romaine, ou le code Théodosien, et par les diverses lois des barbares qui y habitoient [1].

Dans le pays du domaine des Francs, la loi salique étoit établie pour les Francs, et le code Théodosien [2] pour les Romains. Dans celui du domaine des Wisigoths, une compilation du code Théodosien, faite par l'ordre d'Alaric [3], régla les différens des Romains; les coutumes de la nation, qu'Euric fit rédiger par écrit [4], décidèrent ceux des Wisigoths. Mais pourquoi les lois saliques acquirent-elles une autorité presque générale dans

---

[1] Les Francs, les Wisigoths et les Bourguignons.

Il fut fini l'an 438.

[3] La vingtième année du règne de ce prince, et publiée deux ans après par Anien, comme il paroît par la préface de ce code.

[4] L'an 504 de l'ère d'Espagne. Chronique d'Isidore.

le pays des Francs? Et pourquoi le droit romain s'y perdit-il peu à peu, pendant que, dans le domaine des Wisigoths, le droit romain s'étendit et eut une autorité générale?

Je dis que le droit romain perdit son usage chez les Francs, à cause des grands avantages qu'il y avoit à être franc [1], barbare, ou homme vivant sous la loi salique : tout le monde fut porté à quitter le droit romain, pour vivre sous la loi salique. Il fut seulement retenu par les ecclésiastiques [2], parce qu'ils n'eurent point d'intérêt à changer. Les différences des conditions et des rangs ne consistoient que dans la grandeur des compositions, comme je le ferai voir ailleurs. Or, des lois [3] particulières leur donnèrent des compositions aussi favorables que celles qu'avoient

---

[1] *Francum, aut barbarum, aut hominem qui salicâ lege vivit.* Loi salique, tit. 44, § 1.

[2] « Selon la loi romaine sous laquelle l'église vit, » est-il dit dans la loi des Ripuaires, titre 58, § 1. Voyez aussi les autorités sans nombre là-dessus, rapportées par M. Ducange, au mot *Lex romana.*

[3] Voyez les capitulaires ajoutés à la loi salique, dans Lindembroch, à la fin de cette loi, et les divers codes des lois des barbares sur les priviléges des ecclésiastiques à cet égard. Voyez aussi la lettre de Charlemagne à Pepin son fils, roi d'Italie, de l'an 807, dans l'édition de Baluze, tome I, page 452, où il est dit qu'un ecclésiastique doit recevoir une composition triple; et le Recueil des capitulaires, liv. V, art. 302, tome I, édition de Baluze.

les Francs ; ils gardèrent donc le droit romain. Ils n'en recevoient aucun préjudice, et il leur convenoit d'ailleurs, parce qu'il étoit l'ouvrage des empereurs chrétiens.

D'un autre côté, dans le patrimoine des Wisigoths, la loi wisigothe [1] ne donnant aucun avantage civil aux Wisigoths sur les Romains, les Romains n'eurent aucune raison de cesser de vivre sous leur loi pour vivre sous une autre : ils gardèrent donc leurs lois, et ne prirent point celles des Wisigoths.

Ceci se confirme à mesure qu'on va plus avant. La loi de Gondebaud fut très-impartiale, et ne fut pas plus favorable aux Bourguignons qu'aux Romains. Il paroît, par le prologue de cette loi, qu'elle fut faite pour les Bourguignons, et qu'elle fut faite encore pour régler les affaires qui pourroient naître entre les Romains et les Bourguignons, et, dans ce dernier cas, le tribunal fut mi-parti. Cela étoit nécessaire pour des raisons particulières, tirées de l'arrangement politique de ces temps-là [2]. Le droit romain subsista dans la Bourgogne, pour régler les différens que les Romains pourroient avoir entre eux. Ceux-ci n'eurent point de raison pour quitter leur loi, comme

---

[1] Voyez cette loi.

[2] J'en parlerai ailleurs, livre XXX, chapitres VI, VII, VIII, et IX.

ils en eurent dans le pays des Francs; d'autant mieux que la loi salique n'étoit point établie en Bourgogne, comme il paroît par la fameuse lettre qu'Agobard écrivit à Louis-le-Débonnaire.

Agobard [1] demandoit à ce prince d'établir la loi salique dans la Bourgogne : elle n'y étoit donc pas établie. Ainsi le droit romain subsista, et subsiste encore dans tant de provinces qui dépendoient autrefois de ce royaume.

Le droit romain et la loi gothe se maintinrent de même dans le pays de l'établissement des Goths; la loi salique n'y fut jamais reçue. Quand Pepin et Charles Martel en chassèrent les Sarrasins, les villes et les provinces qui se soumirent à ces princes [2] demandèrent à conserver leurs lois, et l'obtinrent; ce qui, malgré l'usage de ce temps-là, où toutes les lois étoient personnelles, fit bientôt regarder le droit romain comme une loi réelle et territoriale dans ces pays.

Cela se prouve par l'édit de Charles-le-Chauve,

[1] Agob. *opera*.

[2] Voyez Gervais de Tilburi, dans le Recueil de Duchesne, tome III, page 366. *Factâ pactione, cum Francis, quòd illìc Gothi patriis legibus, moribus paternis vivant : et sic Narbonensis provincia Pippino subjicitur.* Et une Chronique de l'an 759, rapportée par Catel, histoire du Languedoc; et l'auteur incertain de la vie de Louis-le-Débonnaire, sur la demande faite par les peuples de la Septimanie, dans l'assemblée *in Carisiaco*, dans le Recueil de Duchesne, tome II, page 316.

donné à Pistes l'an 864, qui [1] distingue les pays dans lesquels on jugeoit par le droit romain d'avec ceux où l'on n'y jugeoit pas.

L'édit de Pistes prouve deux choses : l'une, qu'il y avoit des pays où l'on jugeoit selon la loi romaine, et qu'il y en avoit où l'on ne jugeoit point selon cette loi ; l'autre, que ces pays où l'on jugeoit par la loi romaine étoient précisément ceux où on la suit encore aujourd'hui, comme il paroît par ce même édit [2]. Ainsi la distinction des pays de la France coutumière et de la France régie par le droit écrit étoit déjà établie du temps de l'édit de Pistes.

J'ai dit que, dans les commencemens de la monarchie, toutes les lois étoient personnelles : ainsi, quand l'édit de Pistes distingue les pays du droit romain d'avec ceux qui ne l'étoient pas, cela signifie que, dans les pays qui n'étoient point pays du droit romain, tant de gens avoient choisi de vivre sous quelqu'une des lois des peuples barbares, qu'il n'y avoit presque plus personne, dans ces contrées, qui choisît de vivre sous la loi romaine, et que, dans les pays de la loi romaine,

---

[1] *In illâ terrâ in quâ judicia secundùm legem romanam terminantur, secundùm ipsam legem judicetur; et in illâ terrâ in quâ*, etc. Art. 16. Voyez aussi l'art. 20.

[2] Voyez les articles 12 et 16 de l'édit de Pistes, *in Cavilono, in Narbonâ,* etc.

il y avoit peu de gens qui eussent choisi de vivre sous les lois des peuples barbares.

Je sais bien que je dis ici des choses nouvelles ; mais, si elles sont vraies, elles sont très-anciennes. Qu'importe, après tout, que ce soit moi, les Valois, ou les Bignons qui les aient dites?

CHAPITRE V.

Continuation du même sujet.

La loi de Gondebaud subsista long-temps chez les Bourguignons, concurremment avec la loi romaine; elle y étoit encore en usage du temps de Louis-le-Débonnaire : la lettre d'Agobard ne laisse aucun doute là-dessus. De même, quoique l'édit de Pistes appelle le pays qui avoit été occupé par les Wisigoths le pays de la loi romaine, la loi des Wisigoths y subsistoit toujours ; ce qui se prouve par le synode de Troyes, tenu sous Louis-le-Bègue, l'an 878, c'est-à-dire quatorze ans après l'édit de Pistes.

Dans la suite, les lois gothes et bourguignones périrent dans leur pays même, par les causes générales [1] qui firent partout disparoître les lois personnelles des peuples barbares.

[1] Voyez ci-après les chap. IX, X et XI.

CHAPITRE VI.

Comment le droit romain se conserva dans le domaine des Lombards.

Tout se plie à mes principes. La loi des Lombards étoit impartiale, et les Romains n'eurent aucun intérêt à quitter la leur pour la prendre. Le motif qui engagea les Romains sous les Francs à choisir la loi salique n'eut point de lieu en Italie; le droit romain s'y maintint avec la loi des Lombards.

Il arriva même que celle-ci céda au droit romain; elle cessa d'être la loi de la nation dominante; et, quoiqu'elle continuât d'être celle de la principale noblesse, la plupart des villes s'érigèrent en républiques, et cette noblesse tomba, ou fut exterminée [1]. Les citoyens des nouvelles républiques ne furent point portés à prendre une loi qui établissoit l'usage du combat judiciaire, et dont les institutions tenoient beaucoup aux coutumes et aux usages de la chevalerie. Le clergé, dès-lors si puissant en Italie, vivant presque tout

---

[1] Voyez ce que dit Machiavel de la destruction de l'ancienne noblesse de Florence.

sous la loi romaine, le nombre de ceux qui suivoient la loi des Lombards dut toujours diminuer.

D'ailleurs, la loi des Lombards n'avoit point cette majesté du droit romain qui rappeloit à l'Italie l'idée de sa domination sur toute la terre ; elle n'en avoit pas l'étendue. La loi des Lombards et la loi romaine ne pouvoient plus servir qu'à suppléer aux statuts des villes qui s'étoient érigées en républiques : or, qui pouvoit mieux y suppléer, ou la loi des Lombards, qui ne statuoit que sur quelques cas, ou la loi romaine, qui les embrassoit tous?

CHAPITRE VII.

Comment le droit romain se perdit en Espagne.

Les choses allèrent autrement en Espagne. La loi des Wisigoths triompha, et le droit romain s'y perdit. Chaindasuinde [1] et Recessuinde [2] proscrivirent les lois romaines, et ne permirent pas même de les citer dans les tribunaux. Recessuinde fut encore l'auteur de la loi qui ôtoit la prohibi-

---

[1] Il commença à régner en 642.

[2] Nous ne voulons plus être tourmentés par les lois étrangères, ni par les romaines. Loi des Wisigoths, livre II, titre 1, § 9 et 10.

tion des mariages entre les Goths et les Romains [1]. Il est clair que ces deux lois avoient le même esprit : ce roi vouloit enlever les principales causes de séparation qui étoient entre les Goths et les Romains. Or, on pensoit que rien ne les séparoit plus que la défense de contracter entre eux des mariages, et la permission de vivre sous des lois diverses.

Mais, quoique les rois des Wisigoths eussent proscrit le droit romain, il subsista toujours dans les domaines qu'ils possédoient dans la Gaule méridionale. Ces pays, éloignés du centre de la monarchie, vivoient dans une grande indépendance [2]. On voit, par l'histoire de Vamba, qui monta sur le trône en 672, que les naturels du pays avoient pris le dessus [3] : ainsi la loi romaine y avoit plus d'autorité, et la loi gothe y en avoit moins. Les lois espagnoles ne convenoient ni à

---

[1] *Ut tam Gotho Romanam quàm Romano Gotham, matrimonio liceat sociari.* Loi des Wisigoths, liv. III, tit. 1, chap. 1.

[2] Voyez dans Cassiodore les condescendances que Théodoric, roi des Ostrogoths, prince le plus accrédité de son temps, eut pour elles. Liv. IV, lett. xix et xxvi.

[3] La révolte de ces provinces fut une défection générale, comme il paroît par le jugement qui est à la suite de l'histoire. Paulus et ses adhérens étoient romains; ils furent même favorisés par les évêques. Vamba n'osa pas faire mourir les séditieux qu'il avoit vaincus. L'auteur de l'histoire appelle la Gaule narbonnaise la nourrice de la perfidie.

leurs manières, ni à leur situation actuelle. Peut-être même que le peuple s'obstina à la loi romaine, parce qu'il y attacha l'idée de sa liberté. Il y a plus : les lois de Chaindasuinde et de Recessuinde contenoient des dispositions effroyables contre les Juifs; mais ces Juifs étoient puissans dans la Gaule méridionale. L'auteur de l'histoire du roi Vamba appelle ces provinces le prostibule des Juifs. Lorsque les Sarrasins vinrent dans ces provinces, ils y avoient été appelés : or, qui put les y avoir appelés que les Juifs ou les Romains? Les Goths furent les premiers opprimés, parce qu'ils étoient la nation dominante. On voit dans Procope [1] que, dans leurs calamités, ils se retiroient dans la Gaule narbonnaise en Espagne. Sans doute que, dans ce malheur-ci, ils se réfugièrent dans les contrées de l'Espagne qui se défendoient encore, et le nombre de ceux qui, dans la Gaule méridionale, vivoient sous la loi des Wisigoths, en fut beaucoup diminué.

---

[1] *Gothi qui cladi superfuerant ex Galliâ cum uxoribus liberisque egressi, in Hispaniam ad Teudim jam palàm tyrannum se receperunt.* De bello Gothorum, lib. I, cap. XIII.

CHAPITRE VIII.

Faux capitulaire.

Ce malheureux compilateur Benoît Lévite n'alla-t-il pas transformer cette loi wisigothe, qui défendoit l'usage du droit romain, en un capitulaire [1] qu'on attribua depuis à Charlemagne. Il fit de cette loi particulière une loi générale, comme s'il avoit voulu exterminer le droit romain par tout l'univers.

CHAPITRE IX.

Comment les codes des lois des barbares et les capitulaires se perdirent.

Les lois saliques, ripuaires, bourguignones et wisigothes cessèrent peu à peu d'être en usage chez les Français : voici comment.

Les fiefs étant devenus héréditaires, et les arrière-fiefs s'étant étendus, il s'introduisit beau-

---

[1] Capitulaires, édit. de Baluze, liv. VI, chap. cccxliii, p. 981, tome I.

coup d'usages auxquels ces lois n'étoient plus applicables. On en retint bien l'esprit, qui étoit de régler la plupart des affaires par des amendes : mais, les valeurs ayant sans doute changé, les amendes changèrent aussi ; et l'on voit beaucoup de chartres [1], où les seigneurs fixoient les amendes qui devoient être payées dans leurs petits tribunaux. Ainsi l'on suivit l'esprit de la loi, sans suivre la loi même.

D'ailleurs, la France se trouvant divisée en une infinité de petites seigneuries, qui reconnoissoient plutôt une dépendance féodale qu'une dépendance politique, il étoit bien difficile qu'une seule loi pût être autorisée : en effet, on n'auroit pas pu la faire observer. L'usage n'étoit guère plus qu'on envoyât des officiers extraordinaires dans les provinces [2], qui eussent l'œil sur l'administration de la justice, et sur les affaires politiques. Il paroît même, par les chartres, que lorsque de nouveaux fiefs s'établissoient, les rois se privoient du droit de les y envoyer. Ainsi, lorsque tout à peu près fut devenu fief, ces officiers ne purent plus être employés ; il n'y eut plus de loi commune, parce que personne ne pouvoit faire observer la loi commune.

[1] M. de La Thaumassière en a recueilli plusieurs. Voyez, par exemple, les chap. LXI, LXVI, et autres.

[2] *Missi dominici.*

Les lois saliques, bourguignones et wisigothes furent donc extrêmement négligées à la fin de la seconde race; et, au commencement de la troisième, on n'en entendit presque plus parler.

Sous les deux premières races, on assembla souvent la nation, c'est-à-dire les seigneurs et les évêques : il n'étoit point encore question des communes. On chercha dans ces assemblées à régler le clergé, qui étoit un corps qui se formoit, pour ainsi dire, sous les conquérans, et qui établissoit ses prérogatives. Les lois faites dans ces assemblées sont ce que nous appelons les capitulaires. Il arriva quatre choses : les lois des fiefs s'établirent, et une grande partie des biens de l'église fut gouvernée par les lois des fiefs; les ecclésiastiques se séparèrent davantage, et négligèrent les lois de réforme [1] où ils n'avoient pas été les seuls réformateurs; on recueillit les canons des conciles [2] et les décrétales des papes; et le

---

[1] « Que les évêques, dit Charles-le-Chauve, dans le capitulaire de l'an 844, art. 8, sous prétexte qu'ils ont l'autorité de faire des canons, ne s'opposent pas à cette constitution, ni ne la négligent. » Il semble qu'il en prévoyoit déjà la chute.

[2] On inséra dans le Recueil des canons un nombre infini de décrétales des papes; il y en avoit très-peu dans l'ancienne collection. Denys-le-Petit en mit beaucoup dans la sienne : mais celle d'Isidore Mercator fut remplie de vraies et de fausses décrétales. L'ancienne collection fut en usage en France jusqu'à Charlemagne.

clergé reçut ces lois comme venant d'une source plus pure. Depuis l'érection des grands fiefs, les rois n'eurent plus, comme j'ai dit, des envoyés dans les provinces pour faire observer des lois émanées d'eux : ainsi, sous la troisième race, on n'entendit plus parler de capitulaires.

CHAPITRE X.

Continuation du même sujet.

On ajouta plusieurs capitulaires à la loi des Lombards, aux lois saliques, à la loi des Bavarois. On en a cherché la raison ; il faut la prendre dans la chose même. Les capitulaires étoient de plusieurs espèces. Les uns avoient du rapport au gouvernement politique, d'autres au gouvernement économique, la plupart au gouvernement ecclésiastique, quelques-uns au gouvernement civil. Ceux de cette dernière espèce furent ajoutés à la loi civile, c'est-à-dire aux lois personnelles de chaque nation : c'est pour cela qu'il est dit dans les capitulaires qu'on n'y a rien stipulé contre la

Ce prince reçut des mains du pape Adrien I la collection de Denys-le-Petit, et la fit recevoir. La collection d'Isidore Mercator parut en France vers le règne de Charlemagne; on s'en entêta : ensuite vint ce qu'on appelle le *corps du droit canonique*.

loi romaine¹. En effet, ceux qui regardoient le gouvernement économique, ecclésiastique ou politique, n'avoient point de rapport avec cette loi; et ceux qui regardoient le gouvernement civil n'en eurent qu'aux lois des peuples barbares, que l'on expliquoit, corrigeoit, augmentoit, et diminuoit. Mais ces capitulaires, ajoutés aux lois personnelles, firent, je crois, négliger le corps même des capitulaires. Dans des temps d'ignorance, l'abrégé d'un ouvrage fait souvent tomber l'ouvrage même.

CHAPITRE XI.

Autres causes de la chute des codes des lois des barbares, du droit romain, et des capitulaires.

LORSQUE les nations germaines conquirent l'empire romain, elles y trouvèrent l'usage de l'écriture; et, à l'imitation des Romains, elles rédigèrent leurs usages par écrit², et en firent des codes.

¹ Voyez l'édit de Pistes, art. 20.

² Cela est marqué expressément dans quelques prologues de ces codes. On voit même dans les lois des Saxons et des Frisons des dispositions différentes, selon les divers districts. On ajouta à ces usages quelques dispositions particulières que les circonstances exigèrent: telles furent les lois dures contre les Saxons.

Les règnes malheureux qui suivirent celui de Charlemagne, les invasions des Normands, les guerres intestines, replongèrent les nations victorieuses dans les ténèbres dont elles étoient sorties; on ne sut plus lire ni écrire. Cela fit oublier, en France et en Allemagne, les lois barbares écrites, le droit romain, et les capitulaires. L'usage de l'écriture se conserva mieux en Italie, où régnoient les papes et les empereurs grecs, et où il y avoit des villes florissantes, et presque le seul commerce qui se fit pour lors. Ce voisinage de l'Italie fit que le droit romain se conserva mieux dans les contrées de la Gaule autrefois soumises aux Goths et aux Bourguignons ; d'autant plus que ce droit y étoit une loi territoriale et une espèce de privilége. Il y a apparence que c'est l'ignorance de l'écriture qui fit tomber en Espagne les lois wisigothes. Et, par la chute de tant de lois, il se forma partout des coutumes.

Les lois personnelles tombèrent. Les compositions, et ce que l'on appeloit *fuda* [1], se réglèrent plus par la coutume que par le texte de ces lois. Ainsi, comme, dans l'établissement de la monarchie, on avoit passé des usages des Germains à des lois écrites, on en revint, quelques siècles après, des lois écrites à des usages non écrits.

[1] J'en parlerai ailleurs.

CHAPITRE XII.

Des coutumes locales; révolution des lois des peuples barbares et du droit romain.

On voit par plusieurs monumens qu'il y avoit déjà des coutumes locales dans la première et la seconde race. On y parle de la *coutume du lieu* [1], de *l'usage ancien* [2], de la *coutume* [3], des *lois*, et des *coutumes* [4]. Des auteurs ont cru que ce qu'on nommoit des coutumes étoient les lois des peuples barbares, et que ce qu'on appeloit la loi étoit le droit romain. Je prouve que cela ne peut être. Le roi Pepin ordonna que partout où il n'y auroit point de loi on suivroit la coutume, mais que la coutume ne seroit pas préférée à la loi [5]. Or, dire que le droit romain eut la préférence sur les codes des lois des barbares, c'est renverser tous les monumens anciens, et surtout ces codes des lois des barbares, qui disent perpétuellement le contraire.

Bien loin que les lois des peuples barbares fus-

---

[1] Préface des formules de Marculfe.
[2] Loi des Lombards, liv. II, tit. 58, § 3.
[3] *Ibid.*, liv. II, tit. 41, § 6.
[4] Vie de saint Léger.
[5] Loi des Lombards, liv. II, tit. 41, § 6.

sent ces coutumes, ce furent ces lois mêmes qui, comme lois personnelles, les introduisirent. La loi salique, par exemple, étoit une loi personnelle : mais, dans des lieux généralement ou presque généralement habités par des Francs saliens, la loi salique, toute personnelle qu'elle étoit, devenoit, par rapport à ces Francs saliens, une loi territoriale ; et elle n'étoit personnelle que pour les Francs qui habitoient ailleurs. Or, si, dans un lieu où la loi salique étoit territoriale, il étoit arrivé que plusieurs Bourguignons, Allemands, ou Romains même, eussent eu souvent des affaires, elles auroient été décidées par les lois de ces peuples ; et un grand nombre de jugemens, conformes à quelques-unes de ces lois, auroit dû introduire dans le pays de nouveaux usages. Et cela explique bien la constitution de Pepin. Il étoit naturel que ces usages pussent affecter les Francs mêmes du lieu, dans les cas qui n'étoient point décidés par la loi salique ; mais il ne l'étoit pas qu'ils pussent prévaloir sur la loi salique.

Ainsi il y avoit dans chaque lieu une loi dominante, et des usages reçus qui servoient de supplément à la loi dominante, lorsqu'ils ne la choquoient pas.

Il pouvoit même arriver qu'ils servissent de supplément à une loi qui n'étoit point territoriale ; et pour suivre le même exemple, si, dans un lieu où la loi salique étoit territoriale, un Bourguignon étoit jugé par la loi des Bourguignons, et que le cas ne se trouvât pas dans le texte de cette loi, il ne faut pas douter que l'on ne jugeât suivant la coutume du lieu.

Du temps du roi Pepin, les coutumes qui s'étoient formées avoient moins de force que les lois : mais bientôt les coutumes détruisirent les lois ; et, comme les nouveaux réglemens sont toujours des remèdes qui indiquent un mal présent, on peut croire que du temps de Pepin on commençoit déjà à préférer les coutumes aux lois.

Ce que j'ai dit explique comment le droit romain commença dès les premiers temps à devenir une loi territoriale, comme on le voit dans l'édit de Pistes, et comment la loi gothe ne laissa pas d'y être encore en usage, comme il paroît par le synode de Troyes dont j'ai parlé[1]. La loi romaine étoit devenue la loi personnelle générale, et la loi gothe la loi personnelle particulière ; et par conséquent la loi romaine étoit la loi territoriale. Mais comment l'ignorance fit-elle tomber partout les lois personnelles des peuples barbares, tandis que le droit romain subsista, comme loi territoriale, dans les provinces wisigothes et bourguignones ? Je réponds que la loi romaine même eut à peu près le sort des autres lois personnelles :

---

[1] Voyez ci-dessus le chapitre v.

sans cela, nous aurions encore le code Théodosien, dans les provinces où la loi romaine étoit loi territoriale, au lieu que nous y avons les lois de Justinien. Il ne resta presque à ces provinces que le nom de pays de droit romain ou de droit écrit, que cet amour que les peuples ont pour leur loi, surtout quand ils la regardent comme un privilége, et quelques dispositions du droit romain retenues pour lors dans la mémoire des hommes. Mais c'en fut assez pour produire cet effet que, quand la compilation de Justinien parut, elle fut reçue dans les provinces du domaine des Goths et des Bourguignons, comme loi écrite; au lieu que, dans l'ancien domaine des Francs, elle ne le fut que comme raison écrite.

CHAPITRE XIII.

Différence de la loi salique ou des Francs saliens d'avec celle des Francs ripuaires et des autres peuples barbares.

La loi salique n'admettoit point l'usage des preuves négatives; c'est-à-dire que, par la loi salique, celui qui faisoit une demande ou une accusation devoit la prouver, et qu'il ne suffisoit pas à l'accusé de la nier : ce qui est conforme aux lois de presque toutes les nations du monde.

LIV. XXVIII, CHAP. XIII.

La loi des Francs ripuaires avoit tout un autre esprit [1]; elle se contentoit des preuves négatives; et celui contre qui on formoit une demande ou une accusation pouvoit, dans la plupart des cas, se justifier, en jurant, avec certain nombre de témoins, qu'il n'avoit point fait ce qu'on lui imputoit. Le nombre des témoins qui devoient jurer [2] augmentoit selon l'importance de la chose; il alloit quelquefois à soixante-douze [3]. Les lois des Allemands, des Bavarois, des Thuringiens, celles des Frisons, des Saxons, des Lombards et des Bourguignons, furent faites sur le même plan que celles des Ripuaires.

J'ai dit que la loi salique n'admettoit point les preuves négatives. Il y avoit pourtant un cas où elle les admettoit [4]; mais, dans ce cas, elle ne les admettoit point seules, et sans le concours des preuves positives. Le demandeur faisoit ouïr ses témoins pour établir sa demande [5]; le défendeur

---

[1] Cela se rapporte à ce que dit Tacite, que les peuples germains avoient des usages communs et des usages particuliers. *De moribus Germanorum*, cap. 27.

[2] Loi des Ripuaires, tit. 6, 7, 8, et autres.

[3] *Ibid.*, tit. 11, 12, et 17.

[4] C'est celui où un antrustion, c'est-à-dire un vassal du roi, en qui on supposoit une plus grande franchise, étoit accusé. Voyez le titre 76 du *Pactus legis salicæ*.

[5] Voyez le même titre.

faisoit ouïr les siens pour se justifier ; et le juge cherchoit la vérité dans les uns et dans les autres témoignages[1]. Cette pratique étoit bien différente de celle des lois ripuaires et des autres lois barbares, où un accusé se justifioit en jurant qu'il n'étoit point coupable, et en faisant jurer ses parens qu'il avoit dit la vérité. Ces lois ne pouvoient convenir qu'à un peuple qui avoit de la simplicité et une certaine candeur naturelle. Il fallut même que les législateurs en prévinssent l'abus, comme on le va voir tout à l'heure.

CHAPITRE XIV.

Autre différence.

La loi salique ne permettoit point la preuve par le combat singulier ; la loi des Ripuaires [2], et presque toutes celles des peuples barbares, la reçoivent [3]. Il me paroît que la loi du combat étoit une suite naturelle, et le remède de la loi qui établissoit les preuves négatives. Quand on faisoit une demande, et qu'on voyoit qu'elle alloit être

---

[1] Comme il se pratique encore aujourd'hui en Angleterre.
[2] Tit. 32 ; tit. 57, § 2 ; tit. 59, § 4.
[3] Voyez la note 1, page suivante.

injustement éludée par un serment, que restoit-il à un guerrier qui se voyoit sur le point d'être confondu, qu'à demander raison du tort qu'on lui faisoit, et de l'offre même du parjure [1]? La loi salique, qui n'admettoit point l'usage des preuves négatives, n'avoit point besoin de la preuve par le combat, et ne la recevoit pas; mais la loi des Ripuaires [2], et celle des autres peuples barbares qui admettoient l'usage des preuves négatives [3] furent forcées d'établir la preuve par le combat.

Je prie qu'on lise les deux fameuses dispositions de Gondebaud [4], roi de Bourgogne, sur cette matière; on verra qu'elles sont tirées de la nature de la chose. Il falloit, selon le langage des

---

[1] Cet esprit paroît bien dans la loi des Ripuaires, tit. 59, § 4, et tit. 67, § 5; et le capitulaire de Louis-le-Débonnaire, ajouté à la loi des Ripuaires, de l'an 803, art. 22.

[2] Voyez cette loi.

[3] La loi des Frisons, des Lombards, des Bavarois, des Saxons, des Thuringiens, et des Bourguignons.

[4] Dans la loi des Bourguignons, tit. 8, § 1 et 2, sur les affaires criminelles; et le tit. 45, qui porte encore sur les affaires civiles. Voyez aussi la loi des Thuringiens, tit 1, § 31; tit. 7, § 6; et tit. 8; et la loi des Allemands, tit. 89: la loi des Bavarois, tit. 8, chap. 11, § 6, et chap. III, § 1; et tit. 9, chap. IV, § 4: la loi des Frisons, tit. 2, § 3; et tit. 14, § 4: la loi des Lombards, liv. I, tit. 32, § 3; et tit. 35, § 1; et liv. II, tit. 35, § 2.

lois des barbares, ôter le serment des mains d'un homme qui en vouloit abuser.

Chez les Lombards, la loi de Rotharis admit des cas où elle vouloit que celui qui s'étoit défendu par un serment ne pût plus être fatigué par un combat. Cet usage s'étendit [1] : nous verrons dans la suite quels maux il en résulta, et comment il fallut revenir à l'ancienne pratique.

CHAPITRE XV.

Réflexion.

JE ne dis pas que, dans les changemens qui furent faits au code des lois des barbares, dans les dispositions qui y furent ajoutées, et dans le corps des capitulaires, on ne puisse trouver quelque texte où, dans le fait, la preuve du combat ne soit pas une suite de la preuve négative. Des circonstances particulières ont pu, dans le cours de plusieurs siècles, faire établir de certaines lois particulières. Je parle de l'esprit général des lois des Germains, de leur nature et de leur origine ; je parle des anciens usages de ces peuples, indiqués ou établis par ces lois ; et il n'est ici question que de cela.

[1] Voyez ci-après le chapitre XVIII, à la fin.

CHAPITRE XVI.

De la preuve par l'eau bouillante, établie par la loi salique.

La loi salique admettoit l'usage de la preuve par l'eau bouillante [1]; et, comme cette preuve étoit fort cruelle, la loi prenoit un tempérament pour en adoucir la rigueur [2]. Elle permettoit à celui qui avoit été ajourné pour venir faire la preuve par l'eau bouillante, de racheter sa main, du consentement de sa partie. L'accusateur, moyennant une certaine somme que la loi fixoit, pouvoit se contenter du serment de quelques témoins, qui déclaroient que l'accusé n'avoit pas commis le crime; et c'étoit un cas particulier de la loi salique, dans lequel elle admettoit la preuve négative.

Cette preuve étoit une chose de convention, que la loi souffroit, mais qu'elle n'ordonnoit pas. La loi donnoit un certain dédommagement à l'accusateur, qui vouloit permettre que l'accusé se défendît par une preuve négative : il étoit libre à l'accusateur de s'en rapporter au serment de

---

[1] Et quelques autres lois des barbares aussi.
[2] Tit. 56.

l'accusé, comme il lui étoit libre de remettre le tort ou l'injure.

La loi donnoit un tempérament [1], pour qu'avant le jugement, les parties, l'une dans la crainte d'une épreuve terrible, l'autre à la vue d'un petit dédommagement présent, terminassent leurs différends, et finissent leurs haines. On sent bien que cette preuve négative une fois consommée, il n'en falloit plus d'autre ; et qu'ainsi la pratique du combat ne pouvoit être une suite de cette disposition particulière de la loi salique.

CHAPITRE XVII.

Manière de penser de nos pères.

On sera étonné de voir que nos pères fissent ainsi dépendre l'honneur, la fortune et la vie des citoyens de choses qui étoient moins du ressort de la raison que du hasard ; qu'ils employassent sans cesse des preuves qui ne prouvoient point, et qui n'étoient liées ni avec l'innocence, ni avec le crime.

Les Germains, qui n'avoient jamais été subju-

[1] Titre 56.

gués ¹, jouissoient d'une indépendance extrême. Les familles se faisoient la guerre pour des meurtres, des vols, des injures ². On modifia cette coutume en mettant ces guerres sous des règles ; elles se firent par ordre et sous les yeux du magistrat ³ : ce qui étoit préférable à une licence générale de se nuire.

Comme aujourd'hui les Turcs, dans leurs guerres civiles, regardent la première victoire comme un jugement de Dieu qui décide ; ainsi les peuples germains, dans leurs affaires particulières, prenoient l'événement du combat pour un arrêt de la Providence, toujours attentive à punir le criminel ou l'usurpateur.

Tacite dit que, chez les Germains, lorsqu'une nation vouloit entrer en guerre avec une autre, elle cherchoit à faire quelque prisonnier qui pût combattre avec un des siens ; et qu'on jugeoit par l'événement de ce combat du succès de la guerre. Des peuples qui croyoient que le combat singugulier régleroit les affaires publiques, pouvoient

---

¹ Cela paroit par ce que dit Tacite : « *Omnibus idem habitus.* » De moribus Germanorum, § 4.

² Velleius Paterculus, liv. II, dit que les Germains décidoient toutes les affaires par le combat.

³ Voyez les codes des lois des barbares ; et, pour les temps plus modernes, Beaumanoir sur la coutume de Beauvoisis.

bien penser qu'il pourroit encore régler les différends des particuliers.

Gondebaud [1], roi de Bourgogne, fut de tous les rois celui qui autorisa le plus l'usage du combat. Ce prince rend raison de sa loi dans sa loi même : « C'est, dit-il, afin que nos sujets ne fassent « plus de serment sur des faits obscurs, et ne se « parjurent point sur des faits certains. » Ainsi, tandis que les ecclésiastiques déclaroient impie la loi qui permettoit le combat [2], le roi des Bourguignons regardoit comme sacrilége celle qui établissoit le serment.

La preuve par le combat singulier avoit quelque raison fondée sur l'expérience. Dans une nation uniquement guerrière, la poltronnerie suppose d'autres vices : elle prouve qu'on a résisté à l'éducation qu'on a reçue, et que l'on n'a pas été sensible à l'honneur, ni conduit par les principes qui ont gouverné les autres hommes ; elle fait voir qu'on ne craint point leur mépris, et qu'on ne fait point de cas de leur estime : pour peu qu'on soit bien né, on n'y manquera pas ordinairement de l'adresse qui doit s'allier avec la force, ni de la force qui doit concourir avec le courage ; parce que, faisant cas de l'honneur, on se sera toute sa vie

---

[1] La loi des Bourguignons, chap. XLV.
[2] Voyez les OEuvres d'Agobard.

exercé à des choses sans lesquelles on ne peut l'obtenir. De plus, dans une nation guerrière, où la force, le courage et la prouesse sont en honneur, les crimes véritablement odieux sont ceux qui naissent de la fourberie, de la finesse et de la ruse, c'est-à-dire de la poltronnerie.

Quant à la preuve par le feu, après que l'accusé avoit mis la main sur un fer chaud, ou dans l'eau bouillante, on enveloppoit la main dans un sac que l'on cachetoit : si, trois jours après, il ne paroissoit pas de marque de brûlure, on étoit déclaré innocent. Qui ne voit que, chez un peuple exercé à manier des armes, la peau rude et calleuse ne devoit pas recevoir assez l'impression du fer chaud ou de l'eau bouillante pour qu'il y parût trois jours après ? Et, s'il y paroissoit, c'étoit une marque que celui qui faisoit l'épreuve étoit un efféminé. Nos paysans, avec leurs mains calleuses, manient le fer chaud comme ils veulent. Et, quant aux femmes, les mains de celles qui travailloient pouvoient résister au fer chaud. Les dames ne manquoient point de champions pour les défendre [1]; et, dans une nation où il n'y avoit point de luxe, il n'y avoit guère d'état moyen.

---

[1] Voyez Beaumanoir, coutume de Beauvoisis, chap. LXI. Voyez aussi la loi des Angles, chap. XIV, où la preuve par l'eau bouillante n'est que subsidiaire.

Par la loi des Thuringiens [1], une femme accusée d'adultère n'étoit condamnée à l'épreuve par l'eau bouillante que lorsqu'il ne se présentoit point de champion pour elle ; et la loi des Ripuaires n'admet cette épreuve que lorsqu'on ne trouve pas de témoins pour se justifier [2]. Mais une femme qu'aucun de ses parens ne vouloit défendre, un homme qui ne pouvoit alléguer aucun témoignage de sa probité, étoient par cela même déjà convaincus.

Je dis donc que, dans les circonstances des temps où la preuve par le combat et la preuve par le fer chaud et l'eau bouillante furent en usage, il y eut un tel accord de ces lois avec les mœurs, que ces lois produisirent moins d'injustices qu'elles ne furent injustes ; que les effets furent plus innocens que les causes ; qu'elles choquèrent plus l'équité qu'elles n'en violèrent les droits ; qu'elles furent plus déraisonnables que tyranniques.

[1] Titre 14.
[2] Chap. 31, § 5.

CHAPITRE XVIII.

Comment la preuve par le combat s'étendit.

On pourroit conclure de la lettre d'Agobard à Louis-le-Débonnaire, que la preuve par le combat n'étoit point en usage chez les Francs, puisqu'après avoir remontré à ce prince les abus de la loi de Gondebaud, il demande qu'on juge en Bourgogne les affaires par la loi des Francs [1]. Mais comme on sait d'ailleurs que, dans ce temps-là, le combat judiciaire étoit en usage en France, on a été dans l'embarras. Cela s'explique par ce que j'ai dit; la loi des Francs saliens n'admettoit point cette preuve, et celle des Francs ripuaires la recevoit [2].

Mais, malgré les clameurs des ecclésiastiques, l'usage du combat judiciaire s'étendit tous les jours en France; et je vais prouver tout à l'heure que ce furent eux-mêmes qui y donnèrent lieu en grande partie.

C'est la loi des Lombards qui nous fournit cette

---

[1] *Si placeret domino nostro ut eos transferret ad legem Francorum.*

[2] Voyez cette loi, tit. 59, § 4; et tit. 67, § 5.

preuve. « Il s'étoit introduit depuis long-temps « une détestable coutume (est-il dit dans le préam- « bule de la constitution d'Othon II); c'est que, « si la chartre de quelque héritage étoit attaquée « de faux, celui qui la présentoit faisoit serment « sur les évangiles qu'elle étoit vraie; et, sans au- « cun jugement préalable, il se rendoit proprié- « taire de l'héritage : ainsi les parjures étoient « sûrs d'acquérir [1]. » Lorsque l'empereur Othon I se fit couronner à Rome [2], le pape Jean XII tenant un concile, tous les seigneurs d'Italie s'écrièrent qu'il falloit que l'empereur fît une loi pour corriger cet indigne abus [3]. Le pape et l'empereur jugèrent qu'il falloit renvoyer l'affaire au concile qui devoit se tenir peu de temps après à Ravenne [4]. Là, les seigneurs firent les mêmes demandes, et redoublèrent leurs cris : mais, sous prétexte de l'absence de quelques personnes, on renvoya encore une fois cette affaire. Lorsqu'Othon II, et Conrad [5] roi de Bourgogne, ar-

[1] Loi des Lombards, liv. II, tit. 55, chap. xxxiv.

[2] L'an 962.

[3] *Ab Italiæ proceribus est proclamatum, ut imperator sanctus, mutatâ lege, facinus indignum destrueret.* Loi des Lombards, liv. II, tit. 55, chap. xxxiv.

[4] Il fut tenu en l'an 967, en présence du pape Jean XIII, et de l'empereur Othon I.

[5] Oncle d'Othon II, fils de Rodolphe, et roi de la Bourgogne transjurane.

rivèrent en Italie, ils eurent, à Vérone [1], un colloque avec les seigneurs d'Italie [2] : et, sur leurs instances réitérées, l'empereur, du consentement de tous, fit une loi qui portoit que, quand il y auroit quelque contestation sur des héritages, et qu'une des parties voudroit se servir d'une chartre, et que l'autre soutiendroit qu'elle étoit fausse, l'affaire se décideroit par le combat; que la même règle s'observeroit lorsqu'il s'agiroit de matières de fief; que les églises seroient sujettes à la même loi, et qu'elles combattroient par leurs champions. On voit que la noblesse demanda la preuve par le combat, à cause de l'inconvénient de la preuve introduite dans les églises; que, malgré les cris de cette noblesse, malgré l'abus qui crioit lui-même, et malgré l'autorité d'Othon, qui arriva en Italie pour parler et agir en maître, le clergé tint ferme dans deux conciles; que le concours de la noblesse et des princes ayant forcé les ecclésiastiques à céder, l'usage du combat judiciaire dut être regardé comme un privilége de la noblesse, comme un rempart contre l'injustice, et une assurance de sa propriété; et que, dès ce moment, cette pratique dut s'étendre. Et cela se fit dans un temps où les empereurs étoient grands,

---

[1] L'an 988.

[2] *Cùm in hoc ab omnibus imperiales aures pulsarentur.* Loi des Lombards, liv. II, tit. 55, chap. XXXIV.

et les papes petits, dans un temps où les Othons vinrent rétablir en Italie la dignité de l'empire.

Je ferai une réflexion qui confirmera ce que j'ai dit ci-dessus, que l'établissement des preuves négatives entraînoit après lui la jurisprudence du combat. L'abus dont on se plaignoit devant les Othons étoit qu'un homme à qui on objectoit que sa chartre étoit fausse se défendoit par une preuve négative, en déclarant sur les évangiles qu'elle ne l'étoit pas. Que fit-on pour corriger l'abus d'une loi qui avoit été tronquée? On rétablit l'usage du combat.

Je me suis pressé de parler de la constitution d'Othon II, afin de donner une idée claire des démêlés de ces temps-là entre le clergé et les laiques. Il y avoit eu auparavant une constitution de Lothaire I [1], qui, sur les mêmes plaintes et les mêmes démêlés, voulant assurer la propriété des biens, avoit ordonné que le notaire jureroit que sa chartre n'étoit pas fausse, et que, s'il étoit mort, on feroit jurer les témoins qui l'avoient signée; mais le mal restoit toujours, il falloit en venir au remède dont je viens de parler.

Je trouve qu'avant ce temps-là, dans des assemblées générales tenues par Charlemagne, la

---

[1] Dans la loi des Lombards, liv. II, tit. 55, § 33. Dans l'exemplaire dont s'est servi M. Muratori, elle est attribuée à l'empereur Guy.

nation lui représenta que, dans l'état des choses, il étoit très-difficile que l'accusateur ou l'accusé ne se parjurât, et qu'il valoit mieux rétablir le combat judiciaire [1]; ce qu'il fit.

L'usage du combat judiciaire s'étendit chez les Bourguignons, et celui du serment y fut borné. Théodoric, roi d'Italie, abolit le combat singulier chez les Ostrogoths [2] : les lois de Chaindasuinde et de Recessuinde semblent en avoir voulu ôter jusqu'à l'idée. Mais ces lois furent si peu reçues dans la Narbonnaise, que le combat y étoit regardé comme une prérogative des Goths [3].

Les Lombards, qui conquirent l'Italie après la destruction des Ostrogoths par les Grecs, y rapportèrent l'usage du combat; mais leurs premières lois le restreignirent [4]. Charlemagne [5], Louis-le-Débonnaire, les Othons, firent diverses constitutions générales, qu'on trouve insérées dans les

---

[1] Loi des Lombards, liv. II, tit. 55, § 23.

[2] Voyez Cassiodore, liv. III, lettres XXIII et XXIV.

[3] *In palatio quoque Bera, comes Barcinonensis, cùm impeteretur à quodam vocato Sunila, et infidelitatis argueretur, cùm eodem, secundùm legem propriam, utpotè quia uterque Gothus erat, equestri prælio congressus est et victus.* L'auteur incertain de la vie de Louis-le-Débonnaire.

[4] Voyez, dans la loi des Lombards, le liv. I, tit. 4, et tit. 9, § 23 : et liv. II, tit. 35, § 4 et 5; et tit. 55, § 1, 2 et 3 : les réglemens de Rotharis; et au § 15, celui de Luitprand.

[5] *Ibid.*, liv. II, tit. 55, § 23.

lois des Lombards, et ajoutées aux lois saliques, qui étendirent le duel, d'abord dans les affaires criminelles, et ensuite dans les civiles. On ne savoit comment faire. La preuve négative par le serment avoit des inconvéniens; celle par le combat en avoit aussi : on changeoit suivant qu'on étoit plus frappé des uns ou des autres.

D'un côté, les ecclésiastiques se plaisoient à voir que, dans toutes les affaires séculières, on recourût aux églises et aux autels[1]; et, de l'autre, une noblesse fière aimoit à soutenir ses droits par son épée.

Je ne dis point que ce fût le clergé qui eût introduit l'usage dont la noblesse se plaignoit. Cette coutume dérivoit de l'esprit des lois des barbares, et de l'établissement des preuves négatives. Mais une pratique qui pouvoit procurer l'impunité à tant de criminels, ayant fait penser qu'il falloit se servir de la sainteté des églises pour étonner les coupables et faire pâlir les parjures, les ecclésiastiques soutinrent cet usage et la pratique à laquelle il étoit joint; car d'ailleurs ils étoient

---

[1] Le serment judiciaire se faisoit pour lors dans les églises; et il y avoit dans la première race, dans le palais des rois, une chapelle exprès pour les affaires qui s'y jugeoient. Voyez les formules de Marculfe, liv. I, chap. XXXVIII : les lois des Ripuaires, titre 59, § 4; titre 65, § 5 : l'histoire de Grégoire de Tours; le capitulaire de l'an 803, ajouté à la loi salique.

opposés aux preuves négatives. Nous voyons dans Beaumanoir [1] que ces preuves ne furent jamais admises dans les tribunaux ecclésiastiques ; ce qui contribua sans doute beaucoup à les faire tomber, et à affaiblir la disposition des codes des lois des barbares à cet égard.

Ceci fera encore bien sentir la liaison entre l'usage des preuves négatives, et celui du combat judiciaire dont j'ai tant parlé. Les tribunaux aïques les admirent l'un et l'autre, et les tribunaux clercs les rejetèrent tous deux.

Dans le choix de la preuve par le combat, la nation suivoit son génie guerrier ; car pendant qu'on établissoit le combat comme un jugement de Dieu, on abolissoit les preuves par la croix, l'eau froide, et l'eau bouillante, qu'on avoit regardées aussi comme des jugemens de Dieu.

Charlemagne ordonna que, s'il survenoit quelque différend entre ses enfans, il fût terminé par le jugement de la croix. Louis-le-Débonnaire borna ce jugement aux affaires ecclésiastiques [2] : son fils Lothaire l'abolit dans tous les cas; il abolit de même la preuve par l'eau froide [3].

---

[1] Chap. XXXIX, page 212.

[2] On trouve ses constitutions insérées dans la loi des Lombards et à la suite des lois saliques.

[3] Dans sa constitution insérée dans la loi des Lombards, liv. II, tit. 55, § 31.

Je ne dis pas que, dans un temps où il y avoit si peu d'usages universellement reçus, ces preuves n'aient été reproduites dans quelques églises, d'autant plus qu'une chartre de Philippe-Auguste en fait mention [1] : mais je dis qu'elles furent de peu d'usage. Beaumanoir, qui vivòit du temps de saint Louis, et un peu après, faisant l'énumération des différens genres de preuves, parle de celle du combat judiciaire, et point du tout de celles-là [2].

CHAPITRE XIX.

Nouvelle raison de l'oubli des lois saliques, des lois romaines, et des capitulaires.

J'AI déjà dit les raisons qui avoient fait perdre aux lois saliques, aux lois romaines, et aux capitulaires, leur autorité; j'ajouterai que la grande extension de la preuve par le combat en fut la principale cause.

Les lois saliques, qui n'admettoient point cet usage, devinrent en quelque façon inutiles, et tombèrent : les lois romaines, qui ne l'admettoient

---

[1] De l'an 1200.
[2] Coutume de Beauvoisis, chap. XXXIX.

pas non plus, périrent de même. On ne songea plus qu'à former la loi du combat judiciaire, et à en faire une bonne jurisprudence. Les dispositions des capitulaires ne devinrent pas moins inutiles. Ainsi tant de lois perdirent leur autorité, sans qu'on puisse citer le moment où elles l'ont perdue ; elles furent oubliées, sans qu'on en trouve d'autres qui aient pris leur place.

Une nation pareille n'avoit pas besoin de lois écrites, et ces lois écrites pouvoient bien aisément tomber dans l'oubli.

Y avoit-il quelque discussion entre deux parties, on ordonnoit le combat. Pour cela, il ne falloit pas beaucoup de suffisance.

Toutes les actions civiles et criminelles se réduisent en faits. C'est sur ces faits que l'on combattoit; et ce n'étoit pas seulement le fond de l'affaire qui se jugeoit par le combat, mais encore les incidens et les interlocutoires, comme le dit Beaumanoir[1], qui en donne des exemples.

Je trouve qu'au commencement de la troisième race, la jurisprudence étoit toute en procédés ; tout fut gouverné par le point d'honneur. Si l'on n'avoit pas obéi au juge, il poursuivoit son offense. A Bourges[2], si le prévôt avoit mandé quelqu'un,

---

[1] Chap. LXI, page 309 et 310.

[2] Chartre de Louis-le-Gros, de l'an 1145, dans le recueil des ordonnances.

et qu'il ne fût pas venu : « Je t'ai envoyé cher-
« cher, disoit-il; tu as dédaigné de venir; fais-
« moi raison de ce mépris. » Et l'on combattoit.
Louis-le-Gros réforma cette coutume [1].

Le combat judiciaire étoit en usage à Orléans dans toutes les demandes de dettes [2]. Louis-le-Jeune déclara que cette coutume n'auroit lieu que lorsque la demande excéderoit cinq sous. Cette ordonnance étoit une loi locale; car, du temps de saint Louis [3], il suffisoit que la valeur fût de plus de douze deniers. Beaumanoir avoit ouï dire à un seigneur de loi, qu'il y avoit autrefois en France cette mauvaise coutume, qu'on pouvoit louer pendant un certain temps un champion pour combattre dans ses affaires [4]. Il falloit que l'usage du combat judiciaire eût pour lors une prodigieuse extension.

---

[1] Chartre de Louis-le-Gros, de l'an 1145, dans le recueil des ordonnances.

[2] Chartre de Louis-le-Jeune, de l'an 1168, dans le recueil des ordonnances.

[3] Voyez Beaumanoir, chap. LXIII, page 325.

[4] Voyez la coutume de Beauvoisis, chap. XXVIII, page 203.

CHAPITRE XX.

Origine du point d'honneur.

On trouve des énigmes dans les codes des lois des barbares. La loi des Frisons ne donne qu'un demi-sou de composition à celui qui a reçu des coups de bâton [1]; et il n'y a si petite blessure pour laquelle elle n'en donne davantage. Par la loi salique, si un ingénu donnoit trois coups de bâton à un ingénu, il payoit trois sous ; s'il avoit fait couler le sang, il étoit puni comme s'il avoit blessé avec le fer, et il payoit quinze sous : la peine se mesuroit par la grandeur des blessures. La loi des Lombards établit différentes compositions pour un coup, pour deux, pour trois, pour quatre [2]. Aujourd'hui un coup en vaut cent mille.

La constitution de Charlemagne, insérée dans la loi des Lombards, veut que ceux à qui elle permet le duel combattent avec le bâton [3]. Peut-être que ce fut un ménagement pour le clergé ; peut-être que, comme on étendoit l'usage des

---

[1] *Additio sapientium Wilemari*, tit. 5.
[2] Livre I, tit. 6, § 3.
[3] Liv. II, tit. 5, § 23.

combats, on voulut les rendre moins sanguinaires. Le capitulaire de Louis-le-Débonnaire [1] donne le choix de combattre avec le bâton ou avec les armes. Dans la suite il n'y eut que les serfs qui combattissent avec le bâton [2].

Déjà je vois naître et se former les articles particuliers de notre point d'honneur. L'accusateur commençoit par déclarer devant le juge qu'un tel avoit commis une telle action, et celui-ci répondoit qu'il en avoit menti [3]; sur cela, le juge ordonnoit le duel. La maxime s'établit que, lorsqu'on avoit reçu un démenti, il falloit se battre.

Quand un homme avoit déclaré qu'il combattroit, il ne pouvoit plus s'en départir; et s'il le faisoit, il étoit condamné à une peine [4]. De là suivit cette règle que, quand un homme s'étoit engagé par sa parole, l'honneur ne lui permettoit plus de la rétracter.

Les gentilshommes se battoient entre eux à cheval et avec leurs armes [5]; et les vilains se battoient à pied et avec le bâton [6]. De là il suivit que

[1] Ajouté à la loi salique sur l'an 819.
[2] Voyez Beaumanoir, chap. LXIV, page 323.
[3] *Ibid.*, page 329.
[4] Voyez Beaumanoir, chap. III, pages 25 et 329.
[5] Voyez, sur les armes des combattans, Beaumanoir, chapitre LXI, page 308, et chapitre LXIV, page 328.
[6] Beaumanoir, chap. LXIV, page 328. Voyez aussi les Chartres de S. Aubin d'Anjou, rapportées par Galland, page 263.

le bâton étoit l'instrument des outrages [1], parce qu'un homme qui en avoit été battu avoit été traité comme un vilain.

Il n'y avoit que les vilains qui combattissent à visage découvert [2]; ainsi il n'y avoit qu'eux qui pussent recevoir des coups sur la face. Un soufflet devint une injure qui devoit être lavée par le sang, parce qu'un homme qui l'avoit reçu avoit été traité comme un vilain.

Les peuples germains n'étoient pas moins sensibles que nous au point d'honneur; ils l'étoient même plus. Ainsi les parens les plus éloignés prenoient une part très-vive aux injures; et tous leurs codes sont fondés là-dessus. La loi des Lombards veut que celui qui, accompagné de ses gens, va battre un homme qui n'est point sur ses gardes, afin de le couvrir de honte et de ridicule, paie la moitié de la composition qu'il auroit due s'il l'avoit tué [3]; et que, si par le même motif il le lie, il paie les trois quarts de la même composition [4].

Disons donc que nos pères étoient extrême-

---

[1] Chez les Romains les coups de bâton n'étoient point infâmes. Leg. *Ictus fustium. De iis qui notantur infamiâ.*

[2] Ils n'avoient que l'écu et le bâton. Beaumanoir, chap. LXIV, page 328.

[3] Liv. I, tit. 6, § 1.

[4] *Ibid.*, § 2.

ment sensibles aux affronts; mais que les affronts d'une espèce particulière, de recevoir des coups d'un certain instrument sur une certaine partie du corps, et donnés d'une certaine manière, ne leur étoient pas encore connus. Tout cela étoit compris dans l'affront d'être battu; et, dans ce cas, la grandeur des excès faisoit la grandeur des outrages.

CHAPITRE XXI.

Nouvelle réflexion sur le point d'honneur chez les Germains.

« C'étoit chez les Germains, dit Tacite [1], une « grande infamie d'avoir abandonné son bouclier « dans le combat; et plusieurs, après ce malheur, « s'étoient donné la mort. » Aussi l'ancienne loi salique donne-t-elle quinze sous de composition à celui à qui on avoit dit par injure qu'il avoit abandonné son bouclier [2].

Charlemagne, corrigeant la loi salique [3], n'établit, dans ce cas, que trois sous de composition.

---

[1] *De moribus Germanorum*, § 6.
[2] Dans le *Pactus legis salicæ*.
[3] Nous avons l'ancienne loi, et celle qui fut corrigée par ce prince.

On ne peut pas soupçonner ce prince d'avoir voulu affoiblir la discipline militaire : il est clair que ce changement vint de celui des armes; et c'est à ce changement des armes que l'on doit l'origine de bien des usages.

CHAPITRE XXII.

Des mœurs relatives aux combats.

Notre liaison avec les femmes est fondée sur le bonheur attaché aux plaisirs des sens, sur le charme d'aimer et d'être aimé, et encore sur le désir de leur plaire, parce que ce sont des juges très-éclairés sur une partie des choses qui constituent le mérite personnel. Ce désir général de plaire produit la galanterie, qui n'est point l'amour, mais le délicat, mais le léger, mais le perpétuel mensonge de l'amour.

Selon les circonstances différentes dans chaque nation et dans chaque siècle, l'amour se porte plus vers une de ces trois choses que vers les deux autres. Or je dis que, dans le temps de nos combats, ce fut l'esprit de galanterie qui dut prendre des forces.

Je trouve, dans la loi des Lombards [1], que, si

[1] Liv. II, tit. 55, § 2.

un des deux champions avoit sur lui des herbes propres aux enchantemens, le juge les lui faisoit ôter, et lui faisoit jurer qu'il n'en avoit plus. Cette loi ne pouvoit être fondée que sur l'opinion commune; c'est la peur, qu'on a dit avoir inventé tant de choses, qui fit imaginer ces sortes de prestiges. Comme dans les combats particuliers les champions étoient armés de toutes pièces, et qu'avec des armes pesantes, offensives et défensives, celles d'une certaine trempe et d'une certaine force donnoient des avantages infinis, l'opinion des armes enchantées de quelques combattans dut tourner la tête à bien des gens.

De là naquit le système merveilleux de la chevalerie. Tous les esprits s'ouvrirent à ces idées. On vit, dans les romans, des paladins, des nécromans, des fées, des chevaux ailés ou intelligens, des hommes invisibles ou invulnérables, des magiciens qui s'intéressoient à la naissance ou à l'éducation des grands personnages, des palais enchantés et désenchantés; dans notre monde, un monde nouveau; et le cours ordinaire de la nature laissé seulement pour les hommes vulgaires.

Des paladins, toujours armés dans une partie du monde pleine de châteaux, de forteresses et de brigands, trouvoient de l'honneur à punir l'injustice et à défendre la foiblesse. De là encore dans nos romans la galanterie fondée sur l'idée de l'amour, jointe à celle de force et de protection.

Ainsi naquit la galanterie, lorsqu'on imagina des hommes extraordinaires, qui, voyant la vertu jointe à la beauté et à la foiblesse, furent portés à s'exposer pour elle dans les dangers, et à lui plaire dans les actions ordinaires de la vie.

Nos romans de chevalerie flattèrent ce désir de plaire, et donnèrent à une partie de l'Europe cet esprit de galanterie que l'on peut dire avoir été peu connu par les anciens.

Le luxe prodigieux de cette immense ville de Rome flatta l'idée des plaisirs des sens. Une certaine idée de tranquillité dans les campagnes de la Grèce fit décrire les sentimens de l'amour [1]. L'idée des paladins, protecteurs de la vertu et de la beauté des femmes, conduisit à celle de la galanterie.

Cet esprit se perpétua par l'usage des tournois, qui, unissant ensemble les droits de la valeur et de l'amour, donnèrent encore à la galanterie une grande importance.

---

[1] On peut voir les romans grecs du moyen âge.

CHAPITRE XXIII.

De la jurisprudence du combat judiciaire.

On aura peut-être de la curiosité à voir cet usage monstrueux du combat judiciaire réduit en principes, et à trouver le corps d'une jurisprudence si singulière. Les hommes, dans le fond raisonnables, mettent sous les règles leurs préjugés mêmes. Rien n'étoit plus contraire au bon sens que le combat judiciaire; mais, ce point une fois posé, l'exécution s'en fit avec une certaine prudence.

Pour se mettre bien au fait de la jurisprudence de ces temps-là, il faut lire avec attention les réglemens de saint Louis, qui fit de si grands changemens dans l'ordre judiciaire. Desfontaines étoit contemporain de ce prince; Beaumanoir écrivoit après lui [1]; les autres ont vécu depuis lui. Il faut donc chercher l'ancienne pratique dans les corrections qu'on en a faites.

---

[1] En l'an 1283.

CHAPITRE XXIV.

Règles établies dans le combat judiciaire.

Lorsqu'il y avoit plusieurs accusateurs [1], il falloit qu'ils s'accordassent pour que l'affaire fût poursuivie par un seul; et s'ils ne pouvoient convenir, celui devant qui se faisoit le plaid nommoit un d'entre eux qui poursuivoit la querelle.

Quand un gentilhomme appeloit un vilain [2], il devoit se présenter à pied, et avec l'écu et le bâton; et, s'il venoit à cheval, et avec les armes d'un gentilhomme, on lui ôtoit son cheval et ses armes; il restoit en chemise, et étoit obligé de combattre en cet état contre le vilain.

Avant le combat, la justice faisoit publier trois bans [3]. Par l'un, il étoit ordonné aux parens des parties de se retirer; par l'autre, on avertissoit le peuple de garder le silence; par le troisième, il étoit défendu de donner du secours à une des parties, sous de grosses peines, et même celle de mort, si, par ce secours, un des combattans avoit été vaincu.

---

[1] Beaumanoir, chap. VI, pages 40 et 41.
[2] *Idem*, chap. LXIV, page 328.
[3] Beaumanoir, *ibid.*, page 330.

Les gens de justice gardoient le parc¹; et, dans le cas où une des parties auroit parlé de paix, ils avoient grande attention à l'état actuel où elles se trouvoient toutes les deux dans ce moment, pour qu'elles fussent remises dans la même situation, si la paix ne se faisoit pas².

Quand les gages étoient reçus pour crime ou pour faux jugement, la paix ne pouvoit se faire sans le consentement du seigneur; et, quand une des parties avoit été vaincue, il ne pouvoit plus y avoir de paix que de l'aveu du comte³; ce qui avoit du rapport à nos lettres de grâce.

Mais si le crime étoit capital, et que le seigneur, corrompu par des présens, consentît à la paix, il payoit une amende de soixante livres; et le droit qu'il avoit de faire punir le malfaiteur étoit dévolu au comte⁴.

Il y avoit bien des gens qui n'étoient en état d'offrir le combat, ni de le recevoir. On permettoit, en connoissance de cause, de prendre un champion; et, pour qu'il eût le plus grand intérêt

---

¹ Beaumanoir, chap. LXIV, page 330.

² *Ibid.*

³ Les grands vassaux avoient des droits particuliers.

⁴ Beaumanoir, chap. LXIV, page 330, dit: *Il perdroit sa justice.* Ces paroles, dans les auteurs de ces temps-là, n'ont pas une signification générale, mais restreinte à l'affaire dont il s'agit. Desfontaines, chap. XXI, art. 29.

à défendre sa partie, il avoit le poing coupé s'il étoit vaincu ¹.

Quand on a fait dans le siècle passé des lois capitales contre les duels, peut-être auroit-il suffi d'ôter à un guerrier sa qualité de guerrier par la perte de la main, n'y ayant rien ordinairement de plus triste pour les hommes que de survivre à la perte de leur caractère.

Lorsque, dans un crime capital ², le combat se faisoit par champions, on mettoit les parties dans un lieu d'où elles ne pouvoient voir la bataille : chacune d'elles étoit ceinte de la corde qui devoit servir à son supplice, si son champion étoit vaincu.

Celui qui succomboit dans le combat ne perdoit pas toujours la chose contestée. Si, par exemple, l'on combattoit sur un interlocutoire, l'on ne perdoit que l'interlocutoire ³.

---

¹ Cet usage, que l'on trouve dans les capitulaires, subsistoit du temps de Beaumanoir. Voyez le chap. LXI, page 315.

² Beaumanoir, chap. LXIV, page 330.

³ *Idem*, chap. LXI, page 309.

CHAPITRE XXV.

Des bornes que l'on mettoit à l'usage du combat judiciaire.

Quand les gages de bataille avoient été reçus sur une affaire civile de peu d'importance, le seigneur obligeoit les parties à les retirer.

Si un fait étoit notoire [1]; par exemple, si un homme avoit été assassiné en plein marché, on n'ordonnoit ni la preuve par témoins, ni la preuve par le combat; le juge prononçoit sur la publicité.

Quand, dans la cour du seigneur, on avoit souvent jugé de la même manière, et qu'ainsi l'usage étoit connu [2], le seigneur refusoit le combat aux parties, afin que les coutumes ne fussent pas changées par les divers événemens des combats.

On ne pouvoit demander le combat que pour soi, ou pour quelqu'un de son lignage, ou pour son seigneur-lige [3].

Quand un accusé avoit été absous [4], un autre

---

[1] Beaumanoir, chap. LXI, p. 314. *Idem*, chap. XLIII, p. 239.

[2] *Idem*, chap. LXI, page 314. Voyez aussi Desfontaines, chap. XXII, art. 24.

[3] Beaumanoir, chap. LXIII, page 322.

[4] *Ibid.*

parent ne pouvoit demander le combat; autrement les affaires n'auroient point eu de fin.

Si celui dont les parens vouloient venger la mort venoit à reparoître, il n'étoit plus question du combat : il en étoit de même si, par une absence notoire, le fait se trouvoit impossible [1].

Si un homme qui avoit été tué [2] avoit, avant de mourir, disculpé celui qui étoit accusé, et qu'il eût nommé un autre, on ne procédoit point au combat; mais, s'il n'avoit nommé personne, on ne regardoit sa déclaration que comme un pardon de sa mort; on continuoit les poursuites, et même, entre gentilshommes, on pouvoit faire la guerre.

Quand il y avoit une guerre, et qu'un des parens donnoit ou recevoit les gages de bataille, le droit de la guerre cessoit; on pensoit que les parties vouloient suivre le cours ordinaire de la justice; et celle qui auroit continué la guerre auroit été condamnée à réparer les dommages.

Ainsi la pratique du combat judiciaire avoit cet avantage, qu'elle pouvoit changer une querelle générale en une querelle particulière, rendre la force aux tribunaux, et remettre dans l'état civil

---

[1] Beaumanoir, chap. LXIII, page 322.
[2] *Ibid.*, page 323.

ceux qui n'étoient plus gouvernés que par le droit des gens.

Comme il y a une infinité de choses sages qui sont menées d'une manière très-folle, il y a aussi des folies qui sont conduites d'une manière très-sage.

Quand un homme appelé pour un crime [1] montroit visiblement que c'étoit l'appelant même qui l'avoit commis, il n'y avoit plus de gages de bataille; car il n'y a point de coupable qui n'eût préféré un combat douteux à une punition certaine.

Il n'y avoit point de combat dans les affaires qui se décidoient par des arbitres ou par les cours ecclésiastiques [2]; il n'y en avoit pas non plus lorsqu'il s'agissoit du douaire des femmes.

Femme, dit Beaumanoir, *ne se puet combattre.* Si une femme appeloit quelqu'un sans nommer son champion, on ne recevoit point les gages de bataille. Il falloit encore qu'une femme fût autorisée par son baron [3], c'est-à-dire par son mari, pour appeler; mais, sans cette autorité, elle pouvoit être appelée.

Si l'appelant ou l'appelé avoit moins de quinze

---

[1] Beaumanoir, chap. LXIII, page 324.
[2] *Ibid.*, page 325.
[3] *Ibid.*

ans ¹, il n'y avoit point de combat. On pouvoit pourtant l'ordonner dans les affaires de pupilles, lorsque le tuteur ou celui qui avoit la baillie vouloit courir les risques de cette procédure.

Il me semble que voici les cas où il étoit permis au serf de combattre. Il combattoit contre un autre serf; il combattoit contre une personne franche, et même contre un gentilhomme, s'il étoit appelé; mais, s'il l'appeloit ², celui-ci pouvoit refuser le combat; et même le seigneur du serf étoit en droit de le retirer de la cour. Le serf pouvoit, par une chartre du seigneur ³ ou par usage, combattre contre toutes personnes franches; et l'église prétendoit ce même droit pour ses serfs ⁴, comme une marque de respect pour elle ⁵.

¹ Beaumanoir, chap. XLIII, page 323. Voyez aussi ce que j'ai dit au liv. XVIII.

² *Ibid.*, chap. LXIII, page 322.

³ Desfontaines, chap. XXII, art. 7.

⁴ *Habeant bellandi et testificandi licentiam.* Chartre de Louis-le-Gros, de l'an 1118.

⁵ *Ibid.*

CHAPITRE XXVI.

Du combat judiciaire entre une des parties et un des témoins.

Beaumanoir [1] dit qu'un homme qui voyoit qu'un témoin alloit déposer contre lui pouvoit éluder le second, en disant aux juges que sa partie produisoit un témoin faux et calomniateur [2]; et, si le témoin vouloit soutenir la querelle, il donnoit les gages de bataille. Il n'étoit plus question de l'enquête; car, si le témoin étoit vaincu, il étoit décidé que la partie avoit produit un faux témoin, et elle perdoit son procès.

Il ne falloit pas laisser jurer le second témoin; car il auroit prononcé son témoignage, et l'affaire auroit été finie par la déposition de deux témoins. Mais, en arrêtant le second, la déposition du premier devenoit inutile.

Le second témoin étant ainsi rejeté, la partie ne pouvoit en faire ouïr d'autres, et elle perdoit son procès : mais, dans le cas où il n'y avoit point

---

[1] Chap. LXI, page 315.

[2] « Leur doit-on demander... avant que il sachent nul serement « pour qui il veulent tesmoigner, car lenques gist li poins « d'aus lever de faus tesmoignagne. » Beaumanoir, chap. XXXIX, page 218.

de gages de bataille [1], on pouvoit produire d'autres témoins.

Beaumanoir dit que le témoin pouvoit dire à sa partie avant de déposer : « Je ne me bée pas à « combattre pour vostre querele, ne à entrer en « plet au mien, et se vous me voulés defendre « volontiers dirai ma vérité [2]. » La partie se trouvoit obligée à combattre pour le témoin ; et, si elle étoit vaincue, elle ne perdoit point le corps [3], mais le témoin étoit rejeté.

Je crois que ceci étoit une modification de l'ancienne coutume ; et ce qui me le fait penser, c'est que cet usage d'appeler les témoins se trouve établi dans la loi des Bavarois [4], et dans celle des Bourguignons [5], sans aucune restriction.

J'ai déjà parlé de la constitution de Gondebaud, contre laquelle Agobard [6] et saint Avit [7] se récrièrent tant. « Quand l'accusé, dit ce prince, « présente des témoins pour jurer qu'il n'a pas « commis le crime, l'accusateur pourra appeler

[1] Beaumanoir, chap. LXI, page 316.
[2] Chap. VI, pages 39 et 40.
[3] Mais, si le combat se faisoit par champions, le champion vaincu avoit le poing coupé.
[4] Titre 16, § 1.
[5] Titre 45.
[6] Lettre à Louis-le-Débonnaire.
[7] Vie de saint Avit.

« au combat un des témoins; car il est juste que
« celui qui a offert de jurer, et qui a déclaré qu'il
« savoit la vérité, ne fasse point de difficulté de
« combattre pour la soutenir. » Ce roi ne laissoit
aux témoins aucun subterfuge pour éviter le
combat.

CHAPITRE XXVII.

Du combat judiciaire entre une partie et un des pairs du seigneur. Appel de faux jugement.

La nature de la décision par le combat étant
de terminer l'affaire pour toujours, et n'étant
point compatible avec un nouveau jugement et
de nouvelles poursuites[1], l'appel, tel qu'il est
établi par les lois romaines et par les lois canoniques, c'est-à-dire à un tribunal supérieur pour
faire réformer le jugement d'un autre, étoit inconnu en France.

Une nation guerrière, uniquement gouvernée
par le point d'honneur, ne connoissoit pas cette
forme de procéder; et, suivant toujours le même

---

[1] « Car en la cour ou l'en va par la reson de l'appel pour les
« gaiges maintenir, se la Bataille est fete, la querele est venue à
« fin, si que il ni a metier de plus d'Apiaux. » Beaumanoir, chap. 11,
page 22.

esprit, elle prenoit contre les juges les voies qu'elle auroit pu employer contre les parties [1].

L'appel, chez cette nation, étoit un défi à un combat par armes, qui devoit se terminer par le sang; et non pas cette invitation à une querelle de plume qu'on ne connut qu'après.

Aussi saint Louis dit-il dans ses Établissemens [2] que l'appel contient félonie et iniquité. Aussi Beaumanoir nous dit-il que si un homme vouloit se plaindre de quelque attentat commis contre lui par son seigneur [3], il devoit lui dénoncer qu'il abandonnoit son fief; après quoi il l'appeloit devant son seigneur suzerain, et offroit les gages de bataille. De même, le seigneur renonçoit à l'hommage s'il appeloit son homme devant le comte.

Appeler son seigneur de faux jugement, c'étoit dire que son jugement avoit été faussement et méchamment rendu : or, avancer de telles paroles contre son seigneur, c'étoit commettre une espèce de crime de félonie.

Ainsi, au lieu d'appeler pour faux jugement le seigneur qui établissoit et régloit le tribunal, on

---

[1] Beaumanoir, chap. LXI, page 312; et chap. LXVII, page 338.

[2] Liv. II, chap. XV.

[3] Beaumanoir, chap. LXI, pages 310 et 311; et chap. LXVII, page 337.

appeloit les pairs qui formoient le tribunal même : on évitoit par là le crime de félonie ; on n'insultoit que ses pairs, à qui on pouvoit toujours faire raison de l'insulte.

On s'exposoit beaucoup en faussant le jugement des pairs [1]. Si l'on attendoit que le jugement fût fait et prononcé, on étoit obligé de les combattre tous lorsqu'ils offroient de faire le jugement bon [2]. Si l'on appeloit avant que tous les juges eussent donné leur avis, il falloit combattre tous ceux qui étoient convenus du même avis [3]. Pour éviter ce danger, on supplioit le seigneur d'ordonner que chaque pair dît tout haut son avis ; et, lorsque le premier avoit prononcé, et que le second alloit en faire de même, on lui disoit qu'il étoit faux, méchant et calomniateur ; et ce n'étoit plus que contre lui qu'on devoit se battre [4].

Desfontaines [5] vouloit qu'avant de fausser [6] on laissât prononcer trois juges ; et il ne dit point qu'il fallût les combattre tous trois, et encore moins qu'il y eût des cas où il fallût combattre

---

[1] Beaumanoir, chap. LXI, page 313.

[2] *Ibid.*, page 314.

[3] Qui s'étoient accordés au jugement.

[4] Beaumanoir, chap. LXI, page 314.

[5] Chap. XXII, art. 1, 10 et 11. Il dit seulement qu'on leur payoit à chacun une amende.

[6] Appeler de faux jugement.

tous ceux qui s'étoient déclarés pour leur avis. Ces différences viennent de ce que, dans ces temps-là, il n'y avoit guère d'usages qui fussent précisément les mêmes. Beaumanoir rendoit compte de ce qui se passoit dans le comté de Clermont; Desfontaines, de ce qui se pratiquoit en Vermandois.

Lorsqu'un des pairs ou homme de fief avoit déclaré qu'il soutiendroit le jugement [1], le juge faisoit donner les gages de bataille, et de plus, prenoit sûreté de l'appelant qu'il soutiendroit son appel. Mais le pair qui étoit appelé ne donnoit point de sûretés, parce qu'il étoit homme du seigneur, et devoit défendre l'appel, ou payer au seigneur une amende de soixante livres.

Si celui qui appeloit ne prouvoit pas que le jugement fût mauvais, il payoit au seigneur une amende de soixante livres [2], la même amende au pair qu'il avoit appelé [3], autant à chacun de ceux qui avoient ouvertement consenti au jugement.

Quand un homme violemment soupçonné d'un crime qui méritoit la mort avoit été pris et condamné, il ne pouvoit appeler de faux jugement [4]:

[1] Beaumanoir, chap. LXI, page 314.

[2] *Idem*, *ibid.*; et Desfontaines, chap. XXII, art. 9.

[3] Desfontaines, *ibid.*

[4] Beaumanoir, chap. LXI, page 316; et Desfontaines, chap. XXII, article 21.

car il auroit toujours appelé, ou pour prolonger sa vie, ou pour faire la paix.

Si quelqu'un disoit que le jugement étoit faux et mauvais [1], et n'offroit pas de le faire tel, c'est-à-dire de combattre, il étoit condamné à dix sous d'amende s'il étoit gentilhomme, et à cinq sous s'il étoit serf, pour les vilaines paroles qu'il avoit dites.

Les juges ou pairs qui avoient été vaincus [2] ne devoient perdre ni la vie ni les membres; mais celui qui les appeloit étoit puni de mort lorsque l'affaire étoit capitale [3].

Cette manière d'appeler les hommes de fief pour faux jugement étoit pour éviter d'appeler le seigneur même. Mais si le seigneur n'avoit point de pairs [4], ou n'en avoit pas assez, il pouvoit, à ses frais, emprunter des pairs de son seigneur suzerain [5]; mais ces pairs n'étoient point obligés de juger, s'ils ne le vouloient; ils pouvoient dé-

---

[1] Beaumanoir, chap. LXI, page 314.

[2] Desfontaines, chapitre XXII, art. 7.

[3] Voyez Desfontaines, chap. XXI, art. 11, 12 et suiv., qui distingue les cas où le fausseur perdoit la vie, la chose contestée, ou seulement l'interlocutoire.

[4] Beaumanoir, chap. LXI, page 322. Desfontaines, chap. XXII, art. 3.

[5] Le comte n'étoit pas obligé d'en prêter. Beaumanoir, chapitre LXVII, pag. 337.

clarer qu'ils n'étoient venus que pour donner leur conseil ; et, dans ce cas particulier ¹, le seigneur jugeant et prononçant lui-même le jugement, si on appeloit contre lui de faux jugement, c'étoit à lui à soutenir l'appel.

Si le seigneur étoit si pauvre ² qu'il ne fût pas en état de prendre des pairs de son seigneur suzerain, ou qu'il négligeât de lui en demander, ou que celui-ci refusât de lui en donner, le seigneur ne pouvant pas juger seul, et personne n'étant obligé de plaider devant un tribunal où l'on ne peut faire jugement, l'affaire étoit portée à la cour du seigneur suzerain.

Je crois que ceci fut une des grandes causes de la séparation de la justice d'avec le fief, d'où s'est formée la règle des jurisconsultes français : *Autre chose est le fief, autre chose est la justice.* Car y ayant une infinité d'hommes de fief qui n'avoient point d'hommes sous eux, ils ne furent point en état de tenir leur cour ; toutes les affaires furent portées à la cour de leur seigneur suzerain ; ils perdirent le droit de justice, parce qu'ils n'eurent ni le pouvoir ni la volonté de le réclamer.

Tous les juges qui avoient été du jugement ³

---

¹ « Nus... ne puet fere Jugement en se court, » dit Beaumanoir, chap. LXVII, pages 336 et 337.

² *Idem*, chap. LXII, p. 322.

³ Desfontaines, chap. XXI, art. 27 et 28.

devoient être présens quand on le rendoit, afin qu'ils pussent ensuivre et dire *oil* à celui qui, voulant fausser, leur demandoit s'ils ensuivoient ; « car, dit Desfontaines [1], c'est une affaire de cour-« toisie et de loyauté, et il n'y a point là de fuite « ni de remise. » Je crois que c'est de cette manière de penser qu'est venu l'usage que l'on suit encore aujourd'hui en Angleterre, que tous les jurés soient de même avis pour condamner à mort.

Il falloit donc se déclarer pour l'avis de la plus grande partie ; et, s'il y avoit partage, on prononçoit, en cas de crime, pour l'accusé ; en cas de dettes, pour le débiteur ; en cas d'héritages, pour le défendeur.

Un pair, dit Desfontaines [2], ne pouvoit pas dire qu'il ne jugeroit pas s'ils n'étoient que quatre [3], ou s'ils n'y étoient tous, ou si les plus sages n'y étoient ; c'est comme s'il avoit dit, dans la mêlée, qu'il ne secourroit pas son seigneur, parce qu'il n'avoit auprès de lui qu'une partie de ses hommes. Mais c'étoit au seigneur à faire honneur à sa cour, et à prendre ses plus vaillans hommes et les plus sages. Je cite ceci pour faire sentir le devoir des

---

[1] Desfontaines, chap. XXI, art. 28.

[2] *Ibid.*, art. 37.

[3] Il falloit ce nombre au moins. Desfontaines, chap. XXI, article 36.

vassaux, combattre et juger ; et ce devoir étoit même tel, que juger c'étoit combattre.

Un seigneur qui plaidoit à sa cour contre son vassal ¹ et qui y étoit condamné, pouvoit appeler un de ses hommes de faux jugement. Mais, à cause du respect que celui-ci devoit à son seigneur pour la foi donnée, et la bienveillance que le seigneur devoit à son vassal pour la foi reçue, on faisoit une distinction : ou le seigneur disoit en général que le jugement étoit faux et mauvais ², ou il imputoit à son homme des prévarications personnelles ³. Dans le premier cas, il offensoit sa propre cour, et en quelque façon lui-même, et il ne pouvoit y avoir de gages de bataille : il y en avoit dans le second, parce qu'il attaquoit l'honneur de son vassal; et celui des deux qui étoit vaincu perdoit la vie et les biens, pour maintenir la paix publique.

Cette distinction, nécessaire dans ce cas particulier, fut étendue. Beaumanoir dit que, lorsque celui qui appeloit de faux jugement attaquoit un des hommes par des imputations personnelles, il

---

¹ Voyez Beaumanoir, chap. LXVII, page 337.

² « Chis jugement est faus et mauves. » *Idem*, chapitre LXVII, page 337.

³ « Vous aves fet Jugement faus et mauves, comme mauves « que vous este, ou par lovier ou par pramesse. » Beaumanoir, chap. LXVII, page 337.

y avoit bataille ; mais que, s'il n'attaquoit que le jugement, il étoit libre à celui des pairs qui étoit appelé de faire juger l'affaire par bataille ou par droit [1]. Mais, comme l'esprit qui régnoit du temps de Beaumanoir étoit de restreindre l'usage du combat judiciaire, et que cette liberté, donnée au pair appelé, de défendre par le combat le jugement, ou non, est également contraire aux idées de l'honneur établi dans ces temps-là, et à l'engagement où l'on étoit envers son seigneur de défendre sa cour, je crois que cette distinction de Beaumanoir étoit une jurisprudence nouvelle chez les Français.

Je ne dis pas que tous les appels de faux jugement se décidassent par bataille ; il en étoit de cet appel comme de tous les autres. On se souvient des exceptions dont j'ai parlé au chapitre XXV. Ici, c'étoit au tribunal suzerain à voir s'il falloit ôter, ou non, les gages de bataille.

On ne pouvoit point fausser les jugemens rendus dans la cour du roi ; car le roi n'ayant personne qui lui fût égal, il n'y avoit personne qui pût l'appeler ; et le roi n'ayant point de supérieur, il n'y avoit personne qui pût appeler de sa cour.

Cette loi fondamentale, nécessaire comme loi

---

[1] Beaumanoir, chap. LXVII, pages 337 et 338.

politique, diminuoit encore, comme loi civile, les abus de la pratique judiciaire de ces temps-là. Quand un seigneur craignoit qu'on ne faussât sa cour [1], ou voyoit qu'on se présentoit pour la fausser, s'il étoit du bien de la justice qu'on ne la faussât pas, il pouvoit demander des hommes de la cour du roi, dont on ne pouvoit fausser le jugement; et le roi Philippe, dit Desfontaines [2], envoya tout son conseil pour juger une affaire dans la cour de l'abbé de Corbie.

Mais si le seigneur ne pouvoit avoir des juges du roi, il pouvoit mettre sa cour dans celle du roi, s'il relevoit nûment de lui; et, s'il y avoit des seigneurs intermédiaires, il s'adressoit à son seigneur suzerain, allant de seigneur en seigneur jusqu'au roi.

Ainsi, quoiqu'on n'eût pas dans ces temps-là la pratique ni l'idée même des appels d'aujourd'hui, on avoit recours au roi, qui étoit toujours la source d'où tous les fleuves partoient, et la mer où ils revenoient.

[1] Desfontaines, chap. XXII, art. 14.
[2] *Ibid.*

CHAPITRE XXVIII.

De l'appel de défaute de droit.

On appeloit de défaute de droit quand, dans la cour d'un seigneur, on différoit, on évitoit, ou l'on refusoit de rendre la justice aux parties.

Dans la seconde race, quoique le comte eût plusieurs officiers sous lui, la personne de ceux-ci étoit subordonnée, mais la juridiction ne l'étoit pas. Ces officiers dans leurs plaids, assises ou placites, jugeoient en dernier ressort comme le comte même. Toute la différence étoit dans le partage de la juridiction : par exemple, le comte pouvoit condamner à mort, juger de la liberté et de la restitution des biens [1], et le centenier ne le pouvoit pas.

Par la même raison il y avoit des causes majeures qui étoient réservées au roi [2]; c'étoient celles qui intéressoient directement l'ordre politique. Telles étoient les discussions qui étoient

---

[1] Capitulaire III, de l'an 812, art. 3, édit. de Baluze, p. 497, et de Charles-le-Chauve, ajouté à la loi des Lombards, liv. II, article 3.

[2] Capitulaire III, de l'an 812, art. 2.

entre les évêques, les abbés, les comtes, et autres grands, que les rois jugeoient avec les grands vassaux [1].

Ce qu'ont dit quelques auteurs, qu'on appeloit du comte à l'envoyé du roi, ou *missus dominicus*, n'est pas fondé. Le comte et le *missus* avoient une juridiction égale, et indépendante l'une de l'autre [2] : toute la différence étoit que le *missus* tenoit ses placites quatre mois de l'année, et le comte les huit autres [3].

Si quelqu'un [4], condamné dans une assise [5], y demandoit qu'on le rejugeât, et succomboit encore, il payoit une amende de quinze sous, ou recevoit quinze coups de la main des juges qui avoient décidé l'affaire.

Lorsque les comtes ou les envoyés du roi ne se sentoient pas assez de force pour réduire les grands à la raison, ils leur faisoient donner caution qu'ils se présenteroient devant le tribunal du roi [6] : c'étoit pour juger l'affaire, et non pour

---

[1] *Cum fidelibus.* Capitulaire de Louis-le-Débonnaire, édition de Baluze, page 667.

[2] Voyez le capitulaire de Charles-le-Chauve, ajouté à la loi des Lombards, liv. II, art. 3.

[3] Capitulaire III, de l'an 812, art. 8.

[4] Capitulaire ajouté à la loi des Lombards, liv. II, tit. 59.

[5] *Placitum.*

[6] Cela paroît par les formules, les chartres et les capitulaires.

la rejuger. Je trouve, dans le capitulaire de Metz [1], l'appel de faux jugement à la cour du roi établi, et toutes autres sortes d'appels procrits et punis.

Si l'on n'acquiesçoit pas [2] au jugement des échevins [3], et qu'on ne réclamât pas, on étoit mis en prison jusqu'à ce qu'on eût acquiescé; et si l'on réclamoit, on étoit conduit sous une sûre garde devant le roi, et l'affaire se discutoit à sa cour.

Il ne pouvoit guère être question de l'appel de défaute de droit. Car, bien loin que dans ces temps-là on eût coutume de se plaindre que les comtes et autres gens qui avoient droit de tenir des assises ne fussent pas exacts à tenir leur cour, on se plaignoit au contraire qu'ils l'étoient trop [4]; et tout est plein d'ordonnances qui défendent aux comtes et autres officiers de justice quelconques de tenir plus de trois assises par an. Il falloit moins corriger leur négligence qu'arrêter leur activité.

---

[1] De l'an 757, édition de Baluze, page 180, art. 9 et 10; et le synode *apud Vernas*, de l'an 755, art. 29, édition de Baluze, page 175. Ces deux capitulaires furent faits sous le roi Pepin.

[2] Capitulaire xi de Charlemagne, de l'an 805, édition de Baluze, page 423; et loi de Lothaire, dans la loi des Lombards, liv. II, tit. 52, art. 23.

[3] Officiers sous le comte : *scabini*.

[4] Voyez la loi des Lombards, liv. II, titre 52, art. 22.

Mais, lorsqu'un nombre innombrable de petites seigneuries se formèrent, que différens degrés de vasselage furent établis, la négligence de certains vassaux à tenir leur cour donna naissance à ces sortes d'appels [1]; d'autant plus qu'il en revenoit au seigneur suzerain des amendes considérables.

L'usage du combat judiciaire s'étendant de plus en plus, il y eut des lieux, des cas, des temps, où il fut difficile d'assembler les pairs, et où par conséquent on négligea de rendre la justice. L'appel de défaute de droit s'introduisit; et ces sortes d'appels ont été souvent des points remarquables de notre histoire, parce que la plupart des guerres de ces temps-là avoient pour motif la violation du droit politique, comme nos guerres d'aujourd'hui ont ordinairement pour cause ou pour prétexte celle du droit des gens.

Beaumanoir [2] dit que, dans le cas de défaute de droit, il n'y avoit jamais de bataille : en voici les raisons. On ne pouvoit pas appeler au combat le seigneur lui-même, à cause du respect dû à sa personne; on ne pouvoit pas appeler les pairs du seigneur, parce que la chose étoit claire, et qu'il n'y avoit qu'à compter les jours des ajournemens

---

[1] On voit des appels de défaute de droit dès le temps de Philippe-Auguste.

[2] Chap. LXI, page 315.

ou des autres délais : il n'y avoit point de jugement, et on ne faussoit que sur un jugement : enfin le délit des pairs offensoit le seigneur comme la partie; et il étoit contre l'ordre qu'il y eût un combat entre le seigneur et ses pairs.

Mais comme devant le tribunal suzerain on prouvoit la défaute par témoins, on pouvoit appeler au combat les témoins [1]; et par là on n'offensoit ni le seigneur ni son tribunal.

1° Dans les cas où la défaute venoit de la part des hommes ou pairs du seigneur qui avoient différé de rendre la justice, ou évité de faire le jugement après les délais passés, c'étoient les pairs du seigneur qu'on appeloit de défaute de droit devant le suzerain; et, s'ils succomboient, ils payoient une amende à leur seigneur [2]. Celui-ci ne pouvoit porter aucun secours à ses hommes; au contraire, il saisissoit leur fief, jusqu'à ce qu'ils lui eussent payé chacun une amende de soixante livres.

2° Lorsque la défaute venoit de la part du seigneur, ce qui arrivoit lorsqu'il n'y avoit pas assez d'hommes à sa cour pour faire le jugement, ou lorsqu'il n'avoit pas assemblé ses hommes ou mis quelqu'un à sa place pour les assembler, on de-

---

[1] Chap. LXI, page 315.
[2] Desfontaines, chap. XXI, art. 24.

mandoit la défaute devant le seigneur suzerain; mais, à cause du respect dû au seigneur, on faisoit ajourner la partie [1], et non pas le seigneur.

Le seigneur demandoit sa cour devant le tribunal suzerain; et, s'il gagnoit la défaute, on lui renvoyoit l'affaire et on lui payoit une amende de soixante livres [2] : mais, si la défaute étoit prouvée, la peine contre lui étoit de perdre le jugement de la chose contestée; le fond étoit jugé dans le tribunal suzerain [3] : en effet, on n'avoit demandé la défaute que pour cela.

3° Si l'on plaidoit à la cour de son seigneur contre lui [4], ce qui n'avoit lieu que pour les affaires qui concernoient le fief, après avoir laissé passer tous les délais, on sommoit le seigneur même devant bonnes gens [5], et on le faisoit sommer par le souverain, dont on devoit avoir permission. On n'ajournoit point par pairs, parce que les pairs ne pouvoient ajourner leur seigneur;

[1] Desfontaines, chap. XXI, article 32.
[2] Beaumanoir, chapitre LXI, page 312.
[3] Desfontaines, chap. XXI, art. 1, 29.
[4] Sous le règne de Louis VIII, le sire de Nesle plaidoit contre Jeanne, comtesse de Flandre; il la somma de le faire juger dans quarante jours; et il l'appela ensuite de défaute de droit à la cour du roi. Elle répondit qu'elle le feroit juger par ses pairs en Flandre. La cour du roi prononça qu'il n'y seroit point renvoyé, et que la comtesse seroit ajournée.
[5] Desfontaines, chap. XXI, art. 34.

mais ils pouvoient ajourner pour leur seigneur¹.

Quelquefois l'appel de défaute de droit étoit suivi d'un appel de faux jugement², lorsque le seigneur, malgré la défaute, avoit fait rendre le jugement.

Le vassal qui appeloit à tort son seigneur de défaute de droit³ étoit condamné à lui payer une amende à sa volonté.

Les Gantois avoient appelé de défaute de droit le comte de Flandre devant le roi⁴, sur ce qu'il avoit différé de leur faire rendre jugement en sa cour. Il se trouva qu'il avoit pris encore moins de délais que n'en donnoit la coutume du pays. Les Gantois lui furent renvoyés; il fit saisir de leurs biens jusqu'à la valeur de soixante mille livres. Ils revinrent à la cour du roi, pour que cette amende fût modérée : il fut décidé que le comte pouvoit prendre cette amende, et même plus s'il vouloit. Beaumanoir avoit assisté à ces jugemens.

4° Dans les affaires que le seigneur pouvoit avoir contre le vassal, pour raison du corps ou

---

¹ Desfontaines, chap. XXI, art. 9.

² Beaumanoir, chap. LXI, page 311.

³ Beaumanoir, chap. LXI, page 312. Mais celui qui n'auroit été homme ni tenant du seigneur ne lui payoit qu'une amende de 60 livres. *Ibid.*

⁴ *Ibid.*, page 318.

de l'honneur de celui-ci, ou des biens qui n'étoient pas du fief, il n'étoit point question d'appel de défaute de droit, puisqu'on ne jugeoit point à la cour du seigneur, mais à la cour de celui de qui il tenoit; les hommes, dit Desfontaines [1], n'ayant pas droit de faire jugement sur le corps de leur seigneur.

J'ai travaillé à donner une idée claire de ces choses, qui, dans les auteurs de ces temps-là, sont si confuses et si obscures, qu'en vérité, les tirer du chaos où elles sont, c'est les découvrir.

CHAPITRE XXIX.

Époque du règne de saint Louis.

Saint Louis abolit le combat judiciaire dans les tribunaux de ses domaines, comme il paroît par l'ordonnance qu'il fit là-dessus [2], et par les *Établissemens* [3].

Mais il ne l'ôta point dans les cours de ses barons [4], excepté dans le cas d'appel de faux jugement.

[1] Chap. XXI, art. 35.
[2] En 1260.
[3] Liv. I, chap. II et VII; liv. II, chap. X et XI.
[4] Comme il paroît partout dans les Établissemens; et Beaumanoir, chap. LXI, page 309.

On ne pouvoit fausser la cour de son seigneur [1], sans demander le combat judiciaire contre les juges qui avoient prononcé le jugement. Mais saint Louis introduisit l'usage de fausser sans combattre [2]; changement qui fut une espèce de révolution.

Il déclara qu'on ne pourroit point fausser les jugemens rendus dans les seigneuries de ses domaines, parce que c'étoit un crime de félonie [3]. Effectivement, si c'étoit une espèce de crime de félonie contre le seigneur, à plus forte raison en étoit-ce un contre le roi. Mais il voulut que l'on pût demander amendement des jugemens rendus dans ses cours [4], non pas parce qu'ils étoient faussement ou méchamment rendus, mais parce qu'ils faisoient quelque préjudice [5]. Il voulut au contraire qu'on fût contraint de fausser les jugemens des cours des barons, si l'on vouloit s'en plaindre [6].

On ne pouvoit point, suivant les Établissemens, fausser les cours des domaines du roi, comme on vient de le dire. Il falloit demander

[1] C'est-à-dire appeler de faux jugement.
[2] Établissemens, liv. I, chap. vi; et liv. II, chap. xv.
[3] *Ibid.*, liv. II, chap. xv.
[4] *Ibid.*, livre I, chap. lxxviii; et liv. II, chap. xv.
[5] *Ibid.*, liv. I, chap. lxxvii.
[6] *Ibid.*, liv. II, chap. xv.

amendement devant le même tribunal : et, en cas que le bailli ne voulût pas faire l'amendement requis, le roi permettoit de faire appel à sa cour [1] ; ou plutôt, en interprétant les Établissemens par eux-mêmes, de lui présenter une requête ou supplication [2].

A l'égard des cours des seigneurs, saint Louis, en permettant de les fausser, voulut que l'affaire fût portée au tribunal du roi ou du seigneur suzerain [3], non pas pour y être décidée par le combat [4], mais par témoins, suivant une forme de procéder dont il donna des règles [5].

Ainsi, soit qu'on pût fausser, comme dans les cours des seigneurs, soit qu'on ne le pût pas, comme dans les cours de ses domaines, il établit qu'on pourroit appeler sans courir le hasard d'un combat.

Desfontaines [6] nous rapporte les deux premiers exemples qu'il ait vus, où l'on ait ainsi procédé

---

[1] Établissemens, liv. I, chap. LXXVIII.

[2] *Ibid.*, liv. II, chap. XV.

[3] Mais si on ne faussoit pas, et qu'on voulût appeler, on n'étoit point reçu. Établissemens, liv. II, chap. XV. « Li sire en auroit le « recort de sa cour, droit faisant. »

[4] *Ibid.*, liv. I, chap. VI et LXVII ; et liv. II, chap. XV ; et Beaumanoir, chap. XI, page 58.

[5] Établissemens, liv I, chap. I, II et III.

[6] Chap. XXII, art. 16 et 17.

sans combat judiciaire : l'un, dans une affaire jugée à la cour de Saint-Quentin, qui étoit du domaine du roi; et l'autre, dans la cour de Ponthieu, où le comte, qui étoit présent, opposa l'ancienne jurisprudence : mais ces deux affaires furent jugées par droit.

On demandera peut-être pourquoi saint Louis ordonna pour les cours de ses barons une manière de procéder différente de celle qu'il établissoit dans les tribunaux de ses domaines : en voici la raison. Saint Louis, statuant pour les cours de ses domaines, ne fut point gêné dans ses vues; mais il eut des ménagemens à garder avec les seigneurs qui jouissoient de cette ancienne prérogative, que les affaires n'étoient jamais tirées de leurs cours, à moins qu'on ne s'exposât aux dangers de les fausser. Saint Louis maintint cet usage de fausser ; mais il voulut qu'on pût fausser sans combattre, c'est-à-dire que, pour que le changement se fît moins sentir, il ôta la chose, et laissa subsister les termes.

Ceci ne fut pas universellement reçu dans les cours des seigneurs. Beaumanoir [1] dit que, de son temps, il y avoit deux manières de juger, l'une suivant l'Établissement-le-roi, et l'autre suivant la pratique ancienne : que les seigneurs avoient

---

[1] Chap. LXI, page 309.

droit de suivre l'une ou l'autre de ces pratiques; mais que quand, dans une affaire, on en avoit choisi une, on ne pouvoit plus revenir à l'autre. Il ajoute que le comte de Clermont suivoit la nouvelle pratique [1], tandis que ses vassaux se tenoient à l'ancienne, mais qu'il pourroit, quand il voudroit, rétablir l'ancienne; sans quoi, il auroit moins d'autorité que ses vassaux.

Il faut savoir que la France étoit pour lors divisée en pays du domaine du roi [2], et en ce que l'on appeloit pays des barons, ou en baronnies; et, pour me servir des termes des Établissemens de saint Louis, en pays de l'obéissance-le-roi, et en pays hors l'obéissance-le-roi. Quand les rois faisoient des ordonnances pour les pays de leurs domaines, ils n'employoient que leur seule autorité; mais quand ils en faisoient qui regardoient aussi les pays de leurs barons, elles étoient faites de concert avec eux, ou scellées ou souscrites d'eux [3] : sans cela, les barons les recevoient ou ne

[1] Chap. LXI, page 309.

[2] Voyez Beaumanoir, Desfontaines, et les Établissemens, liv. II, chap. X, XI, XV et autres.

[3] Voyez les ordonnances du commencement de la troisième race, dans le recueil de Laurière, surtout celles de Philippe-Auguste sur la juridiction ecclésiastique, et celle de Louis VIII sur les Juifs; et les chartres rapportées par M. Brussel, notamment celle de saint Louis sur le bail et le rachat des terres, et la majorité féodale des filles, tome II, liv. III, page 35; et *ibid.*, l'ordonnance de Philippe-Auguste, page 7.

les recevoient pas, suivant qu'elles leur paroissoient convenir ou non au bien de leurs seigneuries. Les arrière-vassaux étoient dans les mêmes termes avec les grands vassaux. Or, les Établissemens ne furent pas donnés du consentement des seigneurs, quoiqu'ils statuassent sur des choses qui étoient pour eux d'une grande importance : ainsi ils ne furent reçus que par ceux qui crurent qu'il leur étoit avantageux de les recevoir. Robert, fils de saint Louis, les admit dans son comté de Clermont; et ses vassaux ne crurent pas qu'il leur convînt de les faire pratiquer chez eux.

CHAPITRE XXX.

Observation sur les appels.

On conçoit que des appels, qui étoient des provocations à un combat, devoient se faire sur-le-champ. « Se il se part de Court sans apeler, dit « Beaumanoir [1], il pert son Apel, et tient li Jugemens pour bon. » Ceci subsista, même après qu'on eut restreint l'usage du combat judiciaire [2].

[1] Chap. LXIII, page 327; et chap. LXI, page 312.
[2] Voyez les Établissemens de saint Louis, liv. II, chap. XV; l'ordonnance de Charles VII, de 1453.

CHAPITRE XXXI.

Continuation du même sujet.

Le vilain ne pouvoit pas fausser la cour de son seigneur : nous l'apprenons de Desfontaines [1] ; et cela est confirmé par les Établissemens [2]. « Aussi, « dit encore Desfontaines [3], n'y a-t-il, entre toi « seigneur et ton vilain, autre juge fors Dieu. »

C'étoit l'usage du combat judiciaire qui avoit exclu les vilains de pouvoir fausser la cour de leur seigneur; et cela est si vrai, que les vilains qui, par chartre ou par usage [4], avoient droit de combattre, avoient aussi droit de fausser la cour de leur seigneur, quand même les hommes qui avoient jugé auroient été chevaliers [5]; et Desfon-

---

[1] Chap. XXI, art. 21 et 22.

[2] Liv. I, chap. CXXXVI.

[3] Chap. II, art. 8.

[4] Desfontaines, chap. XXII, art. 7. Cet article et le 21ᵉ du chapitre XXII du même auteur ont été jusqu'ici très-mal expliqués. Desfontaines ne met point en opposition le jugement du seigneur avec celui du chevalier, puisque c'étoit le même ; mais il oppose le vilain ordinaire à celui qui avoit le privilége de combattre.

[5] Les chevaliers peuvent toujours être du nombre des juges. Desfontaines, chap. XXI, art. 48.

taines donne des expédiens pour que ce scandale du vilain, qui, en faussant le jugement, combattroit contre un chevalier, n'arrivât pas [1].

La pratique des combats judiciaires commençant à s'abolir, et l'usage des nouveaux appels à s'introduire, on pensa qu'il étoit déraisonnable que les personnes franches eussent un remède contre l'injustice de la cour de leurs seigneurs, et que les vilains ne l'eussent pas; et le parlement reçut leurs appels comme ceux des personnes franches.

CHAPITRE XXXII.

Continuation du même sujet.

Lorsqu'on faussoit la cour de son seigneur, il venoit en personne devant le seigneur suzerain pour défendre le jugement de sa cour. De même [2], dans le cas d'appel de défaute de droit, la partie ajournée devant le seigneur suzerain menoit son seigneur avec elle, afin que, si la défaute n'étoit pas prouvée, il pût ravoir sa cour.

Dans la suite, ce qui n'étoit que deux cas par-

---

[1] Chap. XXII, art. 14.
[2] Desfontaines, chap. XXI, art. 33.

ticuliers étant devenu général pour toutes les affaires par l'introduction de toutes sortes d'appels, il parut extraordinaire que le seigneur fût obligé de passer sa vie dans d'autres tribunaux que les siens, et pour d'autres affaires que les siennes. Philippe de Valois ordonna que les baillis seuls seroient ajournés [1]. Et, quand l'usage des appels devint encore plus fréquent, ce fut aux parties à défendre l'appel; le fait du juge devint le fait de la partie [2].

J'ai dit [3] que dans l'appel de défaute de droit le seigneur ne perdoit que le droit de faire juger l'affaire en sa cour. Mais, si le seigneur étoit attaqué lui-même comme partie [4], ce qui devint très-fréquent [5], il payoit au roi ou au seigneur suzerain devant qui on avoit appelé une amende de soixante livres. De là vint cet usage, lorsque les appels furent universellement reçus, de faire payer l'amende au seigneur lorsqu'on réformoit la sentence de son juge; usage qui subsista long-temps, qui fut confirmé par l'ordonnance de Roussillon, et que son absurdité a fait périr.

[1] En 1332.

[2] Voyez quel étoit l'état des choses du temps de Boutillier, qui vivoit en l'an 1402. Somme rurale, liv. I, pages 19 et 20.

[3] Ci-dessus, chap. XXX.

[4] Beaumanoir, chap. LXI, pages 312 et 318.

[5] *Ibid.*

CHAPITRE XXXIII.

Continuation du même sujet.

Dans la pratique du combat judiciaire, le fausseur qui avoit appelé un des juges pouvoit perdre par le combat son procès [1], et ne pouvoit pas le gagner. En effet, la partie qui avoit un jugement pour elle n'en devoit pas être privée par le fait d'autrui. Il falloit donc que le fausseur, qui avoit vaincu, combattît encore contre la partie, non pas pour savoir si le jugement étoit bon ou mauvais, il ne s'agissoit plus de ce jugement, puisque le combat l'avoit anéanti, mais pour décider si la demande étoit légitime ou non, et c'est sur ce nouveau point que l'on combattoit. De là doit être venue notre manière de prononcer les arrêts : *La cour met l'appel au néant; la cour met l'appel et ce dont a été appelé au néant.*

En effet, quand celui qui avoit appelé de faux jugement étoit vaincu, l'appel étoit anéanti; quand il avoit vaincu, le jugement étoit anéanti, et l'appel même : il falloit procéder à un nouveau jugement.

---

[1] Desfontaines, chap. XXI, art. 14.

Ceci est si vrai, que, lorsque l'affaire se jugeoit par enquêtes, cette manière de prononcer n'avoit pas lieu. M. de La Roche-Flavin [1] nous dit que la chambre des enquêtes ne pouvoit user de cette forme dans les premiers temps de sa création.

CHAPITRE XXXIV.

Comment la procédure devint secrète.

Les duels avoient introduit une forme de procédure publique : l'attaque et la défense étoient également connues.

« Les témoins, dit Beaumanoir [2], doivent dire « leur témoignage devant tous. »

Le commentateur de Boutillier dit avoir appris d'anciens praticiens, et de quelques vieux procès écrits à la main, qu'anciennement, en France, les procès criminels se faisoient publiquement, et en une forme non guère différente des jugemens publics des Romains. Ceci étoit lié avec l'ignorance de l'écriture, commune dans ces temps-là. L'usage de l'écriture arrête les idées, et peut faire établir le secret : mais quand on n'a point cet

---

[1] Des parlemens de France, liv. I, chap. XVI.
[2] Chap. LXI, page 315.

usage, il n'y a que la publicité de la procédure qui puisse fixer ces mêmes idées.

Et, comme il pouvoit y avoir de l'incertitude sur ce qui avoit été jugé par hommes [1], ou plaidé devant hommes, on pouvoit en rappeler la mémoire, toutes les fois qu'on tenoit la cour, par ce qui s'appeloit la procédure par record [2]; et, dans ce cas, il n'étoit pas permis d'appeler les témoins au combat, car les affaires n'auroient jamais eu de fin.

Dans la suite il s'introduisit une forme de procéder secrète. Tout étoit public; tout devint caché: les interrogatoires, les informations, le récolement, la confrontation, les conclusions de la partie publique; et c'est l'usage d'aujourd'hui. La première forme de procéder convenoit au gouvernement d'alors, comme la nouvelle étoit propre au gouvernement qui fut établi depuis.

Le commentateur de Boutillier fixe à l'ordonnance de 1539 l'époque de ce changement. Je crois qu'il se fit peu à peu, et qu'il passa de seigneurie en seigneurie, à mesure que les seigneurs renoncèrent à l'ancienne pratique de juger, et que celle tirée des Etablissemens de saint Louis vint à se perfectionner. En effet, Beaumanoir dit que

---

[1] Comme dit Beaumanoir, chap. XXXIX, page 209.

[2] On prouvoit par témoins ce qui s'étoit déjà passé, dit, ou ordonné en justice.

ce n'étoit que dans les cas où on pouvoit donner des gages de bataille qu'on entendoit publiquement les témoins [1]; dans les autres, on les oyoit en secret, et on rédigeoit leurs dépositions par écrit. Les procédures devinrent donc secrètes lorsqu'il n'y eut plus de gages de bataille.

CHAPITRE XXXV.

Des dépens.

ANCIENNEMENT en France il n'y avoit point de condamnation de dépens en cour laie [2]. La partie qui succomboit étoit assez punie par des condamnations d'amende envers le seigneur et ses pairs. La manière de procéder par le combat judiciaire faisoit que, dans les crimes, la partie qui succomboit, et qui perdoit la vie et les biens, étoit punie autant qu'elle pouvoit l'être; et, dans les autres cas du combat judiciaire, il y avoit des amendes quelquefois fixes, quelquefois dépendantes de la volonté du seigneur, qui faisoient assez craindre les événemens des procès. Il en étoit de même dans les affaires qui ne se décidoient que par le

[1] Chap. XXXIX, page 218.
[2] Desfontaines, dans son conseil, chap. XXII, art. 3 et 8; et Beaumanoir, chap. XXXIII; Établissemens, liv. I, chap. XC.

combat. Comme c'étoit le seigneur qui avoit les profits principaux, c'étoit lui aussi qui faisoit les principales dépenses, soit pour assembler ses pairs, soit pour les mettre en état de procéder au jugement. D'ailleurs les affaires finissant sur le lieu même, et toujours presque sur-le-champ, et sans ce nombre infini d'écritures qu'on vit depuis, il n'étoit pas nécessaire de donner des dépens aux parties.

C'est l'usage des appels qui doit naturellement introduire celui de donner des dépens. Aussi Desfontaines [1] dit-il que, lorsqu'on appeloit par loi écrite, c'est-à-dire quand on suivoit les nouvelles lois de saint Louis, on donnoit des dépens, mais que, dans l'usage ordinaire, qui ne permettoit point d'appeler sans fausser, il n'y en avoit point; on n'obtenoit qu'une amende, et la possession d'an et jour de la chose contestée, si l'affaire étoit renvoyée au seigneur.

Mais, lorsque de nouvelles facilités d'appeler augmentèrent le nombre des appels [2]; que, par le fréquent usage de ces appels d'un tribunal à un autre, les parties furent sans cesse transportées hors du lieu de leur séjour; quand l'art nouveau de la procédure multiplia et éternisa les procès;

[1] Chap. XXII, art. 8.

[2] « A présent que l'on est si enclin à appeler, » dit Boutillier, Somme rurale, liv. I, tit. 3, page 16.

lorsque la science d'éluder les demandes les plus justes se fut raffinée; quand un plaideur sut fuir, uniquement pour se faire suivre; lorsque la demande fut ruineuse, et la défense tranquille; que les raisons se perdirent dans des volumes de paroles et d'écrits; que tout fut plein de suppôts de justice qui ne devoient point rendre la justice; que la mauvaise foi trouva des conseils là où elle ne trouva pas des appuis, il fallut bien arrêter les plaideurs par la crainte des dépens. Ils durent les payer pour la décision, et pour les moyens qu'ils avoient employés pour l'éluder. Charles-le-Bel fit là-dessus une ordonnance générale [1].

CHAPITRE XXXVI.

De la partie publique.

Comme, par les lois saliques et ripuaires, et par les autres lois des peuples barbares, les peines des crimes étoient pécuniaires, il n'y avoit point pour lors, comme aujourd'hui parmi nous, de partie publique qui fût chargée de la poursuite des crimes. En effet, tout se réduisoit en réparations de dommages; toute poursuite étoit en quelque façon civile, et chaque particulier pouvoit la faire.

[1] En 1324.

D'un autre côté, le droit romain avoit des formes populaires pour la poursuite des crimes, qui ne pouvoient s'accorder avec le ministère d'une partie publique.

L'usage des combats judiciaires ne répugnoit pas moins à cette idée ; car qui auroit voulu être la partie publique, et se faire champion de tous contre tous ?

Je trouve, dans un recueil de formules que M. Muratori a insérées dans les lois des Lombards, qu'il y avoit, dans la seconde race, un avoué de la partie publique [1]. Mais si on lit le recueil entier de ces formules, on verra qu'il y avoit une différence totale entre ces officiers et ce que nous appelons aujourd'hui la partie publique, nos procureurs généraux, nos procureurs du roi ou des seigneurs. Les premiers étoient plutôt les agens du public pour la manutention politique et domestique que pour la manutention civile. En effet, on ne voit point dans ces formules qu'ils fussent chargés de la poursuite des crimes, et des affaires qui concernoient les mineurs, les églises, ou l'état des personnes.

J'ai dit que l'établissement d'une partie publique répugnoit à l'usage du combat judiciaire. Je trouve pourtant dans une de ces formules un

---

[1] *Advocatus de parte publicâ.*

avoué de la partie publique qui a la liberté de combattre. M. Muratori l'a mise à la suite de la constitution de Henri I*er* [1], pour laquelle elle a été faite. Il est dit, dans cette constitution, que « si « quelqu'un tue son père, son frère, son neveu, « ou quelque autre de ses parens, il perdra leur « succession, qui passera aux autres parens, et « que la sienne propre appartiendra au fisc. » Or, c'est pour la poursuite de cette succession dévolue au fisc que l'avoué de la partie publique qui en soutenoit les droits avoit la liberté de combattre : ce cas rentroit dans la règle générale.

Nous voyons dans ces formules l'avoué de la partie publique agir contre celui qui avoit pris un voleur, et ne l'avoit pas mené au comte [2] ; contre celui qui avoit fait un soulèvement ou une assemblée contre le comte [3] ; contre celui qui avoit sauvé la vie à un homme que le comte lui avoit donné pour le faire mourir [4] ; contre l'avoué des églises à qui le comte avoit ordonné de lui présenter un voleur, et qui n'avoit point obéi [5] ; contre celui

---

[1] Voyez cette constitution et cette formule dans le second volume des historiens d'Italie, page 175.

[2] Recueil de Muratori, page 104, sur la loi LXXXVIII de Charlemagne, liv. I, tit. 26, § 78.

[3] Autre formule, *ibid.*, page 87.

[4] *Ibid.*, page 104.

[5] *Ibid.*, page 95.

qui avoit révélé le secret du roi aux étrangers [1]; contre celui qui, à main armée, avoit poursuivi l'envoyé de l'empereur [2]; contre celui qui avoit méprisé les lettres de l'empereur [3], et il étoit poursuivi par l'avoué de l'empereur, ou par l'empereur lui-même; contre celui qui n'avoit pas voulu recevoir la monnoie du prince [4] : enfin, cet avoué demandoit les choses que la loi adjugeoit au fisc [5].

Mais, dans la poursuite des crimes, on ne voit point d'avoué de la partie publique, même quand on emploie les duels [6]; même quand il s'agit d'incendie [7]; même lorsque le juge est tué sur son tribunal [8]; même lorsqu'il s'agit de l'état des personnes [9], de la liberté et de la servitude [10].

Ces formules sont faites non seulement pour les lois des Lombards, mais pour les capitulaires ajoutés : ainsi il ne faut pas douter que, sur cette matière, elles ne nous donnent la pratique de la seconde race.

[1] Formule, page 88.
[2] *Ibid.*, page 98.
[3] *Ibid.*, page 132.
[4] *Ibid.*
[5] *Ibid.*, page 137.
[6] *Ibid.*, page 147.
[7] *Ibid.*
[8] *Ibid.*, page 168.
[9] *Ibid.*, page 134.
[10] *Ibid.*, page 107.

Il est clair que ces avoués de la partie publique durent s'éteindre avec la seconde race, comme les envoyés du roi dans les provinces, par la raison qu'il n'y eut plus de loi générale, ni de fisc général, et par la raison qu'il n'y eut plus de comte dans les provinces pour tenir les plaids, et par conséquent plus de ces sortes d'officiers dont la principale fonction étoit de maintenir l'autorité du comte.

L'usage des combats, devenu plus fréquent dans la troisième race, ne permit pas d'établir une partie publique. Aussi Boutillier, dans sa Somme rurale, parlant des officiers de justice, ne cite-t-il que les baillis, hommes féodaux, et sergens. Voyez les Etablissemens [1], et Beaumanoir [2], sur la manière dont on faisoit les poursuites dans ces temps-là.

Je trouve dans les lois de Jacques II, roi de Majorque [3], une création de l'emploi de procureur du roi, avec les fonctions qu'ont aujourd'hui les nôtres [4]. Il est visible qu'ils ne vinrent qu'après que la forme judiciaire eut changé parmi nous.

[1] Liv. I, chap. 1; et liv. II, chap. XI et XIII.

[2] Chap. I et LXI.

[3] Voyez ces lois dans les Vies des saints, du mois de juin, tome III, page 26.

[4] *Qui continuè nostram sacram curiam sequi teneatur, instituatur qui facta et causas in ipsâ curiâ promoveat atque prosequatur.*

CHAPITRE XXXVII.

Comment les Établissemens de saint Louis tombèrent dans l'oubli.

Ce fut le destin des Etablissemens, qu'ils naquirent, vieillirent et moururent en très-peu de temps.

Je ferai là-dessus quelques réflexions. Le code que nous avons sous le nom d'Etablissemens de saint Louis n'a jamais été fait pour servir de loi à tout le royaume, quoique cela soit dit dans la préface de ce code. Cette compilation est un code général qui statue sur toutes les affaires civiles, les dispositions des biens par testament ou entre vifs, les dots et les avantages des femmes, les profits et les prérogatives des fiefs, les affaires de police, etc. Or, dans un temps où chaque ville, bourg ou village, avoit sa coutume, donner un corps général de lois civiles, c'étoit vouloir renverser, dans un moment, toutes les lois particulières sous lesquelles on vivoit dans chaque lieu du royaume. Faire une coutume générale de toutes les coutumes particulières seroit une chose inconsidérée, même dans ce temps-ci, où les princes ne trouvent partout que de l'obéissance. Car, s'il est vrai qu'il ne faut pas changer lorsque les inconvéniens égalent les avantages, encore moins le faut-il lorsque les avantages sont petits, et les inconvéniens immenses. Or, si l'on fait attention à l'état où étoit pour lors le royaume, où chacun s'enivroit de l'idée de sa souveraineté et de sa puissance, on voit bien qu'entreprendre de changer partout les lois et les usages reçus, c'étoit une chose qui ne pouvoit venir dans l'esprit de ceux qui gouvernoient.

Ce que je viens de dire prouve encore que ce code des Etablissemens ne fut pas confirmé, en parlement, par les barons et gens de loi du royaume, comme il est dit dans un manuscrit de l'hôtel de ville d'Amiens, cité par M. Ducange[1]. On voit dans les autres manuscrits que ce code fut donné par saint Louis, en l'année 1270, avant qu'il partît pour Tunis. Ce fait n'est pas plus vrai ; car saint Louis est parti en 1269, comme l'a remarqué M. Ducange: d'où il conclut que ce code auroit été publié en son absence. Mais je dis que cela ne peut pas être. Comment saint Louis auroit-il pris le temps de son absence pour faire une chose qui auroit été une semence de troubles, et qui eût pu produire, non pas des changemens, mais des révolutions ? Une pareille entreprise avoit

---

[1] Préface sur les Établissemens.

besoin plus qu'une autre d'être suivie de près, et n'étoit point l'ouvrage d'une régence foible, et même composée de seigneurs qui avoient intérêt que la chose ne réussît pas. C'étoit Matthieu, abbé de Saint-Denis; Simon de Clermont, comte de Nesle; et, en cas de mort, Philippe, évêque d'E-vreux; et Jean, comte de Ponthieu. On a vu ci-dessus ¹ que le comte de Ponthieu s'opposa dans sa seigneurie à l'exécution d'un nouvel ordre judiciaire.

Je dis, en troisième lieu, qu'il y a grande apparence que le code que nous avons est une chose différente des Etablissemens de saint Louis sur l'ordre judiciaire. Ce code cite les Etablissemens; il est donc un ouvrage sur les Etablissemens, et non pas les Etablissemens. De plus, Beaumanoir, qui parle souvent des Etablissemens de saint Louis, ne cite que des Etablissemens particuliers de ce prince, et non pas cette compilation des Etablissemens. Desfontaines, qui écrivoit sous ce prince ², nous parle des deux premières fois que l'on exécuta ses Etablissemens sur l'ordre judiciaire, comme d'une chose reculée. Les Etablissemens de saint Louis étoient donc antérieurs à la compilation dont je parle, qui, à la rigueur, et en adop-

---

¹ Chap. xxix.

² Voyez ci-dessus le chap xxix.

tant les prologues erronés mis par quelques ignorans à la tête de cet ouvrage, n'auroit paru que la
dernière année de la vie de saint Louis, ou même
après la mort de ce prince.

CHAPITRE XXXVIII.

Continuation du même sujet.

Qu'est-ce donc que cette compilation que nous
avons sous le nom d'Établissemens de saint Louis?
Qu'est-ce que ce code obscur, confus et ambigu,
où l'on mêle sans cesse la jurisprudence française
avec la loi romaine; où l'on parle comme un
législateur, et où l'on voit un jurisconsulte; où
l'on trouve un corps entier de jurisprudence sur
tous les cas, sur tous les points du droit civil? Il
faut se transporter dans ces temps-là.

Saint Louis, voyant les abus de la jurisprudence de son temps, chercha à en dégoûter les
peuples : il fit plusieurs réglemens pour les tribunaux de ses domaines, et pour ceux de ses
barons; et il eut un tel succès, que Beaumanoir,
qui écrivoit très-peu de temps après la mort de
ce prince[1], nous dit que la manière de juger

---

[1] Chap. LXI, page 309.

établie par saint Louis étoit pratiquée dans un grand nombre de cours des seigneurs.

Ainsi ce prince remplit son objet, quoique ses réglemens pour les tribunaux des seigneurs n'eussent pas été faits pour être une loi générale du royaume, mais comme un exemple que chacun pourroit suivre, et que chacun même auroit intérêt de suivre. Il ôta le mal, en faisant sentir le meilleur. Quand on vit dans ses tribunaux ; quand on vit dans ceux des seigneurs une manière de procéder plus naturelle, plus raisonnable, plus conforme à la morale, à la religion, à la tranquillité publique, à la sûreté de la personne et des biens, on la prit, et on abandonna l'autre.

Inviter quand il ne faut pas contraindre, conduire quand il ne faut pas commander, c'est l'habileté suprême. La raison a un empire naturel ; elle a même un empire tyrannique : on lui résiste, mais cette résistance est son triomphe ; encore un peu de temps, et l'on sera forcé de revenir à elle.

Saint Louis, pour dégoûter de la jurisprudence française, fit traduire les livres du droit romain, afin qu'ils fussent connus des hommes de loi de ces temps-là. Desfontaines, qui est le premier auteur de pratique que nous ayons [1], fit un grand

---

[1] Il dit lui-même dans son prologue : « Nus luy en prit onques, « mais cette chose dont j'ay. »

usage de ces lois romaines : son ouvrage est, en quelque façon, un résultat de l'ancienne jurisprudence française, des lois ou Établissemens de saint Louis, et de la loi romaine. Beaumanoir fit peu d'usage de la loi romaine ; mais il concilia l'ancienne jurisprudence française avec les réglemens de saint Louis.

C'est dans l'esprit de ces deux ouvrages, et surtout de celui de Desfontaines, que quelque bailli, je crois, fit l'ouvrage de jurisprudence que nous appelons les Établissemens. Il est dit, dans le titre de cet ouvrage, qu'il est fait selon l'usage de Paris et d'Orléans, et de cour de baronie ; et, dans le prologue, qu'il y est traité des usages de tout le royaume, et d'Anjou, et de cour de baronie. Il est visible que cet ouvrage fut fait pour Paris, Orléans et Anjou, comme les ouvrages de Beaumanoir et de Desfontaines furent faits pour les comtés de Clermont et de Vermandois ; et, comme il paroît par Beaumanoir que plusieurs lois de saint Louis avaient pénétré dans les cours de baronie, le compilateur a eu quelque raison de dire que son ouvrage regardoit aussi les cours de baronie [1].

---

[1] Il n'y a rien de si vague que le titre et le prologue. D'abord ce sont les usages de Paris et d'Orléans, et de cour de baronie ; ensuite ce sont les usages de toutes les cours laies du royaume et

Il est clair que celui qui fit cet ouvrage compila les coutumes du pays avec les lois des Établissemens de saint Louis. Cet ouvrage est très-précieux, parce qu'il contient les anciennes coutumes d'Anjou et les Établissemens de saint Louis, tels qu'ils étaient alors pratiqués, et enfin ce qu'on y pratiquoit de l'ancienne jurisprudence française.

La différence de cet ouvrage d'avec ceux de Desfontaines et de Beaumanoir, c'est qu'on y parle en termes de commandement, comme les législateurs; et cela pouvoit être ainsi, parce qu'il étoit une compilation de coutumes écrites et de lois.

Il y avoit un vice intérieur dans cette compilation : elle formoit un code amphibie, où l'on avoit mêlé la jurisprudence française avec la loi romaine; on rapprochoit des choses qui n'avoient jamais de rapport, et qui souvent étoient contradictoires.

Je sais bien que les tribunaux français des hommes ou des pairs, les jugemens sans appel à un autre tribunal, la manière de prononcer par ces mots : *Je condamne* ou *j'absous*[1], avoient de

de la prévôté de France; ensuite ce sont les usages de tout le royaume, et d'Anjou, et de cour de baronie.

[1] Établissemens, liv. II, chap. xv.

la conformité avec les jugemens populaires des Romains. Mais on fit peu d'usage de cette ancienne jurisprudence; on se servit plutôt de celle qui fut introduite depuis par les empereurs, qu'on employa partout dans cette compilation pour régler, limiter, corriger, étendre la jurisprudence française.

CHAPITRE XXXIX.

Continuation du même sujet.

Les formes judiciaires introduites par saint Louis cessèrent d'être en usage. Ce prince avoit eu moins en vue la chose même, c'est-à-dire la meilleure manière de juger, que la meilleure manière de suppléer à l'ancienne pratique de juger. Le premier objet étoit de dégoûter de l'ancienne jurisprudence, et le second d'en former une nouvelle. Mais les inconvéniens de celle-ci ayant paru, on en vit bientôt succéder une autre.

Ainsi les lois de saint Louis changèrent moins la jurisprudence française qu'elles ne donnèrent des moyens pour la changer; elles ouvrirent de nouveaux tribunaux, ou plutôt des voies pour y arriver; et quand on put parvenir aisément à celui qui avoit une autorité générale, les jugemens, qui auparavant ne faisoient que les usages d'une seigneurie particulière, formèrent une jurisprudence universelle. On étoit parvenu, par la force des Établissemens, à avoir des décisions générales, qui manquoient entièrement dans le royaume : quand le bâtiment fut construit, on laissa tomber l'échafaud.

Ainsi les lois que fit saint Louis eurent des effets qu'on n'auroit pas dû attendre du chef-d'œuvre de la législation. Il faut quelquefois bien des siècles pour préparer les changemens; les événemens mûrissent, et voilà les révolutions.

Le parlement jugea en dernier ressort de presque toutes les affaires du royaume : auparavant il ne jugeoit que de celles qui étoient entre les ducs, comtes, barons, évêques, abbés[1], ou entre le roi et ses vassaux[2], plutôt dans le rapport qu'elles avoient avec l'ordre politique qu'avec l'ordre civil. Dans la suite, on fut obligé de le rendre sédentaire, et de le tenir toujours assemblé; et enfin on en créa plusieurs pour qu'ils pussent suffire à toutes les affaires.

A peine le parlement fut-il un corps fixe, qu'on

[1] Voyez du Tillet, sur la cour des pairs. Voyez aussi La Roche-Flavin, liv. I, chap. III; Budée, et Paul Émile.

[2] Les autres affaires étoient décidées par les tribunaux ordinaires.

commença à compiler ses arrêts. Jean de Monluc, sous le règne de Philippe-le-Bel, fit le recueil qu'on appelle aujourd'hui les registres *Olim* [1].

CHAPITRE XL.

Comment on prit les formes judiciaires des décrétales.

Mais d'où vient qu'en abandonnant les formes judiciaires établies on prit celles du droit canonique plutôt que celles du droit romain ? C'est qu'on avoit toujours devant les yeux les tribunaux clercs, qui suivoient les formes du droit canonique, et que l'on ne connoissoit aucun tribunal qui suivît celles du droit romain. De plus, les bornes de la juridiction ecclésiastique et de la séculière étoient dans ces temps-là très-peu connues : il y avoit des gens [2] qui plaidoient indifféremment dans les deux cours [3]; il y avoit des matières pour lesquelles on plaidoit de même. Il semble [4] que la juridiction laie ne se fût gardé,

[1] Voyez l'excellent ouvrage de M. le président Hénault sur l'an 1313.

[2] Beaumanoir, chap. xi, page 58.

[3] Les femmes veuves, les croisés, ceux qui tenoient les biens des églises, pour raison de ces biens. *Ibid.*

[4] Voyez tout le chapitre xi de Beaumanoir.

privativement à l'autre, que le jugement des matières féodales, et des crimes commis par les laïques dans les cas qui ne choquoient pas la religion [1]. Car si, pour raison des conventions et des contrats, il falloit aller à la justice laie, les parties pouvoient volontairement procéder devant les tribunaux clercs, qui, n'étant pas en droit d'obliger la justice laie à faire exécuter la sentence, contraignoient d'y obéir par voie d'excommunication [2]. Dans ces circonstances, lorsque, dans les tribunaux laïques, on voulut changer de pratique, on prit celle des clercs, parce qu'on la savoit, et on ne prit pas celle du droit romain, parce qu'on ne la savoit point : car, en fait de pratique, on ne sait que ce que l'on pratique.

[1] Les tribunaux clercs, sous prétexte du serment, s'en étoient même saisis, comme on le voit par le fameux concordat passé entre Philippe-Auguste, les clercs et les barons, qui se trouve dans les ordonnances de Laurière.
[2] Beaumanoir, chap. XI, page 60.

CHAPITRE XLI.

Flux et reflux de la juridiction ecclésiastique et de la juridiction laie.

La puissance civile étant entre les mains d'une infinité de seigneurs, il avoit été aisé à la juridiction ecclésiastique de se donner tous les jours plus d'étendue : mais comme la juridiction ecclésiastique énerva la juridiction des seigneurs, et contribua par-là à donner des forces à la juridiction royale, la juridiction royale restreignit peu à peu la juridiction ecclésiastique, et celle-ci recula devant la première. Le parlement, qui avoit pris dans sa forme de procéder tout ce qu'il y avoit de bon et d'utile dans celle des tribunaux des clercs, ne vit bientôt plus que ses abus; et la juridiction royale se fortifiant tous les jours, elle fut toujours plus en état de corriger ces mêmes abus. En effet, ils étoient intolérables; et, sans en faire l'énumération, je renverrai à Beaumanoir, à Boutillier, aux ordonnances de nos rois [1].

---

[1] Voyez Boutillier, Somme rurale, titre 9, quelles personnes ne peuvent faire demande en cour laie; et Beaumanoir, chap. xi, page 56; et les réglemens de Philippe-Auguste à ce sujet; et l'éta-

Je ne parlerai que de ceux qui intéressoient plus directement la fortune publique. Nous connoissons ces abus par les arrêts qui les réformèrent. L'épaisse ignorance les avoit introduits; une espèce de clarté parut, et ils ne furent plus. On peut juger, par le silence du clergé, qu'il alla lui-même au-devant de la correction ; ce qui, vu la nature de l'esprit humain, mérite des louanges. Tout homme qui mouroit sans donner une partie de ses biens à l'église, ce qui s'appeloit mourir *déconfés*, étoit privé de la communion et de la sépulture. Si l'on mouroit sans faire de testament, il falloit que les parens obtinssent de l'évêque qu'il nommât, concurremment avec eux, des arbitres pour fixer ce que le défunt auroit dû donner en cas qu'il eût fait un testament. On ne pouvoit pas coucher ensemble la première nuit des noces, ni même les deux suivantes, sans en avoir acheté la permission : c'étoit bien ces trois nuits-là qu'il falloit choisir; car, pour les autres, on n'auroit pas donné beaucoup d'argent. Le parlement corrigea tout cela. On trouve, dans le Glossaire du droit français de Ragueau [1], l'arrêt qu'il rendit contre l'évêque d'Amiens [2].

blissement de Philippe-Auguste fait entre les clercs, le roi, et les barons.

[1] Au mot *exécuteurs testamentaires*.

[2] Du 19 mars 1409.

Je reviens au commencement de mon chapitre. Lorsque, dans un siècle ou dans un gouvernement, on voit les divers corps de l'état chercher à augmenter leur autorité, et à prendre les uns sur les autres de certains avantages, on se tromperoit souvent si l'on regardoit leurs entreprises comme une marque certaine de leur corruption. Par un malheur attaché à la condition humaine, les grands hommes modérés sont rares; et, comme il est toujours plus aisé de suivre sa force que de l'arrêter, peut-être, dans la classe des gens supérieurs, est-il plus facile de trouver des gens extrêmement vertueux que des hommes extrêmement sages.

L'âme goûte tant de délices à dominer les autres âmes; ceux mêmes qui aiment le bien s'aiment si fort eux-mêmes, qu'il n'y a personne qui ne soit assez malheureux pour avoir encore à se défier de ses bonnes intentions : et, en vérité, nos actions tiennent à tant de choses, qu'il est mille fois plus aisé de faire le bien que de le bien faire.

CHAPITRE XLII.

Renaissance du droit romain, et ce qui en résulta. Changemens dans les tribunaux.

Le digeste de Justinien ayant été retrouvé vers l'an 1137, le droit romain sembla prendre une seconde naissance. On établit des écoles en Italie, où on l'enseignoit; on avoit déjà le code Justinien et les novelles. J'ai déjà dit que ce droit y prit une telle faveur qu'il fit éclipser la loi des Lombards.

Des docteurs italiens portèrent le droit de Justinien en France, où l'on n'avoit connu que le code Théodosien [1], parce que ce ne fut qu'après l'établissement des barbares dans les Gaules que les lois de Justinien furent faites [2]. Ce droit reçut quelques oppositions; mais il se maintint, malgré les excommunications des papes, qui proté-

---

[1] On suivoit en Italie le code de Justinien. C'est pour cela que le Pape Jean VIII, dans sa constitution donnée après le synode de Troyes, parle de ce code, non pas parce qu'il étoit connu en France, mais parce qu'il le connoissoit lui-même; et sa constitution étoit générale.

[2] Le code de cet empereur fut publié vers l'an 530.

geoient leurs canons [1]. Saint Louis chercha à l'accréditer, par les traductions qu'il fit faire des ouvrages de Justinien, que nous avons encore manuscrites dans nos bibliothèques ; et j'ai déjà dit qu'on en fit un grand usage dans les établissemens. Philippe-le-Bel fit enseigner les lois de Justinien, seulement comme raison écrite, dans les pays de France qui se gouvernoient par les coutumes [2]; et elles furent adoptées comme loi dans les pays où le droit romain étoit la loi.

J'ai dit ci-dessus que la manière de procéder par le combat judiciaire demandoit, dans ceux qui jugeoient, très-peu de suffisance ; on décidoit les affaires dans chaque lieu, selon l'usage de chaque lieu, et suivant quelques coutumes simples, qui se recevoient par tradition. Il y avoit, du temps de Beaumanoir, deux différentes manières de rendre la justice [3] : dans des lieux, on jugeoit par pairs ; dans d'autres, on jugeoit par baillis [4]. Quand on suivoit la première forme, les pairs jugeoient suivant l'usage de leur juri-

[1] Décrétales, liv. V, tit. *De privilegiis*, cap. *super specula*.

[2] Par une chartre de l'an 1312, en faveur de l'université d'Orléans, rapportée par du Tillet.

[3] Coutume de Beauvoisis, chap. 1, de l'office des baillis.

[4] Dans la commune, les bourgeois étoient jugés par d'autres bourgeois, comme les hommes de fief se jugeoient entre eux. Voyez La Thaumassière, chap. XIX.

diction; dans la seconde, c'étoient des prud'hommes ou vieillards qui indiquoient au bailli le même usage [1]. Tout ceci ne demandoit aucunes lettres, aucune capacité, aucune étude. Mais, lorsque le code obscur des Établissemens et d'autres ouvrages de jurisprudence parurent; lorsque le droit romain fut traduit, lorsqu'il commença à être enseigné dans les écoles ; lorsqu'un certain art de la procédure, et qu'un certain art de la jurisprudence commencèrent à se former ; lorsqu'on vit naître des praticiens et des jurisconsultes, les pairs et les prud'hommes ne furent plus en état de juger ; les pairs commencèrent à se retirer des tribunaux du seigneur, les seigneurs furent peu portés à les assembler; d'autant mieux que les jugemens, au lieu d'être une action éclatante, agréable à la noblesse, intéressante pour les gens de guerre, n'étoient plus qu'une pratique qu'ils ne savoient ni ne vouloient savoir. La pratique de juger par pairs devint moins en usage [2] ;

[1] Aussi toutes les requêtes commençoient-elles par ces mots : *Sire juge, il est d'usage qu'en votre jurisdiction*, etc.; comme il paroit par la formule rapportée dans Boutillier, Somme rurale, liv. I, tit. 21.

[2] Le changement fut insensible. On trouve encore les pairs employés du temps de Boutillier, qui vivoit en 1402, date de son testament, qui rapporte cette formule au livre I, titre 21 : « Sire « juge, en ma justice haute, moyenne, et basse, que j'ai en tel lieu,

celle de juger par baillis s'étendit. Les baillis ne jugeoient pas '; ils faisoient l'instruction, et prononçoient le jugement des prud'hommes : mais, les prud'hommes n'étant plus en état de juger, les baillis jugèrent eux-mêmes.

Cela se fit d'autant plus aisément qu'on avoit devant les yeux la pratique des juges d'église : le droit canonique et le nouveau droit civil concoururent également à abolir les pairs.

Ainsi se perdit l'usage constamment observé dans la monarchie, qu'un juge ne jugeoit jamais seul, comme on le voit par les lois saliques, les capitulaires, et par les premiers écrivains de pratique de la troisième race ². L'abus contraire,

---

« cour, plaids, baillis, hommes féodaux et sergents. .... » Mais il n'y avoit plus que les matières féodales qui se jugeassent par pairs. *Ibid.*, liv. I, tit. 1, page 16.

' Comme il paroît par la formule des lettres que le seigneur leur donnoit, rapportée par Boutillier, Somme rurale, liv. I, titre 14. Ce qui se prouve encore par Beaumanoir, coutume de Beauvoisis, chap. 1, des baillis. Ils ne faisoient que la procédure. « Le « Bailly est tenu en le présence des hommes à penre les parolles de « chaux qui plaident et doit demender as parties se il vuelent oir « droit selonc les raisons que il ont dites, et se il dient, *Sire, oil*, « le bailli doit contraindre les hommes que ils facent le Jugement. » Voyez aussi les Établissemens de saint Louis, liv. I, chap. cv; et liv. II, chap. xv. *Li juge, si ne doit pas faire le jugement.*

* Beaumanoir, chap. LXVII, page 336; et chap. LXI, pag. 315 et 316 : les Établissemens, liv. II, chap. xv.

qui n'a lieu que dans les justices locales, a été modéré, et en quelque façon corrigé, par l'introduction en plusieurs lieux d'un lieutenant du juge, que celui-ci consulte, et qui représente les anciens prud'hommes, par l'obligation où est le juge de prendre deux gradués dans les cas qui peuvent mériter une peine afflictive; et enfin il est devenu nul par l'extrême facilité des appels.

CHAPITRE XLIII.

Continuation du même sujet.

Ainsi ce ne fut point une loi qui défendit aux seigneurs de tenir eux-mêmes leur cour; ce ne fut point une loi qui abolit les fonctions que leurs pairs y avoient; il n'y eut point de loi qui ordonnât de créer des baillis; ce ne fut point par une loi qu'ils eurent le droit de juger. Tout cela se fit peu à peu, et par la force de la chose. La connoissance du droit romain, des arrêts des cours, des corps de coutumes nouvellement écrites, demandoit une étude, dont les nobles et le peuple sans lettres n'étoient point capables.

La seule ordonnance que nous ayons sur cette matière [1] est celle qui obligea les seigneurs de

---

[1] Elle est de l'an 1287.

choisir leurs baillis dans l'ordre des laïques. C'est mal à propos qu'on l'a regardée comme la loi de leur création ; mais elle ne dit que ce qu'elle dit. De plus, elle fixe ce qu'elle prescrit par les raisons qu'elle en donne. « C'est afin, est-il dit, que « les baillis puissent être punis de leurs prévari- « cations, qu'il faut qu'ils soient pris dans l'ordre « des laïques¹. » On sait les priviléges des ecclésiastiques dans ces temps-là.

Il ne faut pas croire que les droits dont les seigneurs jouissoient autrefois, et dont ils ne jouissent plus aujourd'hui, leur aient été ôtés comme des usurpations : plusieurs de ces droits ont été perdus par négligence ; et d'autres ont été abandonnés, parce que divers changemens s'étant introduits dans le cours de plusieurs siècles, ils ne pouvoient subsister avec ces changemens.

¹ *Ut, si ibi delinquant, superiores sui possint animadvertere in eosdem.*

CHAPITRE XLIV.

De la preuve par témoins.

Les juges, qui n'avoient d'autres règles que les usages, s'en enquéroient ordinairement par témoins dans chaque question qui se présentoit.

Le combat judiciaire devenant moins en usage, on fit les enquêtes par écrit. Mais une preuve vocale mise par écrit n'est jamais qu'une preuve vocale : cela ne faisoit qu'augmenter les frais de la procédure. On fit des réglemens qui rendirent la plupart de ces enquêtes inutiles [1]; on établit des registres publics, dans lesquels la plupart des faits se trouvoient prouvés, la noblesse, l'âge, la légitimité, le mariage. L'écriture est un témoin qui est difficilement corrompu. On fit rédiger par écrit les coutumes. Tout cela étoit bien raisonnable : il est plus aisé d'aller chercher dans les registres de baptême si Pierre est fils de Paul, que d'aller prouver ce fait par une longue enquête. Quand dans un pays il y a un très-grand nombre d'usages, il est plus aisé de les écrire

[1] Voyez comment on prouvoit l'âge et la parenté. Établissemens, liv. I, chap. LXXI et LXXII.

tous dans un code que d'obliger les particuliers à prouver chaque usage. Enfin, on fit la fameuse ordonnance qui défendit de recevoir la preuve par témoins pour une dette au-dessus de cent livres, à moins qu'il n'y eût un commencement de preuve par écrit.

CHAPITRE XLV.

Des coutumes de France.

La France étoit régie, comme j'ai dit, par des coutumes non écrites; et les usages particuliers de chaque seigneurie formoient le droit civil. Chaque seigneurie avoit son droit civil, comme le dit Beaumanoir [1]; et un droit si particulier, que cet auteur, qu'on doit regarder comme la lumière de ce temps-là, et une grande lumière, dit qu'il ne croit pas que dans tout le royaume il y eût deux seigneuries qui fussent gouvernées de tous points par la même loi.

Cette prodigieuse diversité avoit une première origine, et elle en avoit une seconde. Pour la première, on peut se souvenir de ce que j'ai dit ci-dessus [2], au chapitre des coutumes locales; et,

---

[1] Prologue sur la coutume de Beauvoisis.
[2] Chap. XII.

quant à la seconde, on la trouve dans les divers événemens des combats judiciaires, des cas continuellement fortuits devant introduire naturellement de nouveaux usages.

Ces coutumes-là étoient conservées dans la mémoire des vieillards ; mais il se forma peu à peu des lois ou des coutumes écrites.

1° Dans le commencement de la troisième race [1], les rois donnèrent des chartres particulières, et en donnèrent même de générales, de la manière dont je l'ai expliqué ci-dessus : tels sont les Etablissemens de Philippe-Auguste, et ceux que fit saint Louis. De même, les grands vassaux, de concert avec les seigneurs qui tenoient d'eux, donnèrent, dans les assises de leurs duchés ou comtés, de certaines chartres ou Etablissemens, selon les circonstances : telles furent l'assise de Geoffroi, comte de Bretagne, sur le partage des nobles ; les coutumes de Normandie, accordées par le duc Raoul ; les coutumes de Champagne, données par le roi Thibaut ; les lois de Simon, comte de Montfort, et autres. Cela produisit quelques lois écrites, et même plus générales que celles que l'on avoit.

2° Dans le commencement de la troisième race, presque tout le bas peuple étoit serf. Plusieurs

---

[1] Voyez le recueil des ordonnances de Laurière.

raisons obligèrent les rois et les seigneurs de les affranchir.

Les seigneurs, en affranchissant leurs serfs, leur donnèrent des biens; il fallut leur donner des lois civiles pour régler la disposition de ces biens. Les seigneurs, eh affranchissant leurs serfs, se privèrent de leurs biens; il fallut donc régler les droits que les seigneurs se réservoient pour l'équivalent de leur bien. L'une et l'autre de ces choses furent réglées par les chartres d'affranchissement; ces chartres formèrent une partie de nos coutumes, et cette partie se trouva rédigée par écrit.

3° Sous le règne de saint Louis et les suivans, des praticiens habiles, tels que Desfontaines, Beaumanoir, et autres, rédigèrent par écrit les coutumes de leurs bailliages. Leur objet étoit plutôt de donner une pratique judiciaire, que les usages de leur temps sur la disposition des biens. Mais tout s'y trouve; et, quoique ces auteurs particuliers n'eussent d'autorité que par la vérité et la publicité des choses qu'ils disoient, on ne peut douter qu'elles n'aient beaucoup servi à la renaissance de notre droit français. Tel étoit, dans ces temps-là, notre droit coutumier écrit.

Voici la grande époque. Charles VII et ses successeurs firent rédiger par écrit, dans tout le royaume, les diverses coutumes locales, et prescrivirent des formalités qui devoient être observées à leur rédaction. Or, comme cette rédaction se fit par provinces, et que, de chaque seigneurie, on venoit déposer dans l'assemblée générale de la province les usages écrits ou non écrits de chaque lieu, on chercha à rendre les coutumes plus générales, autant que cela se put faire sans blesser les intérêts des particuliers qui furent réservés [1]. Ainsi nos coutumes prirent trois caractères; elles furent écrites, elles furent plus générales, elles reçurent le sceau de l'autorité royale.

Plusieurs de ces coutumes ayant été de nouveau rédigées, on y fit plusieurs changemens, soit en ôtant tout ce qui ne pouvoit compatir avec la jurisprudence actuelle, soit en ajoutant plusieurs choses tirées de cette jurisprudence.

Quoique le droit coutumier soit regardé parmi nous comme contenant une espèce d'opposition avec le droit romain, de sorte que ces deux droits divisent les territoires, il est pourtant vrai que plusieurs dispositions du droit romain sont entrées dans nos coutumes, surtout lorsqu'on en fit de nouvelles rédactions dans des temps qui ne sont pas fort éloignés des nôtres, où ce droit étoit l'objet des connoissances de tous ceux qui se destinoient aux emplois civils; dans des temps où l'on

---

[1] Cela se fit ainsi lors de la rédaction des coutumes de Berry et de Paris. Voyez la Thaumassière, chap. III.

ne faisoit pas gloire d'ignorer ce que l'on doit savoir, et de savoir ce que l'on doit ignorer ; où la facilité de l'esprit servoit plus à apprendre sa profession qu'à la faire, et où les amusemens continuels n'étoient pas même l'attribut des femmes.

Il auroit fallu que je m'étendisse davantage à la fin de ce livre; et qu'entrant dans de plus grands détails, j'eusse suivi tous les changemens insensibles qui, depuis l'ouverture des appels, ont formé le grand corps de notre jurisprudence française. Mais j'aurois mis un grand ouvrage dans un grand ouvrage. Je suis comme cet antiquaire qui partit de son pays, arriva en Egypte, jeta un coup d'œil sur les pyramides, et s'en retourna [1].

[1] Dans le Spectateur anglais.

LIVRE XXIX.

DE LA MANIÈRE DE COMPOSER LES LOIS.

CHAPITRE I.

De l'esprit du législateur.

Je le dis, et il me semble que je n'ai fait cet ouvrage que pour le prouver, l'esprit de modération doit être celui du législateur; le bien politique, comme le bien moral, se trouve toujours entre deux limites. En voici un exemple.

Les formalités de la justice sont nécessaires à la liberté. Mais le nombre en pourroit être si grand qu'il choqueroit le but des lois mêmes qui les auroient établies : les affaires n'auroient point de fin; la propriété des biens resteroit incertaine; on donneroit à l'une des parties le bien de l'autre sans examen, ou on les ruineroit toutes les deux à force d'examiner.

Les citoyens perdroient leur liberté et leur sûreté; les accusateurs n'auroient plus les moyens de convaincre, ni les accusés le moyen de se justifier.

CHAPITRE II.

Continuation du même sujet.

Cecilius, dans Aulu-Gelle [1], discourant sur la loi des douze tables qui permettoit au créancier de couper en morceaux le débiteur insolvable, la justifie par son atrocité même, qui empêchoit qu'on n'empruntât au-delà de ses facultés [2]. Les lois les plus cruelles seront donc les meilleures? Le bien sera l'excès, et tous les rapports des choses seront détruits?

CHAPITRE III.

Que les lois qui paroissent s'éloigner des vues du législateur y sont souvent conformes.

La loi de Solon, qui déclaroit infâmes tous ceux qui, dans une sédition, ne prendroient au-

---

[1] Liv. XX, chap. 1.

[2] Cecilius dit qu'il n'a jamais vu ni lu que cette peine eût été infligée : mais il y a apparence qu'elle n'a jamais été établie. L'opinion de quelques jurisconsultes que la loi des douze tables ne parloit que de la division du prix du débiteur vendu est très-vraisemblable.

cun parti, a paru bien extraordinaire : mais il faut faire attention aux circonstances dans lesquelles la Grèce se trouvoit pour lors. Elle étoit partagée en de très-petits états : il étoit à craindre que, dans une république travaillée par des dissensions civiles, les gens les plus prudens ne se missent à couvert, et que par là les choses ne fussent portées à l'extrémité.

Dans les séditions qui arrivoient dans ces petits états, le gros de la cité entroit dans la querelle, ou la faisoit. Dans nos grandes monarchies les partis sont formés par peu de gens, et le peuple voudroit vivre dans l'inaction. Dans ce cas, il est naturel de rappeler les séditieux au gros des citoyens, non pas le gros des citoyens aux séditieux; dans l'autre, il faut faire rentrer le petit nombre de gens sages et tranquilles parmi les séditieux : c'est ainsi que la fermentation d'une liqueur peut être arrêtée par une seule goutte d'une autre.

CHAPITRE IV.

Des lois qui choquent les vues du législateur.

Il y a des lois que le législateur a si peu connues, qu'elles sont contraires au but même qu'il s'est proposé. Ceux qui ont établi chez les Français que, lorsqu'un des deux prétendans à un bénéfice meurt, le bénéfice reste à celui qui survit, ont cherché sans doute à éteindre les affaires. Mais il en résulte un effet contraire : on voit les ecclésiastiques souvent s'attaquer et se battre, comme des dogues anglais, jusqu'à la mort.

CHAPITRE V.

Continuation du même sujet.

La loi dont je vais parler se trouve dans ce serment, qui nous a été conservé par Eschine [1]. « Je « jure que je ne détruirai jamais une ville des Am« phictyons, et que je ne détournerai point ses eaux « courantes : si quelque peuple ose faire quelque « chose de pareil, je lui déclarerai la guerre, et je

[1] *De falsâ legatione.*

« détruirai ses villes. » Le dernier article de cette loi, qui paroît confirmer le premier, lui est réellement contraire. Amphictyon veut qu'on ne détruise jamais les villes grecques, et sa loi ouvre la porte à la destruction de ces villes. Pour établir un bon droit des gens parmi les Grecs, il falloit les accoutumer à penser que c'étoit une chose atroce de détruire une ville grecque ; il ne devoit pas même détruire les destructeurs. La loi d'Amphictyon étoit juste, mais elle n'étoit pas prudente. Cela se prouve par l'abus même que l'on en fit. Philippe ne se fit-il pas donner le pouvoir de détruire les villes, sous prétexte qu'elles avoient violé les lois des Grecs ? Amphictyon auroit pu infliger d'autres peines : ordonner, par exemple, qu'un certain nombre de magistrats de la ville destructrice, ou de chefs de l'armée violatrice, seroient punis de mort; que le peuple destructeur cesseroit, pour un temps, de jouir des priviléges des Grecs ; qu'il paieroit une amende jusqu'au rétablissement de la ville. La loi devoit surtout porter sur la réparation du dommage.

CHAPITRE VI.

Que les lois qui paroissent les mêmes n'ont pas toujours le même effet.

César défendit de garder chez soi plus de soixante sesterces [1]. Cette loi fut regardée à Rome comme très-propre à concilier les débiteurs avec les créanciers, parce qu'en obligeant les riches à prêter aux pauvres, elle mettoit ceux-ci en état de satisfaire les riches. Une même loi faite en France, du temps du système, fut très-funeste : c'est que la circonstance dans laquelle on la fit étoit affreuse. Après avoir ôté tous les moyens de placer son argent, on ôta même la ressource de le garder chez soi ; ce qui étoit égal à un enlèvement fait par violence. César fit sa loi pour que l'argent circulât parmi le peuple ; le ministre de France fit la sienne pour que l'argent fût mis dans une seule main. Le premier donna pour de l'argent des fonds de terre, ou des hypothèques sur des particuliers ; le second proposa pour de l'argent des effets qui n'avoient point de valeur, et qui n'en pouvoient avoir par leur nature, par la raison que sa loi obligeoit de les prendre.

[1] Dion, liv. XLI.

CHAPITRE VII.

Continuation du même sujet. Nécessité de bien composer les lois.

La loi de l'ostracisme fut établie à Athènes, à Argos, et à Syracuse [1]. A Syracuse elle fit mille maux, parce qu'elle fut faite sans prudence. Les principaux citoyens se bannissoient les uns les autres en se mettant une feuille de figuier à la main [2]; de sorte que ceux qui avoient quelque mérite quittèrent les affaires. A Athènes, où le législateur avoit senti l'extension et les bornes qu'il devoit donner à sa loi, l'ostracisme fut une chose admirable : on n'y soumettoit jamais qu'une seule personne ; il falloit un si grand nombre de suffrages, qu'il étoit difficile qu'on exilât quelqu'un dont l'absence ne fût pas nécessaire.

On ne pouvoit bannir que tous les cinq ans : en effet, dès que l'ostracisme ne devoit s'exercer que contre un grand personnage qui donneroit de la crainte à ses concitoyens, ce ne devoit pas être une affaire de tous les jours.

---

[1] Aristote, République, liv. V, chap. III.
[2] Plutarque, Vie de Denys.

CHAPITRE VIII.

Que les lois qui paroissent les mêmes n'ont pas toujours eu le même motif.

On reçoit en France la plupart des lois des Romains sur les substitutions ; mais les substitutions y ont un tout autre motif que chez les Romains. Chez ceux-ci, l'hérédité étoit jointe à de certains sacrifices qui devoient être faits par l'héritier, et qui étoient réglés par le droit des pontifes [1]. Cela fit qu'ils tinrent à déshonneur de mourir sans héritier ; qu'ils prirent pour héritiers leurs esclaves, et qu'ils inventèrent les substitutions. La substitution vulgaire, qui fut la première inventée, et qui n'avoit lieu que dans le cas où l'héritier institué n'accepteroit pas l'hérédité, en est une grande preuve : elle n'avoit point pour objet de perpétuer l'héritage dans une famille du même nom, mais de trouver quelqu'un qui acceptât l'héritage.

[1] Lorsque l'hérédité étoit trop chargée, on éludoit le droit des pontifes par de certaines ventes, d'où vint le mot *sine sacris hæreditas*.

CHAPITRE IX.

Que les lois grecques et romaines ont puni l'homicide de soi-même, sans avoir le même motif.

Un homme, dit Platon [1], qui a tué celui qui lui est étroitement lié, c'est-à-dire lui-même, non par ordre du magistrat, ni pour éviter l'ignominie, mais par foiblesse, sera puni. La loi romaine punissoit cette action lorsqu'elle n'avoit pas été faite par foiblesse d'âme, par ennui de la vie, par impuissance de souffrir la douleur, mais par le désespoir de quelque crime. La loi romaine absolvoit dans le cas où la grecque condamnoit, et condamnoit dans le cas où l'autre absolvoit.

La loi de Platon étoit formée sur les institutions lacédémoniennes, où les ordres du magistrat étoient totalement absolus, où l'ignominie étoit le plus grand des malheurs, et la foiblesse le plus grand des crimes. La loi romaine abandonnoit toutes ces belles idées; elle n'étoit qu'une loi fiscale.

Du temps de la république, il n'y avoit point de loi à Rome qui punît ceux qui se tuoient eux-

---

[1] Liv. IX des Lois.

mêmes : cette action, chez les historiens, est toujours prise en bonne part, et l'on n'y voit jamais de punition contre ceux qui l'ont faite.

Du temps des premiers empereurs, les grandes familles de Rome furent sans cesse exterminées par des jugemens. La coutume s'introduisit de prévenir la condamnation par une mort volontaire. On y trouvoit un grand avantage : on obtenoit l'honneur de la sépulture, et les testamens étoient exécutés[1]; cela venoit de ce qu'il n'y avoit point de loi civile à Rome contre ceux qui se tuoient eux-mêmes. Mais lorsque les empereurs devinrent aussi avares qu'ils avoient été cruels, ils ne laissèrent plus à ceux dont ils vouloient se défaire le moyen de conserver leurs biens, et ils déclarèrent que ce seroit un crime de s'ôter la vie par les remords d'un autre crime.

Ce que je dis du motif des empereurs est si vrai qu'ils consentirent que les biens de ceux qui se seroient tués eux-mêmes ne fussent pas confisqués, lorsque le crime pour lequel ils s'étoient tués n'assujettissoit point à la confiscation[2].

---

[1] *Eorum qui de se statuebant, humabantur corpora, manebant testamenta, pretium festinandi.* Tacit., Ann. liv. VI, § 29.

[2] Rescrit de l'empereur Pie, dans la loi III, § 1 et 2, ff. *de bonis eorum qui ante sententiam mortem sibi consciverunt.*

CHAPITRE X.

Que les lois qui paroissent contraires dérivent quelquefois du même esprit.

On va aujourd'hui dans la maison d'un homme pour l'appeler en jugement; cela ne pouvoit se faire chez les Romains [1].

L'appel en jugement étoit une action violente [2], et comme une espèce de contrainte par corps [3]; et on ne pouvoit pas plus aller dans la maison d'un homme pour l'appeler en jugement, qu'on ne peut aujourd'hui aller contraindre par corps dans sa maison un homme qui n'est condamné que pour des dettes civiles.

Les lois romaines [4] et les nôtres admettent également ce principe, que chaque citoyen a sa maison pour asile, et qu'il n'y doit recevoir aucune violence.

---

[1] Leg. 18, ff. *de in jus vocando.*

[2] Voyez la loi des douze tables.

[3] *Rapit in jus.* Horace, liv. I, sat. IX. C'est pour cela qu'on ne pouvoit appeler en jugement ceux à qui on devoit un certain respect.

[4] Voyez la loi XVIII, ff. *de in jus vocando.*

CHAPITRE XI.

De quelle manière deux lois diverses peuvent être comparées.

En France, la peine contre les faux témoins est capitale; en Angleterre, elle ne l'est point. Pour juger laquelle de ces deux lois est la meilleure, il faut ajouter : en France, la question contre les criminels est pratiquée; en Angleterre, elle ne l'est point; et dire encore, en France, l'accusé ne produit point ses témoins, et il est très-rare qu'on y admette ce qu'on appelle les faits justificatifs; en Angleterre, l'on reçoit les témoignages de part et d'autre. Les trois lois françaises forment un système très-lié et très-suivi; les trois lois anglaises en forment un qui ne l'est pas moins. La loi d'Angleterre, qui ne connoît point la question contre les criminels, n'a que peu d'espérance de tirer de l'accusé la confession de son crime; elle appelle donc de tous côtés les témoignages étrangers, et elle n'ose les décourager par la crainte d'une peine capitale. La loi française, qui a une ressource de plus, ne craint pas tant d'intimider les témoins; au contraire, la raison demande qu'elle les intimide ;

elle n'écoute que les témoins d'une part [1]; ce sont ceux que produit la partie publique; et le destin de l'accusé dépend de leur seul témoignage. Mais, en Angleterre, on reçoit les témoins des deux parts, et l'affaire est, pour ainsi dire, discutée entre eux. Le faux témoignage y peut donc être moins dangereux; l'accusé y a une ressource contre le faux témoignage, au lieu que la loi française n'en donne point. Ainsi, pour juger lesquelles de ces lois sont les plus conformes à la raison, il ne faut pas comparer chacune de ces lois à chacune : il faut les prendre toutes ensemble, et les comparer toutes ensemble.

CHAPITRE XII.

Que les lois qui paroissent les mêmes sont réellement quelquefois différentes.

Les lois grecques et romaines punissoient le recéleur du vol comme le voleur [2]; la loi française fait de même. Celles-là étoient raisonnables,

---

[1] Par l'ancienne jurisprudence française, les témoins étoient ouïs des deux parts. Aussi voit-on dans les Établissemens de saint Louis, liv. I, chap. VII, que la peine contre les faux témoins en justice étoit pécuniaire.

[2] Leg. 1, ff. *de receptatoribus.*

celle-ci ne l'est pas. Chez les Grecs et chez les Romains, le voleur étant condamné à une peine pécuniaire, il falloit punir le recéleur de la même peine : car tout homme qui contribue de quelque façon que ce soit à un dommage doit le réparer. Mais parmi nous, la peine du vol étant capitale, on n'a pas pu, sans outrer les choses, punir le recéleur comme le voleur. Celui qui reçoit le vol peut, en mille occasions, le recevoir innocemment; celui qui vole est toujours coupable : l'un empêche la conviction d'un crime déjà commis, l'autre commet ce crime : tout est passif dans l'un, il y a une action dans l'autre; il faut que le voleur surmonte plus d'obstacles, et que son âme se roidisse plus long-temps contre les lois.

Les jurisconsultes ont été plus loin : ils ont regardé le recéleur comme plus odieux que le voleur [1]; car, sans eux, disent-ils, le vol ne pourroit être caché long-temps. Cela, encore une fois, pouvoit être bon quand la peine étoit pécuniaire; il s'agissoit d'un dommage, et le recéleur étoit ordinairement plus en état de le réparer : mais la peine devenue capitale, il auroit fallu se régler sur d'autres principes.

[1] Leg. 1, ff. *de receptatoribus.*

CHAPITRE XIII.

Qu'il ne faut point séparer les lois de l'objet pour lequel elles sont faites. Des lois romaines sur le vol.

Lorsque le voleur étoit surpris avec la chose volée, avant qu'il l'eût portée dans le lieu où il avoit résolu de la cacher, cela étoit appelé chez les Romains un vol manifeste ; quand le voleur n'étoit découvert qu'après, c'étoit un vol non manifeste.

La loi des douze tables ordonnoit que le voleur manifeste fût battu de verges et réduit en servitude s'il étoit pubère, ou seulement battu de verges s'il étoit impubère : elle ne condamnoit le voleur non manifeste qu'au paiement du double de la chose volée.

Lorsque la loi Porcia eut aboli l'usage de battre de verges les citoyens et de les réduire en servitude, le voleur manifeste fut condamné au quadruple [1] ; et on continua à punir du double le voleur non manifeste.

Il paroît bizarre que ces lois missent une telle différence dans la qualité de ces deux crimes, et dans la peine qu'elles infligeoient : en effet, que

---

[1] Voyez ce que dit Favorinus sur Aulu-Gelle, liv. XX, chap. 1.

le voleur fût surpris avant ou après avoir porté le vol dans le lieu de sa destination, c'étoit une circonstance qui ne changeoit point la nature du crime. Je ne saurois douter que toute la théorie des lois romaines sur le vol ne fût tirée des institutions lacédémoniennes. Lycurgue, dans la vue de donner à ses citoyens de l'adresse, de la ruse et de l'activité, voulut qu'on exerçât les enfans au larcin, et qu'on fouettât rudement ceux qui s'y laisseroient surprendre : cela établit chez les Grecs et ensuite chez les Romains une grande différence entre le vol manifeste et le vol non manifeste [1].

Chez les Romains, l'esclave qui avoit volé étoit précipité de la roche Tarpéienne. Là il n'étoit point question des institutions lacédémoniennes ; les lois de Lycurgue sur le vol n'avoient point été faites pour les esclaves ; c'étoit les suivre que de s'en écarter en ce point.

A Rome, lorsqu'un impubère avoit été surpris dans le vol, le préteur le faisoit battre de verges à sa volonté, comme on faisoit à Lacédémone. Tout ceci venoit de plus loin. Les Lacédémoniens avoient tiré ces usages des Crétois ; et Platon [2],

---

[1] Conférez ce que dit Plutarque, Vie de Lycurgue, avec les lois du digeste au titre *de furtis*; et les Institutes, liv. IV, tit. 1, § 1, 2 et 3.

[2] Des Lois, liv. I.

qui veut prouver que les institutions des Crétois étoient faites pour la guerre, cite celle-ci : « La « faculté de supporter la douleur dans les com- « bats particuliers, et dans les larcins, qui obli- « gent de se cacher. »

Comme les lois civiles dépendent des lois politiques, parce que c'est toujours pour une société qu'elles sont faites, il seroit bon que, quand on veut porter une loi civile d'une nation chez une autre, on examinât auparavant si elles ont toutes les deux les mêmes institutions et le même droit politique.

Ainsi, lorsque les lois sur le vol passèrent des Crétois aux Lacédémoniens, comme elles y passèrent avec le gouvernement et la constitution même, ces lois furent aussi sensées chez un de ces peuples qu'elles l'étoient chez l'autre : mais, lorsque de Lacédémone elles furent portées à Rome, comme elles n'y trouvèrent pas la même constitution, elles y furent toujours étrangères, et n'eurent aucune liaison avec les autres lois civiles des Romains.

CHAPITRE XIV.

Qu'il ne faut point séparer les lois des circonstances dans lesquelles elles ont été faites.

UNE loi d'Athènes vouloit que, lorsque la ville étoit assiégée, on fît mourir tous les gens inutiles [1]. C'étoit une abominable loi politique. qui étoit une suite d'un abominable droit des gens. Chez les Grecs, les habitans d'une ville prise perdoient la liberté civile, et étoient vendus comme esclaves : la prise d'une ville emportoit son entière destruction, et c'est l'origine non seulement de ces défenses opiniâtres et de ces actions dénaturées, mais encore de ces lois atroces que l'on fit quelquefois.

Les lois romaines vouloient que les médecins pussent être punis pour leur négligence ou pour leur impéritie [2]. Dans ce cas, elles condamnoient à la déportation le médecin d'une condition un peu relevée, et à la mort celui qui étoit d'une condition plus basse. Par nos lois il en est autrement.

---

[1] *Inutilis ætas occidatur.* Syrian., in Hermog.

[2] La loi Cornelia, *de sicariis;* Institutes, liv. IV, tit. 3 : *de lege Aquiliâ*, § 7.

Les lois de Rome n'avoient pas été faites dans les mêmes circonstances que les nôtres : à Rome, s'ingéroit de la médecine qui vouloit ; mais parmi nous les médecins sont obligés de faire des études et de prendre certains grades ; ils sont donc censés connoître leur art.

CHAPITRE XV.

Qu'il est bon quelquefois qu'une loi se corrige elle-même.

La loi des douze tables permettoit de tuer le voleur de nuit [1], aussi bien que le voleur de jour qui, étant poursuivi, se mettoit en défense : mais elle vouloit que celui qui tuoit le voleur criât, et appelât les citoyens [2] ; et c'est une chose que les lois qui permettent de se faire justice soi-même doivent toujours exiger. C'est le cri de l'innocence, qui, dans le moment de l'action, appelle des témoins, appelle des juges. Il faut que le peuple prenne connoissance de l'action, et qu'il en prenne connoissance dans le moment qu'elle a été faite ; dans un temps où tout parle, l'air, le visage, les

---

[1] Voyez la loi IV, ff. *ad leg. Aquil.*

[2] *Ibid.* Voyez le décret de Tassillon, ajouté à la loi des Bavarois, *de popularibus legibus*, art. 4.

passions, le silence, et où chaque parole condamne ou justifie. Une loi qui peut devenir si contraire à la sûreté et à la liberté des citoyens doit être exécutée dans la présence des citoyens.

CHAPITRE XVI.

Choses à observer dans la composition des lois.

Ceux qui ont un génie assez étendu pour pouvoir donner des lois à leur nation ou à une autre, doivent faire de certaines attentions sur la manière de les former.

Le style en doit être concis. Les lois des douze tables sont un modèle de précision ; les enfans les apprenoient par cœur [1]. Les novelles de Justinien sont si diffuses qu'il fallut les abréger [2].

Le style des lois doit être simple ; l'expression directe s'entend toujours mieux que l'expression réfléchie. Il n'y a point de majesté dans les lois du Bas-Empire ; on y fait parler les princes comme des rhéteurs. Quand le style des lois est enflé, on ne les regarde que comme un ouvrage d'ostentation.

---

[1] *Ut carmen necessarium.* Cicéron, *de legibus*, liv. II.
[2] C'est l'ouvrage d'Irnerius.

Il est essentiel que les paroles des lois réveillent chez tous les hommes les mêmes idées. Le cardinal de Richelieu convenoit que l'on pouvoit accuser un ministre devant le roi [1]; mais il vouloit que l'on fût puni, si les choses qu'on prouvoit n'étoient pas considérables ; ce qui devoit empêcher tout le monde de dire quelque vérité que ce fût contre lui, puisqu'une chose considérable est entièrement relative, et que ce qui est considérable pour quelqu'un ne l'est pas pour un autre.

La loi d'Honorius punissoit de mort celui qui achetoit comme serf un affranchi, ou qui auroit voulu l'inquiéter [2]. Il ne falloit point se servir d'une expression si vague : l'inquiétude que l'on cause à un homme dépend entièrement du degré de sa sensibilité.

Lorsque la loi doit faire quelque vexation, il faut, autant qu'on le peut, éviter de la faire à prix d'argent. Mille causes changent la valeur de la monnoie ; et avec la même dénomination on n'a plus la même chose. On sait l'histoire de cet impertinent de Rome [3], qui donnoit des soufflets

[1] Testament politique.

[2] *Aut qualibet manumissione donatum inquietare voluerit.* Appendice au code Théodosien, dans le premier tome des OEuvres du P. Sirmond, page 737.

[3] Aulu-Gelle, liv. XX, chap. 1.

à tous ceux qu'il rencontroit, et leur faisoit présenter les vingt-cinq sous de la loi des douze tables.

Lorsque dans une loi l'on a bien fixé les idées des choses, il ne faut point revenir à des expressions vagues. Dans l'ordonnance criminelle de Louis XIV [1], après qu'on a fait l'énumération exacte des cas royaux, on ajoute ces mots : « Et « ceux dont de tout temps les juges royaux ont « jugé » ; ce qui fait rentrer dans l'arbitraire dont on venoit de sortir.

Charles VII dit qu'il apprend que des parties font appel, trois, quatre et six mois après le jugement, contre la coutume du royaume, en pays coutumier [2] : il ordonne qu'on appellera incontinent, à moins qu'il n'y ait fraude ou dol du procureur [3], ou qu'il n'y ait grande et évidente cause de relever l'appelant. La fin de cette loi détruit le commencement ; et elle le détruisit si bien que dans la suite on a appelé pendant trente ans [4].

La loi des Lombards ne veut pas qu'une femme

[1] On trouve dans le procès-verbal de cette ordonnance les motifs que l'on eut pour cela.

[2] Dans son ordonnance de Montel-lès-Tours, l'an 1453 (août).

[3] On pouvoit punir le procureur sans qu'il fût nécessaire de troubler l'ordre public.

[4] L'ordonnance de 1667 a fait des réglemens là-dessus.

qui a pris un habit de religieuse, quoiqu'elle ne soit pas consacrée, puisse se marier [1] : « car, dit-« elle, si un époux, qui a engagé à lui une femme « seulement par un anneau, ne peut pas sans « crime en épouser une autre, à plus forte raison « l'épouse de Dieu ou de la sainte Vierge.... » Je dis que dans les lois il faut raisonner de la réalité à la réalité, et non pas de la réalité à la figure, ou de la figure à la réalité.

Une loi de Constantin veut que le témoignage seul de l'évêque suffise, sans ouïr d'autres témoins [2]. Ce prince prenoit un chemin bien court; il jugeoit des affaires par les personnes, et des personnes par les dignités.

Les lois ne doivent point être subtiles; elles sont faites pour des gens de médiocre entendement : elles ne sont point un art de logique, mais la raison simple d'un père de famille.

Lorsque dans une loi les exceptions, limitations, modifications, ne sont point nécessaires, il vaut beaucoup mieux n'en point mettre. De pareils détails jettent dans de nouveaux détails.

Il ne faut point faire de changement dans une loi sans une raison suffisante. Justinien ordonna qu'un mari pourroit être répudié sans que la

[1] Liv. II, titre 37.
[2] Dans l'appendice du P. Sirmond, au code Théodosien, tome I.

femme perdit sa dot, si pendant deux ans il n'avoit pu consommer le mariage [1]. Il changea sa loi, et donna trois ans au pauvre malheureux [2] Mais, dans un cas pareil, deux ans en valent trois, et trois n'en valent pas plus de deux.

Lorsqu'on fait tant que de rendre raison d'une loi, il faut que cette raison soit digne d'elle. Une loi romaine décide qu'un aveugle ne peut pas plaider, parce qu'il ne voit pas les ornemens de la magistrature [3]. Il faut l'avoir fait exprès pour donner une si mauvaise raison quand il s'en présentoit tant de bonnes.

Le jurisconsulte Paul dit que l'enfant naît parfait au septième mois, et que la raison des nombres de Pythagore semble le prouver [4]. Il est singulier qu'on juge ces choses sur la raison des nombres de Pythagore.

Quelques jurisconsultes français ont dit que lorsque le roi acquéroit quelque pays, les églises y devenoient sujettes au droit de régale, parce que la couronne du roi est ronde. Je ne discuterai point les droits du roi, et si, dans ce cas, la raison de la loi civile ou ecclésiastique doit céder à la raison de la loi politique ; mais je dirai

---

[1] Leg. 1, cod. *de repudiis*.

[2] Voyez l'authentique *sed hodiè*, au code *de repud.*

[3] Leg. 1, ff. *de postulando*.

[4] Dans ses sentences, liv. IV, tit. 9.

que des droits si respectables doivent être défendus par des maximes graves. Qui a jamais vu fonder sur la figure d'un signe d'une dignité les droits réels de cette dignité?

Davila [1] dit que Charles IX fut déclaré majeur au parlement de Rouen à quatorze ans commencés, parce que les lois veulent qu'on compte le temps du moment au moment, lorsqu'il s'agit de la restitution et de l'administration des biens du pupille; au lieu qu'elle regarde l'année commencée comme une année complète, lorsqu'il s'agit d'acquérir des honneurs. Je n'ai garde de censurer une disposition qui ne paroît pas avoir eu jusqu'ici d'inconvénient; je dirai seulement que la raison alléguée par le chancelier de l'Hôpital n'étoit pas la vraie : il s'en faut bien que le gouvernement des peuples ne soit qu'un honneur.

En fait de présomption, celle de la loi vaut mieux que celle de l'homme. La loi française regarde comme frauduleux tous les actes faits par un marchand dans les dix jours qui ont précédé sa banqueroute [2] : c'est la présomption de la loi. La loi romaine infligeoit des peines au mari qui gardoit sa femme après l'adultère, à moins qu'il n'y fût déterminé par la crainte de l'événement

---

[1] *Della guerra civile di Francia*, page 96.
[2] Elle est du 18 novembre 1702.

d'un procès, ou par la négligence de sa propre honte ; et c'est la présomption de l'homme. Il falloit que le juge présumât les motifs de la conduite du mari, et qu'il se déterminât sur une manière de penser très-obscure. Lorsque le juge présume, les jugemens deviennent arbitraires ; lorsque la loi présume, elle donne au juge une règle fixe.

La loi de Platon, comme j'ai dit, vouloit qu'on punît celui qui se tueroit, non pas pour éviter l'ignominie, mais par foiblesse [1]. Cette loi étoit vicieuse en ce que, dans le seul cas où l'on ne pouvoit pas tirer du criminel l'aveu du motif qui l'avoit fait agir, elle vouloit que le juge se déterminât sur ces motifs.

Comme les lois inutiles affoiblissent les lois nécessaires, celles qu'on peut éluder affoiblissent la législation. Une loi doit avoir son effet, et il ne faut pas permettre d'y déroger par une convention particulière.

La loi Falcidie ordonnoit chez les Romains que l'héritier eût toujours la quatrième partie de l'hérédité ; une autre loi [2] permit au testateur de défendre à l'héritier de retenir cette quatrième partie : c'est se jouer des lois. La loi Falcidie de-

---

[1] Liv. IX des Lois.
[2] C'est l'authentique, *sed cùm testator.*

venoit inutile : car, si le testateur vouloit favoriser son héritier, celui-ci n'avoit pas besoin de la loi Falcidie ; et s'il ne vouloit pas le favoriser, il lui défendoit de se servir de la loi Falcidie.

Il faut prendre garde que les lois soient conçues de manière qu'elles ne choquent point la nature des choses. Dans la proscription du prince d'Orange, Philippe II promet à celui qui le tuera de donner à lui ou à ses héritiers vingt-cinq mille écus et la noblesse ; et cela en parole de roi, et comme serviteur de Dieu. La noblesse promise pour une telle action ! une telle action ordonnée en qualité de serviteur de Dieu ! tout cela renverse également les idées de l'honneur, celles de la morale et celles de la religion.

Il est rare qu'il faille défendre une chose qui n'est pas mauvaise, sous prétexte de quelque perfection qu'on imagine.

Il faut dans les lois une certaine candeur. Faites pour punir la méchanceté des hommes, elles doivent avoir elles-mêmes la plus grande innocence. On peut voir dans la loi des Wisigoths cette requête ridicule par laquelle on fit obliger les Juifs à manger toutes les choses apprêtées avec du cochon, pourvu qu'ils ne mangeassent pas du cochon même [1]. C'étoit une grande cruauté :

---

[1] Liv. XII, tit. 2, § 16.

on les soumettoit à une loi contraire à la leur; on ne leur laissoit garder de la leur que ce qui pouvoit être un signe pour les reconnoître.

CHAPITRE XVII.

Mauvaise manière de donner des lois.

Les empereurs romains manifestoient, comme nos princes, leurs volontés par des décrets et des édits : mais, ce que nos princes ne font pas, ils permirent que les juges ou les particuliers, dans leurs différends, les interrogeassent par lettres; et leurs réponses étoient appelées des rescrits. Les décrétales des papes sont, à proprement parler, des rescrits. On sent que c'est une mauvaise sorte de législation. Ceux qui demandent ainsi des lois sont de mauvais guides pour le législateur; les faits sont toujours mal exposés. Trajan, dit Jules Capitolin[1], refusa souvent de donner de ces sortes de rescrits, afin qu'on n'étendît pas à tous les cas une décision, et souvent une faveur particulière. Macrin avoit résolu d'abolir tous ces rescrits[2]; il ne pouvoit souffrir

---

[1] Voyez Jules Capitolin, *in Macrino.*
[2] *Ibid.*

qu'on regardât comme des lois les réponses de Commode, de Caracalla et de tous ces autres princes pleins d'impéritie. Justinien pensa autrement, et il en remplit sa compilation.

Je voudrois que ceux qui lisent les lois romaines distinguassent bien ces sortes d'hypothèses d'avec les sénatus-consultes, les plébiscites, les constitutions générales des empereurs, et toutes les lois fondées sur la nature des choses, sur la fragilité des femmes, la foiblesse des mineurs et l'utilité publique.

CHAPITRE XVIII.

Des idées d'uniformité.

Il y a de certaines idées d'uniformité qui saisissent quelquefois les grands esprits (car elles ont touché Charlemagne), mais qui frappent infailliblement les petits. Ils y trouvent un genre de perfection qu'ils reconnoissent, parce qu'il est impossible de ne le pas découvrir; les mêmes poids dans la police, les mêmes mesures dans le commerce, les mêmes lois dans l'état, la même religion dans toutes ses parties. Mais cela est-il toujours à propos sans exception? le mal de changer est-il toujours moins grand que le mal de souffrir? Et la grandeur du génie ne consisteroit-elle pas mieux à savoir dans quel cas il faut l'uniformité, et dans quel cas il faut des différences? A la Chine, les Chinois sont gouvernés par le cérémonial chinois, et les Tartares par le cérémonial tartare : c'est pourtant le peuple du monde qui a le plus la tranquillité pour objet. Lorsque les citoyens suivent les lois, qu'importe qu'ils suivent la même?

CHAPITRE XIX.

Des législateurs.

Aristote vouloit satisfaire tantôt sa jalousie contre Platon, tantôt sa passion pour Alexandre. Platon étoit indigné contre la tyrannie du peuple d'Athènes. Machiavel étoit plein de son idole, le duc de Valentinois. Thomas More, qui parloit plutôt de ce qu'il avoit lu que de ce qu'il avoit pensé, vouloit gouverner tous les états avec la simplicité d'une ville grecque[1]. Harrington ne voyoit que la république d'Angleterre, pendant qu'une foule d'écrivains trouvoient le désordre

---

[1] Dans son Utopie.

partout où ils ne voyoient point de couronne. Les lois rencontrent toujours les passions et les préjugés du législateur. Quelquefois elles passent au travers, et s'y teignent; quelquefois elles y restent, et s'y incorporent.

LIVRE XXX.

THÉORIE DES LOIS FÉODALES CHEZ LES FRANCS, DANS LE RAPPORT QU'ELLES ONT AVEC L'ÉTABLISSEMENT DE LA MONARCHIE.

CHAPITRE I.

Des lois féodales.

Je croirois qu'il y auroit une imperfection dans mon ouvrage si je passois sous silence un événement arrivé une fois dans le monde, et qui n'arrivera peut-être jamais; si je ne parlois de ces lois que l'on vit paroître en un moment dans toute l'Europe, sans qu'elles tinssent à celles que l'on avoit jusqu'alors connues; de ces lois qui ont fait des biens et des maux infinis; qui ont laissé des droits quand on a cédé le domaine; qui, en donnant à plusieurs personnes divers genres de seigneurie sur la même chose ou sur les mêmes personnes, ont diminué le poids de la seigneurie entière; qui ont posé diverses limites dans des empires trop étendus; qui ont produit la règle avec une inclinaison à l'anarchie, et l'anarchie avec une tendance à l'ordre et à l'harmonie.

Ceci demanderoit un ouvrage exprès ; mais, vu la nature de celui-ci, on y trouvera plutôt ces lois comme je les ai envisagées que comme je les ai traitées.

C'est un beau spectacle que celui des lois féodales : un chêne antique s'élève [1] ; l'œil en voit de loin les feuillages ; il approche ; il en voit la tige ; mais il n'en aperçoit point les racines ; il faut percer la terre pour les trouver.

CHAPITRE II.

Des sources des lois féodales.

LES peuples qui conquirent l'empire romain etoient sortis de la Germanie. Quoique peu d'auteurs anciens nous aient décrit leurs mœurs, nous en avons deux qui sont d'un très-grand poids. César, faisant la guerre aux Germains, décrit les mœurs des Germains [2] ; et c'est sur ces mœurs

---

[1] . . . . *Quantùm vertice ad oras*
Æthereas, tantùm radice ad tartara tendit.
VIRG., *Géorg.*, liv. II.

[2] Liv. VI.

qu'il a réglé quelques-unes de ses entreprises [1]. Quelques pages de César sur cette matière sont des volumes.

Tacite fait un ouvrage exprès sur les mœurs des Germains. Il est court, cet ouvrage; mais c'est l'ouvrage de Tacite, qui abrégeoit tout, parce qu'il voyoit tout.

Ces deux auteurs se trouvent dans un tel concert avec les codes des lois des peuples barbares que nous avons, qu'en lisant César et Tacite on trouve partout ces codes, et qu'en lisant ces codes on trouve partout César et Tacite.

Que si, dans la recherche des lois féodales, je me vois dans un labyrinthe obscur, plein de routes et de détours, je crois que je tiens le bout du fil, et que je puis marcher.

CHAPITRE III.

Origine du vasselage.

« César dit que les Germains ne s'attachoient
« point à l'agriculture; que la plupart vivoient de
« lait, de fromage et de chair; que personne n'a-
« voit de terres ni de limites qui lui fussent pro-

---

[1] Par exemple, sa retraite d'Allemagne. *Ibid.*

« pres; que les princes et les magistrats de chaque
« nation donnoient aux particuliers la portion de
« terre qu'ils vouloient, et dans le lieu qu'ils vou-
« loient, et les obligeoient l'année suivante de
« passer ailleurs [1]. Tacite dit que chaque prince
« avoit une troupe de gens qui s'attachoient à lui
« et le suivoient [2]. » Cet auteur, qui dans sa langue
leur donne un nom qui a du rapport avec leur
état, les nomme compagnons [3]. Il y avoit entre
eux une émulation singulière pour obtenir quelque distinction auprès du prince, et une même
émulation entre les princes sur le nombre et la
bravoure de leurs compagnons [4]. « C'est, ajoute
« Tacite, la dignité, c'est la puissance, d'être tou-
« jours entouré d'une foule de jeunes gens que
« l'on a choisis; c'est un ornement dans la paix,
« c'est un rempart dans la guerre. On se rend cé-
« lèbre dans sa nation et chez les peuples voisins
« si l'on surpasse les autres par le nombre et le
« courage de ses compagnons : on reçoit des pré-
« sens; les ambassades viennent de toutes parts;
« souvent la réputation décide de la guerre. Dans

---

[1] Liv. VI de la guerre des Gaules, page 120. Tacite ajoute :
« *Nulli domus, aut ager, aut aliqua cura; prout ad quem venére*
« *aluntur.* » De moribus Germanorum, § 31.

[2] *Ibid.*

[3] *Comites.*

[4] *De moribus Germanorum*, § 13 et 14.

« le combat, il est honteux au prince d'être infé-
« rieur en courage ; il est honteux à la troupe de
« ne point égaler la valeur du prince : c'est une
« infamie éternelle de lui avoir survécu. L'enga-
« gement le plus sacré, c'est de le défendre. Si une
« cité est en paix, les princes vont chez celles qui
« font la guerre; c'est par là qu'ils conservent un
« grand nombre d'amis. Ceux-ci reçoivent d'eux
« le cheval du combat et le javelot terrible. Les
« repas peu délicats, mais grands, sont une es-
« pèce de solde pour eux. Le prince ne soutient
« ses libéralités que par les guerres et les rapines.
« Vous leur persuaderiez bien moins de labourer
« la terre et d'attendre l'année que d'appeler
« l'ennemi et de recevoir des blessures; ils n'ac-
« querront pas par la sueur ce qu'ils peuvent ob-
« tenir par le sang. »

Ainsi, chez les Germains, il y avoit des vassaux, et non pas des fiefs. Il n'y avoit point de fiefs, parce que les princes n'avoient point de terres à donner ; ou plutôt les fiefs étoient des chevaux de bataille, des armes, des repas. Il y avoit des vassaux, parce qu'il y avoit des hommes fidèles qui étoient liés par leur parole, qui étoient engagés pour la guerre, et qui faisoient à peu près le même service que l'on fit depuis pour les fiefs.

CHAPITRE IV.

Continuation du même sujet.

César[1] dit que, « quand un des princes déclaroit à l'assemblée qu'il avoit formé le projet de quelque expédition, et demandoit qu'on le suivît, ceux qui approuvoient le chef et l'entreprise se levoient et offroient leurs secours. Ils étoient loués par la multitude. Mais, s'ils ne remplissoient pas leurs engagemens, ils perdoient la confiance publique ; et on les regardoit comme des déserteurs et des traîtres. »

Ce que dit ici César, et ce que nous avons dit dans le chapitre précédent, après Tacite, est le germe de l'histoire de la première race.

Il ne faut pas être étonné que les rois aient toujours eu à chaque expédition de nouvelles armées à refaire, d'autres troupes à persuader, de nouvelles gens à engager ; qu'il ait fallu, pour acquérir beaucoup, qu'ils répandissent beaucoup ; qu'ils acquissent sans cesse par le partage des terres et des dépouilles, et qu'ils donnassent sans cesse ces terres et ces dépouilles ; que leur domaine grossît continuellement, et qu'il diminuât

---

[1] *De Bello Gallico*, liv. VI.

sans cesse; qu'un père qui donnoit à un de ses enfans un royaume y joignît toujours un trésor [1]; que le trésor du roi fût regardé comme nécessaire à la monarchie; et qu'un roi ne pût, même pour la dot de sa fille, en faire part aux étrangers sans le consentement des autres rois [2]. La monarchie avoit son allure par des ressorts qu'il falloit toujours remonter.

CHAPITRE V.

De la conquête des Francs.

Il n'est pas vrai que les Francs entrant dans la Gaule aient occupé toutes les terres du pays pour en faire des fiefs. Quelques gens ont pensé ainsi, parce qu'ils ont vu sur la fin de la seconde race presque toutes les terres devenues des fiefs, des arrière-fiefs, ou des dépendances de l'un ou de l'autre : mais cela a eu des causes particulières qu'on expliquera dans la suite.

---

[1] Voyez la Vie de Dagobert.

[2] Voyez Grégoire de Tours, liv. VI, sur le mariage de la fille de Chilpéric. Childebert lui envoie des ambassadeurs pour lui dire qu'il n'ait point à donner des villes du royaume de son père à sa fille, ni de ses trésors, ni des serfs, ni des chevaux, ni des cavaliers, ni des attelages de bœufs, etc.

La conséquence qu'on en voudroit tirer, que les barbares firent un réglement général pour établir partout la servitude de la glèbe, n'est pas moins fausse que le principe. Si, dans un temps où les fiefs étoient amovibles, toutes les terres du royaume avoient été des fiefs, ou des dépendances des fiefs, et tous les hommes du royaume des vassaux ou des serfs qui dépendoient d'eux, comme celui qui a les biens a toujours aussi la puissance, le roi qui auroit disposé continuellement des fiefs, c'est-à-dire de l'unique propriété, auroit eu une puissance aussi arbitraire que celle du sultan l'est en Turquie; ce qui renverse toute l'histoire.

CHAPITRE VI.

Des Goths, des Bourguignons et des Francs.

Les Gaules furent envahies par les nations germaines. Les Wisigoths occupèrent la Narbonnaise, et presque tout le midi; les Bourguignons s'établirent dans la partie qui regarde l'orient; et les Francs conquirent à peu près le reste.

Il ne faut pas douter que ces barbares n'aient conservé dans leurs conquêtes les mœurs, les inclinations et les usages qu'ils avoient dans leur pays, parce qu'une nation ne change pas dans un instant de manières de penser et d'agir. Ces peuples, dans la Germanie, cultivoient peu les terres. Il paroît, par Tacite et César, qu'ils s'appliquoient beaucoup à la vie pastorale : aussi les dispositions des codes des lois des barbares roulent-elles presque toutes sur les troupeaux. Roricon, qui écrivoit l'histoire chez les Francs, étoit pasteur.

CHAPITRE VII.

Différentes manières de partager les terres.

Les Goths et les Bourguignons ayant pénétré sous divers prétextes dans l'intérieur de l'empire, les Romains, pour arrêter leurs dévastations, furent obligés de pourvoir à leur subsistance. D'abord ils leur donnoient du blé [1]; dans la suite ils aimèrent mieux leur donner des terres. Les empereurs, ou, sous leur nom, les magistrats romains, firent des conventions avec eux sur le partage du pays [2], comme on le voit dans les

---

[1] Voyez Zozime, liv. V, sur la distribution du blé, demandée par Alaric.

[2] *Burgundiones partem Galliæ occupaverunt, terrasque cum Gallicis senatoribus diviserunt.* Chronique de Marius sur l'an 456.

chroniques et dans les codes des Wisigoths [1] et des Bourguignons [2].

Les Francs ne suivirent pas le même plan. On ne trouve dans les lois saliques et ripuaires aucune trace d'un tel partage de terres. Ils avoient conquis ; ils prirent ce qu'ils voulurent, et ne firent de réglemens qu'entre eux.

Distinguons donc le procédé des Bourguignons et des Wisigoths dans la Gaule, celui de ces mêmes Wisigoths en Espagne, des soldats auxiliaires, sous Augustule et Odoacer en Italie [3], d'avec celui des Francs dans les Gaules, et des Vandales en Afrique [4]. Les premiers firent des conventions avec les anciens habitans, et en conséquence un partage de terres avec eux ; les seconds ne firent rien de tout cela.

---

[1] Livre X, titre 1, § 8, 9 et 16.

[2] Chap. LIV, § 1 et 2 ; et ce partage subsistoit du temps de Louis-le-Débonnaire, comme il paroît par son capitulaire de l'an 829, qui a été inséré dans la loi des Bourguignons, tit. 79, § 1.

[3] Voyez Procope, guerre des Goths.

[4] Guerre des Vandales.

CHAPITRE VIII.

Continuation du même sujet.

Ce qui donne l'idée d'une grande usurpation des terres des Romains par les barbares, c'est qu'on trouve dans les lois des Wisigoths et les Bourguignons que ces deux peuples eurent les deux tiers des terres : mais ces deux tiers ne furent pris que dans de certains quartiers qu'on leur assigna.

Gondebaud dit, dans la loi des Bourguignons, que son peuple, dans son Établissement, reçut les deux tiers des terres [1] : et il est dit, dans le second supplément à cette loi, qu'on n'en donneroit plus que la moitié à ceux qui viendroient dans le pays [2]. Toutes les terres n'avoient donc pas d'abord été partagées entre les Romains et les Bourguignons.

---

[1] *Licet eo tempore quo populus noster mancipiorum tertiam et duas terrarum partes accepit*, etc. Loi des Bourguignons, tit. 54, § 1.

[2] *Ut non ampliùs à Burgundionibus qui infrà venerunt requiratur quàm ad præsens necessitas fuerit, medietas terræ*, art. 11.

On trouve dans les textes de ces deux réglemens les mêmes expressions ; ils s'expliquent donc l'un et l'autre. Et, comme on ne peut pas entendre le second d'un partage universel des terres, on ne peut pas non plus donner cette signification au premier.

Les Francs agirent avec la même modération que les Bourguignons ; ils ne dépouillèrent pas les Romains dans toute l'étendue de leurs conquêtes. Qu'auroient-ils fait de tant de terres ? Ils prirent celles qui leur convinrent, et laissèrent le reste.

CHAPITRE IX.

Juste application de la loi des Bourguignons et de celle des Wisigoths sur le partage des terres.

Il faut considérer que ces partages ne furent point faits par un esprit tyrannique, mais dans l'idée de subvenir aux besoins mutuels des deux peuples qui devoient habiter le même pays.

La loi des Bourguignons veut que chaque Bourguignon soit reçu en qualité d'hôte chez un Romain. Cela est conforme aux mœurs des Germains, qui, au rapport de Tacite [1], étoient le peuple de

---

[1] *De moribus Germanorum*, § 21.

la terre qui aimoit le plus à exercer l'hospitalité.

La loi veut que le Bourguignon ait les deux tiers des terres, et le tiers des serfs. Elle suivoit le génie des deux peuples, et se conformoit à la manière dont ils se procuroient la subsistance. Le Bourguignon, qui faisoit paître des troupeaux, avoit besoin de beaucoup de terres et de peu de serfs ; et le grand travail de la culture de la terre exigeoit que le Romain eût moins de glèbe, et un plus grand nombre de serfs. Les bois étoient partagés par moitié, parce que les besoins, à cet égard, étoient les mêmes.

On voit dans le code des Bourguignons[1] que chaque barbare fut placé chez chaque Romain. Le partage ne fut donc pas général : mais le nombre des Romains qui donnèrent le partage fut égal à celui des Bourguignons qui le reçurent. Le Romain fut lésé le moins qu'il fut possible. Le Bourguignon, guerrier, chasseur et pasteur, ne dédaignoit pas de prendre des friches ; le Romain gardoit les terres les plus propres à la culture : les troupeaux du Bourguignon engraissoient le champ du Romain.

---

[1] Et dans celui des Wisigoths.

CHAPITRE X.

Des servitudes.

Il est dit dans la loi des Bourguignons [1] que quand ces peuples s'établirent dans les Gaules, ils reçurent les deux tiers des terres et le tiers des serfs. La servitude de la glèbe étoit donc établie dans cette partie de la Gaule avant l'entrée des Bourguignons [2].

La loi des Bourguignons, statuant sur les deux nations, distingue formellement dans l'une et dans l'autre les nobles, les ingénus, et les serfs [3]. La servitude n'étoit donc point une chose particulière aux Romains, ni la liberté et la noblesse une chose particulière aux barbares.

Cette même loi dit que, si un affranchi bourguignon n'avoit point donné une certaine somme à son maître, ni reçu une portion tierce d'un Romain, il étoit toujours censé de la famille de

---

[1] Titre 54.

[2] Cela est confirmé par tout le titre du code *de agricolis et censitis et colonis*.

[3] *Si dentem optimati Burgundioni vel Romano nobili excusserit*, tit. 26, § 1; et, *Si mediocribus personis ingenuis, tam Burgundionibus quàm Romanis*. Ibid., § 2.

son maître[1]. Le Romain propriétaire étoit donc libre, puisqu'il n'étoit point dans la famille d'un autre; il étoit libre, puisque sa portion tierce étoit un signe de liberté.

Il n'y a qu'à ouvrir les lois saliques et ripuaires, pour voir que les Romains ne vivoient pas plus dans la servitude chez les Francs que chez les autres conquérans de la Gaule.

M. le comte de Boulainvilliers a manqué le point capital de son système; il n'a point prouvé que les Francs aient fait un réglement général qui mît les Romains dans une espèce de servitude.

Comme son ouvrage est écrit sans aucun art, et qu'il y parle avec cette simplicité, cette franchise et cette ingénuité de l'ancienne noblesse dont il est sorti, tout le monde est capable de juger et des belles choses qu'il dit et des erreurs dans lesquelles il tombe. Ainsi je ne l'examinerai point. Je dirai seulement qu'il avoit plus d'esprit que de lumières, plus de lumières que de savoir; mais ce savoir n'étoit point méprisable, parce que de notre histoire et de nos lois il savoit très-bien les grandes choses.

M. le comte de Boulainvilliers et M. l'abbé Dubos ont fait chacun un système, dont l'un semble être une conjuration contre le tiers-état,

---

[1] Titre 57.

et l'autre une conjuration contre la noblesse. Lorsque le Soleil donna à Phaéton son char à conduire, il lui dit : « Si vous montez trop haut, « vous brûlerez la demeure céleste; si vous des-« cendez trop bas, vous réduirez en cendres la « terre. N'allez point trop à droite, vous tom-« beriez dans la constellation du serpent; n'allez « point trop à gauche, vous iriez dans celle de « l'autel : tenez-vous entre les deux [1]. »

CHAPITRE XI.

Continuation du même sujet.

CE qui a donné l'idée d'un réglement général fait dans le temps de la conquête, c'est qu'on a vu en France un prodigieux nombre de servitudes vers le commencement de la troisième race; et, comme on ne s'est pas aperçu de la progression continuelle qui se fit de ces servitudes, on a ima-

---

[1] Nec preme, nec summum molire per æthera currum.
  Altiùs egressus, cœlestia tecta cremabis;
  Inferiùs, terras : medio tutissimus ibis.
  Neu te dexterior tortum declinet ad Anguem,
  Neve sinisterior pressam rota ducat ad Aram :
  Inter utrumque tene.
  OVID., Metam, lib. II, c. 3.

giné dans un temps obscur une loi générale qui ne fut jamais.

Dans le commencement de la première race, on voit un nombre infini d'hommes libres, soit parmi les Francs, soit parmi les Romains : mais le nombre des serfs augmenta tellement, qu'au commencement de la troisième tous les laboureurs et presque tous les habitans des villes se trouvèrent serfs [1] : et, au lieu que, dans le commencement de la première, il y avoit dans les villes à peu près la même administration que chez les Romains, des corps de bourgeoisie, un sénat, des cours de judicature, on ne trouve guère vers le commencement de la troisième qu'un seigneur et des serfs.

Lorsque les Francs, les Bourguignons et les Goths, faisoient leurs invasions, ils prenoient l'or, l'argent, les meubles, les vêtemens, les hommes, les femmes, les garçons, dont l'armée pouvoit se charger : le tout se rapportoit en commun, et l'armée le partageoit [2]. Le corps entier de l'histoire prouve qu'après le premier établissement, c'est-à-dire après les premiers ra-

---

[1] Pendant que la Gaule étoit sous la domination des Romains, ils formoient des corps particuliers : c'étoient ordinairement des affranchis ou descendans d'affranchis.

[2] Voyez Grégoire de Tours, liv. II, chap. XXVII; Aimoin, liv. I, chap. XII.

vages, ils reçurent à composition les habitans, et leur laissèrent tous leurs droits politiques et civils. C'étoit le droit des gens de ces temps-là ; on enlevoit tout dans la guerre, on accordoit tout dans la paix. Si cela n'avoit pas été ainsi, comment trouverions-nous dans les lois saliques et bourguignones tant de dispositions contradictoires à la servitude générale des hommes?

Mais ce que la conquête ne fit pas, le même droit des gens [1], qui subsista après la conquête, le fit. La résistance, la révolte, la prise des villes, emportoient avec elles la servitude des habitans. Et comme, outre les guerres que les différentes nations conquérantes firent entre elles, il y eut cela de particulier chez les Francs, que les divers partages de la monarchie firent naître sans cesse des guerres civiles entre les frères ou neveux, dans lesquelles ce droit des gens fut toujours pratiqué, les servitudes devinrent plus générales en France que dans les autres pays : et c'est, je crois, une des causes de la différence qui est entre nos lois françaises et celles d'Italie et d'Espagne, sur les droits des seigneurs.

La conquête ne fut que l'affaire d'un moment, et le droit des gens que l'on y employa produisit quelques servitudes. L'usage du même droit des

---

[1] Voyez les Vies des saints citées ci-après.

gens, pendant plusieurs siècles, fit que les servitudes s'étendirent prodigieusement.

Theuderic[1], croyant que les peuples d'Auvergne ne lui étoient pas fidèles, dit aux Francs de son partage : « Suivez-moi; je vous menerai « dans un pays où vous aurez de l'or, de l'ar- « gent, des captifs, des vêtemens, des troupeaux « en abondance; et vous en transférerez tous les « hommes dans votre pays. »

Après la paix qui se fit entre Gontran et Chilpéric[2], ceux qui assiégeoient Bourges ayant eu ordre de revenir, ils amenèrent tant de butin qu'ils ne laissèrent presque dans le pays ni hommes ni troupeaux.

Théodoric, roi d'Italie, dont l'esprit et la politique étoient de se distinguer toujours des autres rois barbares, envoyant son armée dans la Gaule, écrit au général[3] : « Je veux qu'on suive les lois « romaines, et que vous rendiez les esclaves fugi- « tifs à leurs maîtres : le défenseur de la liberté « ne doit point favoriser l'abandon de la servitude. « Que les autres rois se plaisent dans le pillage et « la ruine des villes qu'ils ont prises; nous vou- « lons vaincre de manière que nos sujets se plai- « gnent d'avoir acquis trop tard la sujétion. » Il

---

[1] Grégoire de Tours, liv. III.

[2] *Ibid.*, liv. VI, chap. XXXI.

[3] Lettre XLIII, liv. III, dans Cassiodore.

est clair qu'il vouloit rendre odieux les rois des Francs et des Bourguignons, et qu'il faisoit allusion à leur droit des gens.

Ce droit subsista dans la seconde race. L'armée de Pepin, étant entrée en Aquitaine, revint en France chargée d'un nombre infini de dépouilles et de serfs, disent les annales de Metz [1].

Je pourrois citer des autorités sans nombre [2]. Et comme, dans ces malheurs, les entrailles de la charité s'émurent; comme plusieurs saints évêques, voyant les captifs attachés deux à deux, employèrent l'argent des églises, et vendirent même les vases sacrés pour en racheter ce qu'ils purent; que de saints moines s'y employèrent; c'est dans les vies des saints que l'on trouve les plus grands éclaircissemens sur cette matière [3]. Quoiqu'on puisse reprocher aux auteurs de ces vies d'avoir été quelquefois un peu trop crédules sur des choses que Dieu a certainement faites si

---

[1] Sur l'an 763. *Innumerabilibus spoliis et captivis totus ille exercitus ditatus in Franciam reversus est.*

[2] Annales de Fulde, année 739; Paul Diacre, *de gestis Longobardorum*, liv. III, chap. xxx et liv. IV, chap. 1; et les Vies des saints citées note suivante.

[3] Voyez les Vies de saint Épiphane, de saint Eptadius, de saint Césaire, de saint Fidolo, de saint Porcien, de saint Trévérius, de saint Eusichius, et de saint Léger; les miracles de saint Julien.

elles ont été dans l'ordre de ses desseins, on ne laisse pas d'en tirer de grandes lumières sur les mœurs et les usages de ces temps-là.

Quand on jette les yeux sur les monumens de notre histoire et de nos lois, il semble que tout est mer, et que les rivages mêmes manquent à la mer [1]. Tous ces écrits, froids, secs, insipides et durs, il faut les lire, il faut les dévorer, comme la fable dit que Saturne dévoroit les pierres.

Une infinité de terres que les hommes libres faisoient valoir se changèrent en mainmortables [2]. Quand un pays se trouva privé des hommes libres qui l'habitoient, ceux qui avoient beaucoup de serfs prirent ou se firent céder de grands territoires, et y bâtirent des villages, comme on le voit dans diverses chartres. D'un autre côté, les hommes libres qui cultivoient les arts se trouvèrent être des serfs qui devoient les exercer. Les servitudes rendoient aux arts et au labourage ce qu'on leur avoit ôté.

Ce fut une chose usitée, que les propriétaires des terres les donnèrent aux églises pour les tenir

---

[1] . . . . . *Deerant quoque littora ponto.*

Ovid., Métam., liv. I.

[2] Les colons mêmes n'étoient pas tous serfs : voyez les lois XVIII et XXIII, au code *de agricolis et censitis et colonis*, et la XX du même titre.

eux-mêmes à cens, croyant participer par leur servitude à la sainteté des églises.

CHAPITRE XII.

Que les terres du partage des barbares ne payoient pas de tributs.

Des peuples simples, pauvres, libres, guerriers, pasteurs, qui vivoient sans industrie, et ne tenoient à leurs terres que par des cases de jonc [1], suivoient des chefs pour faire du butin, et non pas pour payer ou lever des tributs. L'art de la maltôte est toujours inventé après coup, et lorsque les hommes commencent à jouir de la félicité des autres arts.

Le tribut passager d'une cruche de vin par arpent [2], qui fut une des vexations de Chilpéric et de Frédégonde, ne concerna que les Romains. En effet, ce ne furent pas les Francs qui déchirèrent les rôles de ces taxes, mais les ecclésiastiques, qui dans ces temps-là étoient tous Romains [3]. Ce tribut

[1] Voyez Grégoire de Tours, liv. II.

[2] *Idem*, liv. V.

[3] Cela paroît par toute l'histoire de Grégoire de Tours. Le même Grégoire demande à un certain Valfiliacus comment il avoit pu parvenir à la cléricature, lui qui étoit Lombard d'origine. Grégoire de Tours, liv. VIII.

affligea principalement les habitans des villes [1] : or, les villes étoient presque toutes habitées par des Romains.

Grégoire de Tours dit qu'un certain juge fut obligé, après la mort de Chilpéric, de se réfugier dans une église, pour avoir, sous le règne de ce prince, assujetti à des tributs des Francs qui, du temps de Childebert, étoient ingénus : *Multos de Francis qui, tempore Childeberti regis, ingenui fuerant, publico tributo subegit* [2]. Les Francs qui n'étoient point serfs ne payoient donc point de tributs.

Il n'y a point de grammairien qui ne pâlisse en voyant comment ce passage a été interprété par M. l'abbé Dubos [3]. Il remarque que, dans ces temps-là, les affranchis étoient aussi appelés ingénus. Sur cela, il interprète le mot latin *ingenui*, par ces mots, *affranchis de tributs;* expression dont on peut se servir dans la langue française, comme on dit *affranchis de soins, affranchis de peines* : mais dans la langue latine, *ingenui à tributis, libertini à tributis, manumissi tributorum*, seroient des expressions monstrueuses.

[1] *Quæ conditio universis urbibus per Galliam constitutis summopere est adhibita.* Vie de saint Aridius.

[2] Liv. VII.

[3] Établissement de la monarchie française, tome III, chap. xiv, page 515.

Parthénius, dit Grégoire de Tours [1], pensa être mis à mort par les Francs, pour leur avoir imposé des tributs. M. l'abbé Dubos, pressé par ce passage, suppose froidement ce qui est en question : c'étoit, dit-il, une surcharge [2].

On voit dans la loi des Wisigoths [3] que quand un barbare occupoit le fonds d'un Romain, le juge l'obligeoit de le vendre, pour que ce fonds continuât à être tributaire. Les barbares ne payoient donc pas de tributs sur les terres [4].

M. l'abbé Dubos [5], qui avoit besoin que les Wisigoths payassent des tributs [6], quitte le sens lit-

[1] Liv. III, chap. XXXVI.

[2] Tome III, page 514.

[3] *Judices atque præpositi terras Romanorum, ab illis qui occupatas tenent, auferant; et Romanis suâ exactione sine aliquâ dilatione restituant, ut nihil fisco debeat, deperire.* Liv. X, tit. 1, chap. XIV.

[4] Les Vandales n'en payoient point en Afrique. Procope, Guerre des Vandales, liv. I et II; *Historia miscella*, liv. XVI, page 106. Remarquez que les conquérans de l'Afrique étoient un composé de Vandales, d'Alains et de Francs. *Historia miscella*, liv. XIV, page 94.

[5] Établissement des Francs dans les Gaules, tome III, ch. XIV, page 510.

[6] Il s'appuie sur une autre loi des Wisigoths, liv. X, tit. 1, art. 11, qui ne prouve absolument rien : elle dit seulement que celui qui a reçu d'un seigneur une terre sous condition d'une redevance doit la payer.

téral et spirituel de la loi, et imagine, uniquement parce qu'il imagine, qu'il y avoit eu entre l'établissement des Goths et cette loi une augmentation de tributs qui ne concernoit que les Romains. Mais il n'est permis qu'au P. Hardouin d'exercer ainsi sur les faits un pouvoir arbitraire.

M. L'abbé Dubos [1] va chercher dans le code de Justinien [2] des lois pour prouver que les bénéfices militaires, chez les Romains, étoient sujets aux tributs; d'où il conclut qu'il en étoit de même des fiefs ou bénéfices chez les Francs. Mais l'opinion que nos fiefs tirent leur origine de cet établissement des Romains est aujourd'hui proscrite : elle n'a eu de crédit que dans les temps où l'on connoissoit l'histoire romaine et très-peu la nôtre, et où nos monumens anciens étoient ensevelis dans la poussière.

M. l'abbé Dubos a tort de citer Cassiodore, et d'employer ce qui se passoit en Italie et dans la partie de la Gaule soumise à Théodoric, pour nous apprendre ce qui étoit en usage chez les Francs : ce sont des choses qu'il ne faut point confondre. Je ferai voir quelque jour, dans un ouvrage particulier, que le plan de la monarchie des Ostrogoths étoit entièrement différent du plan de toutes

---

[1] Tome III, page 511.
[2] Leg. 3, tit. 74, lib. XI

celles qui furent fondées dans ces temps-là par les autres peuples barbares : et que, bien loin qu'on puisse dire qu'une chose étoit en usage chez les Francs, parce qu'elle l'étoit chez les Ostrogoths, on a au contraire un juste sujet de penser qu'une chose qui se pratiquoit chez les Ostrogoths ne se pratiquoit pas chez les Francs.

Ce qui coûte le plus à ceux dont l'esprit flotte dans une vaste érudition, c'est de chercher leurs preuves là où elles ne sont point étrangères au sujet, et de trouver, pour parler comme les astronomes, le lieu du soleil.

M. l'abbé Dubos abuse des capitulaires comme de l'histoire, et comme des lois des peuples barbares. Quand il veut que les Francs aient payé des tributs, il applique à des hommes libres ce qui ne peut être entendu que des serfs [1]; quand il veut parler de leur milice, il applique à des serfs ce qui ne pouvoit concerner que des hommes libres [2].

---

[1] Établissement de la monarchie française, tome III, ch. xiv, page 513, où il cite l'article 28 de l'édit de Pistes. Voyez ci-après le chapitre xviii.

[2] *Ibid.*, tome III, chap. iv, page 298.

CHAPITRE XIII.

Quelles étoient les charges des Romains et des Gaulois dans la monarchie des Francs.

JE pourrois examiner si les Romains et les Gaulois vaincus continuèrent de payer les charges auxquelles ils étoient assujettis sous les empereurs. Mais, pour aller plus vite, je me contenterai de dire que, s'ils les payèrent d'abord, ils en furent bientôt exemptés, et que ces tributs furent changés en un service militaire; et j'avoue que je ne conçois guère comment les Francs auroient été d'abord si amis de la maltôte, et en auroient paru tout-à-coup si éloignés.

Un capitulaire de Louis-le-Débonnaire nous explique très-bien l'état où étoient les hommes libres dans la monarchie des Francs [1]. Quelques bandes de Goths ou d'Ibères, fuyant l'oppression des Maures, furent reçues dans les terres de Louis [2]. La convention qui fut faite avec eux porte que, comme les autres hommes libres, ils iroient à l'ar-

---

[1] De l'an 815, chap. 1. Ce qui est conforme au capitulaire de Charles-le-Chauve, de l'an 844, art. 1 et 2.

[2] *Pro Hispanis in partibus Aquitaniæ, Septimaniæ et Provincia consistentibus.* Ibid.

mée avec leur comte ; que, dans la marche, ils feroient la garde et les patrouilles sous les ordres du même comte [1] ; et qu'ils donneroient aux envoyés du roi et aux ambassadeurs qui partiroient de sa cour ou iroient vers lui des chevaux et des chariots pour les voitures [2] ; que, d'ailleurs, ils ne pourroient être contraints à payer d'autre cens, et qu'ils seroient traités comme les autres hommes libres.

On ne peut pas dire que ce fussent de nouveaux usages introduits dans les commencemens de la seconde race cela devoit appartenir au moins au milieu, où à la fin de la première. Un capitulaire de l'an 864 dit expressément que c'étoit une coutume ancienne que les hommes libres fissent le service militaire, et payassent de plus les chevaux et les voitures dont nous avons parlé [3]; charges qui leur étoient particulières, et dont ceux qui possédoient les fiefs étoient exempts, comme je le prouverai dans la suite.

---

[1] *Excubias et explorationes quas wactas dicunt.* Cap. de Charles-le-Chauve, de l'an 884, art. 1 et 2.

[2] Ils n'étoient pas obligés d'en donner au comte. *Ibid.*, art. 5.

[3] *Ut pagenses Franci, qui caballos habent, cum suis comitibus in hostem pergant.* Il est défendu aux comtes de les priver de leurs chevaux. *Ut hostem facere, et debitos paraveredos secundùm antiquam consuetudinem exsolvere possint.* Edit de Pistes, dans Baluze, page 186.

Ce n'est pas tout : il y avoit un réglement qui ne permettoit guère de soumettre ces hommes libres à des tributs [1]. Celui qui avoit quatre manoirs [2] étoit toujours obligé de marcher à la guerre; celui qui n'en avoit que trois étoit joint à un homme libre qui n'en avoit qu'un; celui-ci le défrayoit pour un quart, et restoit chez lui. On joignoit de même deux hommes libres qui avoient chacun deux manoirs; celui des deux qui marchoit étoit défrayé de la moitié par celui qui restoit.

Il y a plus : nous avons une infinité de chartres où l'on donne les priviléges des fiefs à des terres ou districts possédés par des hommes libres, et dont je parlerai beaucoup dans la suite [3]. On exempte ces terres de toutes les charges qu'exigeoient sur elles les comtes et autres officiers du roi; et, comme on énumère en particulier toutes ces charges, et qu'il n'y est point question de tributs, il est visible qu'on n'en levoit pas.

Il étoit aisé que la maltôte romaine tombât d'elle-même dans la monarchie des Francs : c'étoit

---

[1] Capitulaire de Charlemagne, de l'an 812, chap. 1. Édit de Pistes, de l'an 864, art. 27.

[2] *Quatuor mansos.* Il me semble que ce qu'on appeloit *mansus* étoit une certaine portion de terre attachée à une cense où il y avoit des esclaves; témoin le capitulaire de l'an 853, *apud Sylvacum*, titre 14, contre ceux qui chassoient les esclaves de leur *mansus*.

[3] Voyez ci-après le chapitre xx de ce livre.

un art très-compliqué, et qui n'entroit ni dans les idées, ni dans le plan de ces peuples simples. Si les Tartares inondoient aujourd'hui l'Europe, il faudroit bien des affaires pour leur faire entendre ce que c'est qu'un financier parmi nous.

L'auteur incertain de la vie de Louis-le-Débonnaire, parlant des comtes et autres officiers de la nation des Francs que Charlemagne établit en Aquitaine, dit qu'il leur donna la garde de la frontière, le pouvoir militaire et l'intendance des domaines qui appartenoient à la couronne [1]. Cela fait voir l'état des revenus du prince dans la seconde race. Le prince avoit gardé des domaines qu'il faisoit valoir par ses esclaves. Mais les indictions, la capitation, et autres impôts levés du temps des empereurs sur la personne ou les biens des hommes libres, avoient été changés en une obligation de garder la frontière, ou d'aller à la guerre.

On voit dans la même histoire [2] que Louis-le-Débonnaire ayant été trouver son père en Allemagne, ce prince lui demanda comment il pouvoit être si pauvre, lui qui étoit roi : que Louis lui répondit qu'il n'étoit roi que de nom, et que les seigneurs tenoient presque tous ses domaines :

---

[1] Dans Duchesne, tome II, page 287.
[2] *Ibid.*, page 89.

que Charlemagne, craignant que ce jeune prince ne perdît leur affection, s'il reprenoit lui-même ce qu'il avoit inconsidérément donné, il envoya des commissaires pour rétablir les choses.

Les évêques écrivant à Louis, frère de Charles-le-Chauve, lui disoient : « Ayez soin de vos terres, « afin que vous ne soyez pas obligé de voyager « sans cesse par les maisons des ecclésiastiques, « et de fatiguer leurs serfs par des voitures [1]. Faites « en sorte, disoient-ils encore, que vous ayez de « quoi vivre et recevoir des ambassades. » Il est visible que les revenus des rois consistoient alors dans leurs domaines [2].

CHAPITRE XIV.

De ce qu'on appeloit *census*.

Lorsque les barbares sortirent de leur pays, ils voulurent rédiger par écrit leurs usages; mais comme on trouva de la difficulté à écrire des mots germains avec des lettres romaines, on donna ces lois en latin.

[1] Voyez le capitulaire de l'an 858, art. 14.
[2] Ils levoient encore quelques droits sur les rivières lorsqu'il y avoit un pont ou un passage.

Dans la confusion de la conquête et de ses progrès, la plupart des choses changèrent de nature : il fallut pour les exprimer se servir des anciens mots latins qui avoient le plus de rapport aux nouveaux usages. Ainsi, ce qui pouvoit réveiller l'idée de l'ancien cens des Romains [1], on le nomma *census*, *tributum*, et, quand les choses n'y eurent aucun rapport quelconque, on exprima comme on put les mots germains avec des lettres romaines : ainsi on forma le mot *fredum*, dont je parlerai beaucoup dans les chapitres suivans.

Les mots *census* et *tributum* ayant été ainsi employés d'une manière arbitraire, cela a jeté quelque obscurité dans la signification qu'avoient ces mots dans la première et dans la seconde race : et des auteurs modernes [2], qui avoient des systèmes particuliers, ayant trouvé ce mot dans les écrits de ces temps-là, ils ont jugé que ce qu'on appeloit *census* étoit précisément le cens des Romains; et ils en ont tiré cette conséquence, que nos rois des

---

[1] Le *census* étoit un mot si générique qu'on s'en servit pour exprimer les péages des rivières lorsqu'il y avoit un pont ou un bac à passer. Voyez le capitulaire III de l'an 803, édition de Baluze, page 395, art. 1; et le v de l'an 819, page 616. On appela encore de ce nom les voitures fournies par les hommes libres au roi ou à ses envoyés, comme il paroît par le capitulaire de Charles-le-Chauve, de l'an 865, art. 8.

[2] M. l'abbé Dubos, et ceux qui l'ont suivi.

deux premières races s'étoient mis à la place des empereurs romains, et n'avoient rien changé à leur administration [1]. Et, comme de certains droits levés dans la seconde race ont été, par quelques hasards et par de certaines modifications, convertis en d'autres [2], ils en ont conclu que ces droits étoient le cens des Romains : et, comme depuis les réglemens modernes ils ont vu que le domaine de la couronne étoit absolument inaliénable, ils ont dit que ces droits, qui représentoient le cens des Romains, et qui ne forment pas une partie de ce domaine, étoient de pures usurpations. Je laisse les autres conséquences.

Transporter dans des siècles reculés toutes les idées du siècle où l'on vit, c'est des sources de l'erreur celle qui est la plus féconde. A ces gens qui veulent rendre modernes tous les siècles anciens, je dirai ce que les prêtres d'Égypte dirent à Solon : « O Athéniens, vous n'êtes que des enfans. »

[1] Voyez la foiblesse des raisons de M. l'abbé Dubos, Établissement de la monarchie française, tome III, liv. VI, chap. XIV ; surtout l'induction qu'il tire d'un passage de Grégoire de Tours sur un démêlé de son église avec le roi Charibert.

[2] Par exemple, par les affranchissemens.

CHAPITRE XV.

Que ce qu'on appeloit *census* ne se levoit que sur les serfs, et non pas sur les hommes libres.

LE roi, les ecclésiastiques et les seigneurs levoient des tributs réglés, chacun sur les serfs de ses domaines. Je le prouve, à l'égard du roi, par le capitulaire *de Villis;* à l'égard des ecclésiastiques, par les codes des lois des barbares [1]; à l'égard des seigneurs, par les réglemens que Charlemagne fit là-dessus [2].

Ces tributs étoient appelés *census :* c'étoient des droits économiques, et non pas fiscaux; des redevances uniquement privées, et non pas des charges publiques.

Je dis que ce qu'on appeloit *census* étoit un tribut levé sur les serfs. Je le prouve par une formule de Marculfe, qui contient une permission du roi de se faire clerc, pourvu qu'on soit ingénu, et qu'on ne soit point inscrit dans le registre du

---

[1] Loi des Allemands, chap. XXII; et la loi des Bavarois, tit. 1, chap. XIV, où l'on trouve les réglemens que les ecclésiastiques firent sur leur état.

[2] Livre V des capitulaires, chap. CCCIII.

cens [1]. Je le prouve encore par une commission que Charlemagne donna à un comte qu'il envoya dans les contrées de Saxe [2] : elle contient l'affranchissement des Saxons, à cause qu'ils avoient embrassé le christianisme ; et c'est proprement une chartre d'ingénuité [3]. Ce prince les rétablit dans leur première liberté civile, et les exempte de payer le cens [4]. C'étoit donc une même chose d'être serf et de payer le cens, d'être libre et de ne le payer pas.

Par une espèce de lettres-patentes du même prince en faveur des Espagnols qui avoient été reçus dans la monarchie [5], il est défendu aux comtes d'exiger d'eux aucun cens, et de leur ôter leurs terres. On sait que les étrangers qui arrivoient en France étoient traités comme des serfs; et Charlemagne, voulant qu'on les regardât comme des hommes libres, puisqu'il vouloit qu'ils eussent la propriété de leurs terres, défendoit d'exiger d'eux le cens.

---

[1] *Si ille de capite suo benè ingenuus sit, et in puletico publico censitus non est.* Liv. I, form. xix.

[2] De l'an 789, édition des capitulaires de Baluze, t. I, p. 250.

[3] *Et ut ista ingenuitatis pagina firma stabilisque consistat.* Ib.

[4] *Pristinæque libertati donatos, et omni nobis debito census solitos.* Ibid.

[5] *Præceptum pro Hispanis*, de l'an 812, édition de Baluze, tome I, page 500.

Un capitulaire de Charles-le-Chauve, donné en faveur des mêmes Espagnols [1], veut qu'on les traite comme on traitoit les autres Francs, et défend d'exiger d'eux le cens : les hommes libres ne le payoient donc pas.

L'article 30 de l'édit de Pistes réforme l'abus par lequel plusieurs colons du roi ou de l'église vendoient les terres dépendantes de leurs manoirs à des ecclésiastiques ou à des gens de leur condition, et ne se réservoient qu'une petite case; de sorte qu'on ne pouvoit plus être payé du cens; et il y est ordonné de rétablir les choses dans leur premier état : le cens étoit donc un tribut d'esclaves.

Il résulte encore de là qu'il n'y avoit point de cens général dans la monarchie; et cela est clair par un grand nombre de textes. Car que signifieroit ce capitulaire [2] : « Nous voulons qu'on exige « le cens royal dans tous les lieux où autrefois on « l'exigeoit légitimement [3]? » Que voudroit dire celui [4] où Charlemagne ordonne à ses envoyés dans les provinces de faire une recherche exacte de tous

---

[1] De l'an 844, édition de Baluze, tome II, art. 1 et 2, p. 27.

[2] Capitulaire III, de l'an 805, art. 20 et 22, inséré dans le recueil d'Anzegise, liv. III, art. 15. Cela est conforme à celui de Charles-le-Chauve, de l'an 854, *apud Attiniacum*, art. 6.

[3] *Undecumque legitimè exigebatur.* Ibid.

[4] De l'an 812, art. 10 et 11, édit. de Baluze, tome I, p. 498.

les cens qui avoient anciennement été du domaine du roi [1]; et celui [2] où il dispose des cens payés par ceux dont on les exige [3]? Quelle signification donner à cet autre [4] où on lit : « Si quelqu'un a « acquis une terre tributaire sur laquelle nous « avions accoutumé de lever le cens [5]? » à cet autre enfin [6] où Charles-le-Chauve parle des terres censuelles dont le cens avoit de toute antiquité appartenu au roi [7]?

Remarquez qu'il y a quelques textes qui paroissent d'abord contraires à ce que j'ai dit, et qui cependant le confirment. On a vu ci-dessus que les hommes libres dans la monarchie n'étoient obligés qu'à fournir de certaines voitures. Le capitulaire que je viens de citer appelle cela *census* [8], et il l'oppose au cens qui étoit payé par les serfs.

---

[1] *Undecumque antiquitùs ad partem regis venire solebant.* Capitulaire de l'an 812, art. 10 et 11.

[2] De l'an 813, art. 6, édition de Baluze, tome I, page 508.

[3] *De illis undè censa exigunt.* Capitulaire de l'an 813, art. 6.

[4] Livre IV des capitulaires, art. 37, et inséré dans la loi des Lombards.

[5] *Si quis terram tributariam, undè census ad partem nostram exire solebat, susceperit.* Liv. IV des capitulaires, art. 37.

[6] De l'an 805, art. 8.

[7] *Undè census ad partem regis exivit antiquitùs.* Capitulaire de l'an 805, art. 8.

[8] *Censibus vel paraveredis quos Franci homines ad regiam potestatem exsolvere debent.*

De plus, l'édit de Pistes [1] parle de ces hommes francs qui devoient payer le cens royal pour leur tête et pour leurs cases, et qui s'étoient vendus pendant la famine [2]. Le roi veut qu'ils soient rachetés : c'est que ceux qui étoient affranchis par lettres du roi [3] n'acquéroient point ordinairement une pleine et entière liberté [4], mais ils payoient *censum in capite* : et c'est de cette sorte de gens dont il est ici parlé.

Il faut donc se défaire de l'idée d'un cens général et universel, dérivé de la police des Romains, duquel on suppose que les droits des seigneurs ont dérivé de même par des usurpations. Ce qu'on appeloit cens dans la monarchie française, indépendamment de l'abus que l'on a fait de ce mot, étoit un droit particulier levé sur les serfs par les maîtres.

Je supplie le lecteur de me pardonner l'ennui mortel que tant de citations doivent lui donner : je serois plus court si je ne trouvois toujours de-

---

[1] De l'an 864, art. 34, édition de Baluze, page 192.

[2] *De illis Francis hominibus qui censum regium de suo capite et de suis recellis debeant.* Ibid.

[3] L'article 28 du même édit explique bien tout cela. Il met même une distinction entre l'affranchi romain et l'affranchi franc; et on y voit que le cens n'étoit pas général. Il faut le lire.

[4] Comme il paroît par un capitulaire de Charlemagne, de l'an 813, déjà cité.

vant moi le livre de l'Établissement de la monarchie française dans les Gaules de M. l'abbé Dubos. Rien ne recule plus le progrès des connoissances qu'un mauvais ouvrage d'un auteur célèbre, parce qu'avant d'instruire il faut commencer par détromper.

CHAPITRE XVI.

Des leudes ou vassaux.

J'AI parlé de ces volontaires qui, chez les Germains, suivoient les princes dans leurs entreprises. Le même usage se conserva après la conquête. Tacite les désigne par le nom de compagnons [1]; la loi salique, par celui d'hommes qui sont sous la foi du roi [2]; les formules de Marculfe [3], par celui d'antrustions du roi [4]; nos premiers historiens, par celui de leudes, de fidèles [5]; et les suivans, par celui de vassaux et seigneurs [6].

---

[1] *Comites.*

[2] *Qui sunt in truste regis*, tit. 44, art. 4.

[3] Liv. I, formule XVIII.

[4] Du mot *trew*, qui signifie *fidèle* chez les Allemands; et chez les Anglais *true*, vraie.

[5] *Leudes, fideles.*

[6] *Vassali, seniores.*

On trouve dans les lois saliques et ripuaires un nombre infini de dispositions pour les Francs, et quelques-unes seulement pour les antrustions. Les dispositions sur ces antrustions sont différentes de celles faites pour les autres Francs; on y règle partout les biens des Francs, et on ne dit rien de ceux des antrustions : ce qui vient de ce que les biens de ceux-ci se régloient plutôt par la loi politique que par la loi civile, et qu'ils étoient le sort d'une armée, et non le patrimoine d'une famille.

Les biens réservés pour les leudes furent appelés des biens fiscaux [1], des bénéfices, des honneurs, des fiefs, dans les divers auteurs et dans les divers temps.

On ne peut pas douter que d'abord les fiefs ne fussent amovibles [2]. On voit dans Grégoire de Tours [3] que l'on ôte à Sunégisile et à Galloman tout ce qu'ils tenoient du fisc, et qu'on ne leur laisse que ce qu'ils avoient en propriété. Gontran, élevant au trône son neveu Childebert, eut une

[1] *Fiscalia.* Voyez la formule XIV de Marculfe, liv. I. Il est dit dans la Vie de saint Maur, *dedit fiscum unum;* et dans les Annales de Metz sur l'an 747, *dedit illi comitatus et fiscos plurimos.* Les biens destinés à l'entretien de la famille royale étoient appelés *regalia.*

[2] Voyez le livre I, titre 1, des fiefs; et Cujas sur ce livre.

[3] Livre IX, chapitre XXXVIII.

conférence secrète avec lui, et lui indiqua ceux à qui il devoit donner des fiefs, et ceux à qui il devoit les ôter[1]. Dans une formule de Marculfe, le roi donne en échange, non-seulement des bénéfices que son fisc tenoit, mais encore ceux qu'un autre avoit tenus[2]. La loi des Lombards oppose les bénéfices à la propriété[3]. Les historiens, les formules, les codes des différens peuples barbares, tous les monumens qui nous restent, sont unanimes. Enfin, ceux qui ont écrit le livre des fiefs[4] nous apprennent que d'abord les seigneurs purent les ôter à leur volonté; qu'ensuite ils les assurèrent pour un an[5], et après les donnèrent pour la vie.

[1] *Quos honoraret muneribus, quos ab honore depelleret.* Ibid., liv. VII.

[2] *Vel reliquis quibuscumque beneficiis, quodcumque ille, vel fiscus noster, in ipsis locis tenuisse noscitur.* Liv. I, form. xxx.

[3] Liv. III, tit. VIII, § 3.

[4] *Feudorum*, lib. I, tit. I.

[5] C'étoit une espèce de précaire que le seigneur renouveloit ou ne renouveloit pas l'année d'ensuite, comme Cujas l'a remarqué.

CHAPITRE XVII.

Du service militaire des hommes libres.

Deux sortes de gens étoient tenus au service militaire : les leudes vassaux, ou arrière-vassaux, qui y étoient obligés en conséquence de leur fief; et les hommes libres, Francs, Romains, et Gaulois, qui servoient sous le comte, et étoient menés par lui et ses officiers.

On appeloit hommes libres ceux qui, d'un côté, n'avoient point de bénéfices ou fiefs, et qui, de l'autre, n'étoient point soumis à la servitude de la glèbe; les terres qu'ils possédoient étoient ce qu'on appeloit des terres allodiales.

Les comtes assembloient les hommes libres, et les menoient à la guerre [1]; ils avoient sous eux des officiers qu'ils appeloient vicaires [2]; et, comme tous les hommes libres étoient divisés en centaines qui formoient ce qu'on appeloit un bourg, les comtes avoient encore sous eux des officiers

---

[1] Voyez le capitulaire de Charlemagne, de l'an 812, art. 3 et 4, édition de Baluze, tome I, page 491; et l'édit de Pistes, de l'an 864, art. 26, tome II, page 186.

[2] *Et habebat unusquisque comes vicarios et centenarios secum.* Liv. II des capitulaires t. 28.

qu'on appeloit centeniers, qui menoient les hommes libres du bourg ¹, ou leurs centaines, à la guerre.

Cette division par centaines est postérieure à l'établissement des Francs dans les Gaules. Elle fut faite par Clotaire et Childebert, dans la vue d'obliger chaque district à répondre des vols qui s'y feroient : on voit cela dans les décrets de ces princes ². Une pareille police s'observe encore aujourd'hui en Angleterre.

Comme les comtes menoient les hommes libres à la guerre, les leudes y menoient aussi leurs vassaux ou arrière-vassaux ; et les évêques, abbés, ou leurs avoués ³, y menoient les leurs ⁴.

Les évêques étoient assez embarrassés : ils ne convenoient pas bien eux-mêmes de leurs faits ⁵. Ils demandèrent à Charlemagne de ne plus les obliger d'aller à la guerre; et, quand ils l'eurent obtenu, ils se plaignirent de ce qu'on leur faisoit perdre la considération publique : et ce prince fut

¹ On les appeloit *compagenses*.
² Donnés vers l'an 595, art. 1. Voyez les capitulaires, édition de Baluze, page 20. Ces réglemens furent sans doute faits de concert.
³ *Advocati*.
⁴ Capitulaire de Charlemagne, de l'an 812, art. 1 et 5, édition de Baluze, tome I, page 490.
⁵ Voyez le capitulaire de l'an 803, donné à Worms, édition de Baluze, pages 408 et 410.

obligé de justifier là-dessus ses intentions. Quoi qu'il en soit, dans les temps où ils n'allèrent plus à la guerre, je ne vois pas que leurs vassaux y aient été menés par les comtes; on voit au contraire que les rois ou les évêques choisissoient un des fidèles pour les y conduire [1].

Dans un capitulaire de Louis-le-Débonnaire [2], le roi distingue trois sortes de vassaux : ceux du roi, ceux des évêques, ceux du comte. Les vassaux d'un leude ou seigneur n'étoient menés à la guerre par le comte que lorsque quelque emploi dans la maison du roi empêchoit ces leudes de les mener eux-mêmes [3].

Mais qui est-ce qui menoit les leudes à la guerre? On ne peut douter que ce ne fût le roi, qui étoit toujours à la tête de ses fidèles. C'est pour cela que, dans les capitulaires, on voit toujours une opposition entre les vassaux du roi et ceux des

---

[1] *Capitulaire de Worms, de l'an 803*, édit. de Baluze, p. 409, et le concile de l'an 845, sous Charles-le-Chauve, *in Verno palatio*, édition de Baluze, page 17, art. 8.

[2] *Capitulare quintum anni* 819, art. 27, édit. de Baluze, p. 618.

[3] *De vassis dominicis qui adhuc intra casam serviunt, et tamen beneficia habere noscuntur, statutum est ut quicumque ex eis cum domino imperatore domi remanserint, vassallos suos casatos secum non retineant, sed cum comite, cujus pagenses sunt ire permittant.* Capitulaire XI, de l'an 812, art. 7, édition de Baluze, tome I, p. 494.

évêques¹. Nos rois, courageux, fiers et magnanimes, n'étoient point dans l'armée pour se mettre à la tête de cette milice ecclésiastique; ce n'étoient point ces gens-là qu'ils choisissoient pour vaincre ou mourir avec eux.

Mais ces leudes menoient de même leurs vassaux et arrière-vassaux ; et cela paroît bien par ce capitulaire où Charlemagne ordonne que tout homme libre qui aura quatre manoirs, soit dans sa propriété, soit dans le bénéfice de quelqu'un, aille contre l'ennemi, ou suive son seigneur². Il est visible que Charlemagne veut dire que celui qui n'avoit qu'une terre en propre entroit dans la milice du comte, et celui qui tenoit un bénéfice du seigneur partoit avec lui.

Cependant M. l'abbé Dubos prétend que, quand il est parlé dans les capitulaires des hommes qui dépendoient d'un seigneur particulier, il n'est question que des serfs³ ; et il se fonde sur la loi des Wisigoths et la pratique de ce peuple. Il vaudroit

¹ Capitulaire 1, de l'an 812, art. 5. *De hominibus nostris, et episcoporum et abbatum, qui vel beneficia vel talia propria habent*, etc. Édition de Baluze, tome I, page 490.

² De l'an 812, chap. 1, édit. de Baluze, p. 490. *Ut omnis homo liber qui quatuor mansos vestitos de proprio suo, sive de alicujus beneficio, habet, ipse se præparet, et ipse in hostem pergat, sive cum seniore suo.*

³ Tome III, liv. VI, chap. IV, page 299, Établissement de la monarchie française.

mieux se fonder sur les capitulaires mêmes. Celui que je viens de citer dit formellement le contraire. Le traité entre Charles-le-Chauve et ses frères parle de même des hommes libres, qui peuvent prendre à leur choix un seigneur ou le roi; et cette disposition est conforme à beaucoup d'autres.

On peut donc dire qu'il y avoit trois sortes de milices : celle des leudes ou fidèles du roi, qui avoient eux-mêmes sous leur dépendance d'autres fidèles; celle des évêques ou autres ecclésiastiques, et de leurs vassaux; et enfin celle du comte, qui menoit les hommes libres.

Je ne dis point que les vassaux ne pussent être soumis au comte, comme ceux qui ont un commandement particulier dépendent de celui qui a un commandement plus général.

On voit même que le comte et les envoyés du roi pouvoient leur faire payer le ban, c'est-à-dire une amende, lorsqu'ils n'avoient pas rempli les engagemens de leur fief.

De même, si les vassaux du roi faisoient des rapines, ils étoient soumis à la correction du comte, s'ils n'aimoient mieux se soumettre à celle du roi [1].

---

[1] Capitulaire de l'an 882, art. 11, *apud Vernis palatium*, édition de Baluze, tome II, page 17.

CHAPITRE XVIII.

Du double service.

C'étoit un principe fondamental de la monarchie, que ceux qui étoient sous la puissance militaire de quelqu'un étoient aussi sous sa juridiction civile : aussi le capitulaire de Louis-le-Débonnaire, de l'an 815 [1], fait-il marcher d'un pas égal la puissance militaire du comte et sa juridiction civile sur les hommes libres ; aussi les placites [2] du comte, qui menoit à la guerre des hommes libres, étoient-ils appelés les placites des hommes libres [3] ; d'où résulta sans doute cette maxime, que ce n'étoit que dans les placites du comte, et non dans ceux de ses officiers, qu'on pouvoit juger les questions sur la liberté. Aussi le comte ne menoit-il pas à la guerre les vassaux des évêques ou abbés [4], parce qu'ils n'étoient pas sous sa juri-

---

[1] Articles 1 et 2; et le concile *in Verno palatio*, de l'an 845, art. 8, édition de Baluze, tome II, p. 17.

[2] Plaids ou assises.

[3] Capitulaires, liv. IV de la collection d'Anzegise, art. 57; et le capitulaire v de Louis-le-Débonnaire, de l'an 819, art. 14, édition de Baluze, tome I, page 615.

[4] Voyez ci-dessus, page 462, note 4; et page 464, note 1.

diction civile ; aussi n'y menoit-il pas les arrière-vassaux des leudes; aussi le glossaire des lois anglaises [1] nous dit-il que ceux que les Saxons appeloient *coples*, furent nommés par les Normands *comtes*, *compagnons*, parce qu'ils partageoient avec le roi les amendes judiciaires [2] ; aussi voyons-nous dans tous les temps que l'obligation de tout vassal envers son seigneur [3], fut de porter les armes, et de juger ses pairs dans sa cour [4].

Une des raisons qui attachoit ainsi ce droit de justice au droit de mener à la guerre étoit que celui qui menoit à la guerre faisoit en même temps payer les droits du fisc, qui consistoient en quelques services de voiture dus par les hommes libres, et en général en de certains profits judiciaires dont je parlerai ci-après.

Les seigneurs eurent le droit de rendre la justice dans leur fief, par le même principe qui fit que les comtes eurent le droit de la rendre dans leur comté ; et, pour bien dire, les comtés, dans les variations arrivées dans les divers temps, sui-

---

[1] Que l'on trouve dans le recueil de Guillaume Lambard : *De priscis Anglorum legibus*.

[2] Au mot *satrapia*.

[3] Les assises de Jérusalem, chap. ccxxi et ccxxii, expliquent bien ceci.

[4] Les avoués de l'église (*advocati*) étoient également à la tête de leurs plaids et de leur milice.

virent toujours les variations arrivées dans les fiefs : les uns et les autres étoient gouvernés sur le même plan et sur les mêmes idées. En un mot, les comtes, dans leurs comtés, étoient des leudes; les leudes, dans leurs seigneuries, étoient des comtes.

On n'a pas eu des idées justes lorsqu'on a regardé les comtes comme des officiers de justice, et les ducs comme des officiers militaires. Les uns et les autres étoient également des officiers militaires et civiles [1] : toute la différence étoit que le duc avoit sous lui plusieurs comtes, quoiqu'il y eût des comtes qui n'avoient point de duc sur eux, comme nous l'apprenons de Frédégaire [2].

On croira peut-être que le gouvernement des Francs étoit pour lors bien dur, puisque les mêmes officiers avoient en même temps sur les sujets la puissance militaire et la puissance civile, et même la puissance fiscale; chose que j'ai dit, dans les livres précédens, être une des marques distinctives du despotisme.

Mais il ne faut pas penser que les comtes jugeassent seuls, et rendissent la justice comme les

[1] Voyez la formule VIII de Marculfe, liv. I, qui contient les ettres accordées à un duc, patrice, ou comte, qui leur donnent la juridiction civile et l'administration fiscale.

[2] Chronique, chap. LXXVIII, sur l'an 636.

bachas la rendent en Turquie[1] : ils assembloient, pour juger les affaires, des espèces de plaids ou d'assises[2], où les notables étoient convoqués.

Pour qu'on puisse bien entendre ce qui concerne les jugemens, dans les formules, les lois des barbares, et les capitulaires, je dirai que les fonctions du comte[3], du gravion et du centenier, étoient les mêmes ; que les juges, les rathimburges et les échevins, étoient sous différens noms les mêmes personnes ; c'étoient les adjoints du comte, et ordinairement il en avoit sept ; et, comme il ne lui falloit pas moins de douze personnes pour juger[4], il remplissoit le nombre par des notables[5].

Mais, qui que ce fût qui eût la juridiction, le roi, le comte, le gravion, le centenier, les seigneurs, les ecclésiastiques, ils ne jugèrent jamais seuls ; et cet usage, qui tiroit son origine des forêts de la Germanie, se maintint encore lorsque les fiefs prirent une forme nouvelle.

[1] Voyez Grégoire de Tours, liv. V, *ad annum* 580.

[2] *Mallum.*

[3] Joignez ici ce que j'ai dit au liv. XXVIII, chap. XXVIII ; et au liv. XXXI, chap. VIII.

[4] Voyez sur tout ceci les capitulaires de Louis-le-Débonnaire, ajoutés à la loi salique, art. 2 ; et la formule des jugemens, donnée par du Cange, au mot *boni homines.*

[5] *Per bonos homines.* Quelquefois il n'y avoit que des notables. Voyez l'appendice aux formules de Marculfe, chap. LI.

Quant au pouvoir fiscal, il étoit tel que le comte ne pouvoit guère en abuser. Les droits du prince à l'égard des hommes libres étoient si simples qu'ils ne consistoient, comme j'ai dit, qu'en de certaines voitures exigées dans de certaines occasions publiques [1] ; et, quant aux droits judiciaires, il y avoit des lois qui prévenoient les malversations [2].

CHAPITRE XIX.

Des compositions chez les peuples barbares.

COMME il est impossible d'entrer un peu avant dans notre droit politique si l'on ne connoît parfaitement les lois et les mœurs des peuples germains, je m'arrêterai un moment pour faire la recherche de ces mœurs et de ces lois.

Il paroît par Tacite que les Germains ne connoissoient que deux crimes capitaux ; ils pendoient les traîtres et noyoient les poltrons : c'étoient chez eux les seuls crimes qui fussent publics. Lorsqu'un homme avoit fait quelque tort à un autre, les parens de la personne offensée ou lésée en-

---

[1] Et quelques droits sur les rivières, dont j'ai parlé.

[2] Voyez la loi des Ripuaires, tit. 89 ; et la loi des Lombards, liv. II, tit. 52, § 9.

troient dans la querelle; et la haine s'apaisoit par une satisfaction. Cette satisfaction regardoit celui qui avoit été offensé, s'il pouvoit la recevoir; et les parens, si l'injure ou le tort leur étoit commun; ou si, par la mort de celui qui avoit été offensé ou lésé, la satisfaction leur étoit dévolue [1].

De la manière dont parle Tacite, ces satisfactions se faisoient par une convention réciproque entre les parties : aussi dans les codes des peuples barbares ces satisfactions s'appellent-elles des compositions.

Je ne trouve que la loi des Frisons [2] qui ait laissé le peuple dans cette situation où chaque famille ennemie étoit, pour ainsi dire, dans l'état de nature, et où, sans être retenue par quelque loi politique ou civile, elle pouvoit à sa fantaisie exercer sa vengeance, jusqu'à ce qu'elle eût été satisfaite. Cette loi même fut tempérée : on établit que celui dont on demandoit la vie auroit la paix dans sa maison [3]; qu'il l'auroit en allant et en re-

---

[1] *Suscipere tàm inimicitias, seu patris, seu propinqui, quàm amicitias, necesse est: nec implacabiles durant; luitur enim etiam homicidium certo armentorum ac pecorum numero, recipitque satisfactionem universa domus.* Tacite, *de moribus Germanorum*, § 21.

[2] Voyez cette loi, tit. 2, sur les meurtres; et l'addition de Wulemar sur les vols.

[3] *Additio sapientium*, tit. 1, § 1.

venant de l'église, et du lieu où l'on rendoit les jugemens.

Les compilateurs des lois saliques citent un ancien usage des Francs[1], par lequel celui qui avoit exhumé un cadavre pour le dépouiller étoit banni de la société des hommes jusqu'à ce que les parens consentissent à l'y faire rentrer; et comme avant ce temps il étoit défendu à tout le monde, et à sa femme même, de lui donner du pain ou de le recevoir dans sa maison, un tel homme étoit à l'égard des autres, et les autres étoient à son égard dans l'état de nature, jusqu'à ce que cet état eût cessé par la composition.

A cela près, on voit que les sages des diverses nations barbares songèrent à faire par eux-mêmes ce qu'il étoit trop long et trop dangereux d'attendre de la convention réciproque des parties. Ils furent attentifs à mettre un prix juste à la composition que devoit recevoir celui à qui on avoit fait quelque tort ou quelque injure. Toutes ces lois barbares ont là-dessus une précision admirable : on y distingue avec finesse les cas[2], on y pèse les circonstances; la loi se met à la place de celui qui est offensé, et demande pour lui la

[1] Loi salique, tit. 58, § 1; tit. 17, § 3.
[2] Voyez surtout les titres 3, 4, 5, 6 et 7 de la loi salique, qui regardent les vols des animaux.

satisfaction que dans un moment de sang-froid il auroit demandée lui-même.

Ce fut par l'établissement de ces lois que les peuples germains sortirent de cet état de nature où il semble qu'ils étoient encore du temps de Tacite.

Rotharis déclara, dans la loi des Lombards, qu'il avoit augmenté les compositions de la coutume ancienne pour les blessures, afin que, le blessé étant satisfait, les inimitiés pussent cesser [1]. En effet, les Lombards, peuple pauvre, s'étant enrichis par la conquête de l'Italie, les compositions anciennes devenoient frivoles, et les réconciliations ne se faisoient plus. Je ne doute pas que cette considération n'ait obligé les autres chefs des nations conquérantes à faire les divers codes de lois que nous avons aujourd'hui.

La principale composition étoit celle que le meurtrier devoit payer aux parens du mort. La différence des conditions en mettoit une dans les compositions [2] : ainsi, dans la loi des Angles, la composition étoit de six cents sous pour la mort d'un adalingue, de deux cents pour celle d'un homme libre, de trente pour celle d'un serf. La

[1] Liv. I, tit. 7, § 15.
[2] Voyez la loi des Angles, tit. 1, § 1, 2, 4; *ibid.*, tit. 5, § 6; la loi des Bavarois, tit. 1, chap. VIII et IX; et la loi des Frisons, tit. 15.

grandeur de la composition établie sur la tête d'un homme faisoit donc une de ses grandes prérogatives ; car, outre la distinction qu'elle faisoit de sa personne, elle établissoit pour lui parmi des nations violentes une plus grande sûreté.

La loi des Bavarois nous fait bien sentir ceci [1] : elle donne le nom des familles bavaroises qui recevoient une composition double, parce qu'elles étoient les premières après les Agilolfingues [2]. Les Agilolfingues étoient de la race ducale, et on choisissoit le duc parmi eux ; ils avoient une composition quadruple. La composition pour le duc excédoit d'un tiers celle qui étoit établie pour les Agilolfingues. « Parce qu'il est duc, dit la loi, on « lui rend un plus grand honneur qu'à ses parens. »

Toutes ces compositions étoient fixées à prix d'argent. Mais, comme ces peuples, surtout pendant qu'ils se tinrent dans la Germanie, n'en avoient guère, on pouvoit donner du bétail, du blé, des meubles, des armes, des chiens, des oiseaux de chasse, des terres, etc.[3]. Souvent même la loi fixoit la valeur de ces choses [4] ; ce qui expli-

---

[1] Titre 2, chap. xx.

[2] Hozidra, Ozza, Sagana, Habilingua, Anniena, *ibid*.

[3] Ainsi la loi d'Ina estimoit la vie une certaine somme d'argent, ou une certaine portion de terre. *Leges Inæ regis, titulo de Villico regio, de priscis Anglorum legibus*. (Cambridge, 1644.)

[4] Voyez la loi des Saxons, qui fait même cette fixation pour

que comment, avec si peu d'argent, il y eut chez eux tant de peines pécuniaires.

Ces lois s'attachèrent donc à marquer avec précision la différence des torts, des injures, des crimes, afin que chacun connût au juste jusqu'à quel point il étoit lésé ou offensé; qu'il sût exactement la réparation qu'il devoit recevoir, et surtout qu'il n'en devoit pas recevoir davantage.

Dans ce point de vue, on conçoit que celui qui se vengeoit après avoir reçu la satisfaction commettoit un grand crime. Ce crime ne contenoit pas moins une offense publique qu'une offense particulière : c'étoit un mépris de la loi même. C'est ce crime que les législateurs ne manquèrent pas de punir [1].

Il y avoit un autre crime qui fut surtout regardé comme dangereux [2] lorsque ces peuples perdirent dans le gouvernement civil quelque chose de leur

plusieurs peuples, chap. XVIII. Voyez aussi la loi des Ripuaires, tit. 36, § 11; la loi des Bavarois, tit. 1, § 10 et 11. *Si aurum non habet donet aliam pecuniam, mancipia, terram*, etc.

[1] Voyez la loi des Lombards, liv. I, tit. 25, § 21; *ibid.*, liv. I, tit. 9, § 8 et 34; *ibid.*, § 38; et le capitulaire de Charlemagne, de l'an 802, chap. XXXII, contenant une instruction donnée à ceux qu'il envoyoit dans les provinces.

[2] Voyez dans Grégoire de Tours, liv. VII, chap. XLVII, le détail d'un procès où une partie perd la moitié de composition qui lui avoit été adjugée, pour s'être fait justice elle-même, au lieu de recevoir la satisfaction, quelques excès qu'elle eût soufferts depuis.

esprit d'indépendance, et que les rois s'attachèrent à mettre dans l'état une meilleure police : ce crime étoit de ne vouloir point faire, ou de ne vouloir pas recevoir la satisfaction. Nous voyons, dans divers codes des lois des barbares, que les législateurs y obligeoient [1]. En effet, celui qui refusoit de recevoir la satisfaction vouloit conserver son droit de vengeance ; celui qui refusoit de la faire laissoit à l'offensé son droit de vengeance ; et c'est ce que les gens sages avoient réformé dans les institutions des Germains, qui invitoient à la composition, mais n'y obligeoient pas.

Je viens de parler d'un texte de la loi salique où le législateur laissoit à la liberté de l'offensé de recevoir ou de ne recevoir pas la satisfaction : c'est cette loi qui interdisoit à celui qui avoit dépouillé un cadavre le commerce des hommes, jusqu'à ce que les parens, acceptant la satisfaction, eussent demandé qu'il pût vivre parmi les hommes [2]. Le respect pour les choses saintes fit que ceux qui

---

[1] Voyez la loi des Saxons, chap. III, § 4 ; la loi des Lombards, liv. I, tit. 37, § 1 et 2 ; et la loi des Allemands, tit. 45, § 1 et 2. Cette dernière loi permettoit de se faire justice soi-même sur-le-champ et dans le premier mouvement. Voyez aussi les capitulaires de Charlemagne, de l'an 779, chap. XXII ; de l'an 802, chap. XXXII ; et celui du même, de l'an 805, chap. V.

[2] Les compilateurs des lois des Ripuaires paroissent avoir modifié ceci. Voyez le titre 85 de ces lois.

rédigèrent les lois saliques ne touchèrent point à l'ancien usage.

Il auroit été injuste d'accorder une composition aux parens d'un voleur tué dans l'action du vol, ou à ceux d'une femme qui avoit été renvoyée après une séparation pour crime d'adultère. La loi des Bavarois ne donnoit point de composition dans des cas pareils, et punissoit les parens qui en poursuivoient la vengeance [1].

Il n'est pas rare de trouver dans les codes des lois des barbares des compositions pour des actions involontaires. La loi des Lombards est presque toujours sensée ; elle vouloit que, dans ce cas, on composât suivant sa générosité, et que les parens ne pussent plus poursuivre la vengeance [2].

Clotaire II fit un décret très-sage : il défendit à celui qui avoit été volé de recevoir sa composition en secret [3], et sans l'ordonnance du juge. On va voir tout à l'heure le motif de cette loi.

---

[1] Voyez le décret de Tassillon, *de popularibus legibus*, art. 3, 4, 10, 16, 19; la loi des Angles, tit. 7, § 4.

[2] Liv. I, tit, 9, § 4.

[3] *Pactus pro tenore pacis inter Childebertum et Clotarium, anno* 593 ; *et decretio Clotarii II regis, circa annum* 595, chap. XI.

CHAPITRE XX.

De ce qu'on a appelé depuis la justice des seigneurs.

Outre la composition qu'on devoit payer aux parens pour les meurtres, les torts et les injures, il falloit encore payer un certain droit que les codes des lois des barbares appellent *fredum*[1]. J'en parlerai beaucoup; et, pour en donner l'idée, je dirai que c'est la récompense de la protection accordée contre le droit de vengeance. Encore aujourd'hui, dans la langue suédoise, *fred* veut dire la paix.

Chez les nations violentes, rendre la justice n'étoit autre chose qu'accorder à celui qui avoit fait une offense sa protection contre la vengeance de celui qui l'avoit reçue, et obliger ce dernier à recevoir la satisfaction qui lui étoit due; de sorte que, chez les Germains, à la différence de tous les autres peuples, la justice se rendoit pour protéger le criminel contre celui qu'il avoit offensé.

Les codes des lois des barbares nous donnent le

[1] Lorsque la loi ne le fixoit pas, il étoit ordinairement le tiers de ce qu'on donnoit pour la composition, comme il paroît dans la loi des Ripuaires, chap. LXXXIX, qui est expliquée par le troisième capitulaire de l'an 813, édition de Baluze, tome I, page 512.

cas où ces *freda* devoient être exigés. Dans ceux où les parens ne pouvoient pas prendre de vengeance, ils ne donnent point de *fredum* : en effet, là où il n'y avoit point de vengeance, il ne pouvoit y avoir de droit de protection contre la vengeance. Ainsi, dans la loi des Lombards [1], si quelqu'un tuoit par hasard un homme libre, il payoit la valeur de l'homme mort, sans le *fredum*, parce que, l'ayant tué involontairement, ce n'étoit pas le cas où les parens eussent un droit de vengeance. Ainsi, dans la loi des Ripuaires [2], quand un homme étoit tué par un morceau de bois ou un ouvrage fait de main d'homme, l'ouvrage ou le bois étoit censé coupable, et les parens les prenoient pour leur usage, sans pouvoir exiger le *fredum*.

De même, quand une bête avoit tué un homme, la même loi établissoit une composition sans le *fredum* [3], parce que les parens du mort n'étoient pas offensés.

Enfin, par la loi salique [4], un enfant qui avoit commis quelque faute avant l'âge de douze ans payoit la composition sans le *fredum :* comme il ne pouvoit porter encore les armes, il n'étoit

---

[1] Liv. I, tit. 9, § 17 (édition de Lindembrock).

[2] Tit. 70.

[3] Titre 46. Voyez aussi la loi des Lombards, liv. I, chap. XXI, § 3 (édition de Lindembrok) : *Si caballus cum pede*, etc.

[4] Tit. 28, § 6.

point dans le cas où la partie lésée ou ses parens pussent demander la vengeance.

C'étoit le coupable qui payoit le *fredum*, pour la paix et la sécurité que les excès qu'il avoit commis lui avoient fait perdre, et qu'il pouvoit recouvrer par la protection : mais un enfant ne perdoit point cette sécurité; il n'étoit point un homme, et ne pouvoit être mis hors de la société des hommes.

Ce *fredum* étoit un droit local pour celui qui jugeoit dans le territoire [1]. La loi des Ripuaires lui défendoit pourtant de l'exiger lui-même [2]; elle vouloit que la partie qui avoit obtenu gain de cause le reçût et le portât au fisc, pour que la paix, dit la loi, fût éternelle entre les Ripuaires.

La grandeur du *fredum* se proportionna à la grandeur de la protection [3] : ainsi le *fredum* pour la protection du roi fut plus grand que celui accordé pour la protection du comte et des autres juges.

Je vois déjà naître la justice des seigneurs. Les fiefs comprenoient de grands territoires, comme il paroît par une infinité de monumens. J'ai déjà

---

[1] Comme il paroît par le décret de Clotaire II, de l'an 595. *Fredus tamen judicis, in cujus pago est, reservetur.*

[2] Titre 89.

[3] *Capitulare incerti anni*, chap. LVII, dans Baluze, tome I, page 515. Et il faut remarquer que ce qu'on appelle *fredum* ou *faida* dans les monumens de la première race, s'appelle *bannum* dans ceux de la seconde, comme il paroît par le capitulaire *de partibus Saxoniæ*, de l'an 789.

prouvé que les rois ne levoient rien sur les terres qui étoient du partage des Francs; encore moins pouvoient-ils se réserver des droits sur les fiefs. Ceux qui les obtinrent eurent à cet égard la jouissance la plus étendue; ils en tirèrent tous les fruits et tous les émolumens : et, comme un des plus considérables étoit les profits judiciaires (*freda*) que l'on recevoit par les usages des Francs [1], il suivoit que celui qui avoit le fief avoit aussi la justice, qui ne s'exerçoit que par des compositions aux parens et des profits aux seigneurs. Elle n'étoit autre chose que le droit de faire payer les compositions de la loi, et celui d'exiger les amendes de la loi.

On voit, par les formules qui portent la confirmation ou la translation à perpétuité d'un fief en faveur d'un leude ou fidèle [2], ou des priviléges des fiefs en faveur des églises [3], que les fiefs avoient ce droit. Cela paroît encore par une infinité de chartres qui contiennent une défense aux juges ou officiers du roi d'entrer dans le territoire pour y exercer quelque acte de justice que ce fût, et y

---

[1] Voyez le capitulaire de Charlemagne, *de Villis*, où il met ces *freda* au nombre des grands revenus de ce qu'on appeloit *villæ*, ou domaines du roi.

[2] Voyez les formules III, IV, et XVII, liv. I de Marculfe.

[3] *Idem*, formules II, III et IV.

exiger quelque émolument de justice que ce fût[1]. Dès que les juges royaux ne pouvoient plus rien exiger dans un district, ils n'entroient plus dans ce district, et ceux à qui restoit ce district y faisoient les fonctions que ceux-là y avoient faites.

Il est défendu aux juges royaux d'obliger les parties de donner des cautions pour comparoître devant eux : c'étoit donc à celui qui recevoit le territoire à les exiger. Il est dit que les envoyés du roi ne pourroient plus demander de logement; en effet, ils n'y avoient plus aucune fonction.

La justice fut donc, dans les fiefs anciens et dans les fiefs nouveaux, un droit inhérent au fief même, un droit lucratif qui en faisoit partie. C'est pour cela que, dans tous les temps, elle a été regardée ainsi; d'où est né ce principe, que les justices sont patrimoniales en France.

Quelques-uns ont cru que les justices tiroient leur origine des affranchissemens que les rois et les seigneurs firent de leurs serfs. Mais les nations germaines, et celles qui en sont descendues, ne sont pas les seules qui aient affranchi des esclaves, et ce sont les seules qui aient établi des justices patrimoniales. D'ailleurs les formules de Marculfe nous font voir des hommes libres dépendans de

---

[1] Voyez les recueils de ces chartres, surtout celui qui est à la fin du cinquième volume des Historiens de France des pères bénédictins.

ces justices dans les premiers temps [1] : les serfs ont donc été justiciables, parce qu'ils se sont trouvés dans le territoire ; et ils n'ont pas donné l'origine aux fiefs, pour avoir été englobés dans le fief.

D'autres gens ont pris une voie plus courte : les seigneurs ont usurpé les justices, ont-ils dit ; et tout a été dit. Mais n'y a-t-il eu sur la terre que les peuples descendus de la Germanie qui aient usurpé les droits des princes ? L'histoire nous apprend assez que d'autres peuples ont fait des entreprises sur leurs souverains ; mais on n'en voit pas naître ce que l'on a appelé les justices des seigneurs. C'étoit donc dans le fond des usages et des coutumes des Germains qu'il en falloit chercher l'origine.

Je prie de voir dans Loyseau [2] quelle est la manière dont il suppose que les seigneurs procédèrent pour former et usurper leurs diverses justices. Il faudroit qu'ils eussent été les gens du monde les plus raffinés, et qu'ils eussent volé, non pas comme les guerriers pillent, mais comme des juges de village et des procureurs se volent entre eux. Il

[1] Voyez les formules III, IV et XIV du livre I; et la chartre de Charlemagne, de l'an 771, dans Martenne, t. I, *anecd. collect.* XI. *Præcipientes jubemus ut ullus judex publicus.... homines ipsius ecclesiæ et monasterii ipsius Morbacensis, tam ingenuos, quàm et servos, et qui super eorum terras manere*, etc.

[2] Traité des justices de village.

faudroit dire que ces guerriers, dans toutes les provinces particulières du royaume et dans tant de royaumes, auroient fait un système général de politique. Loyseau les fait raisonner comme dans son cabinet il raisonnoit lui-même.

Je le dirai encore : si la justice n'étoit point une dépendance du fief, pourquoi voit-on partout que le service du fief étoit de servir le roi ou le seigneur, et dans leurs cours et dans leurs guerres [1] ?

CHAPITRE XXI.

De la justice territoriale des eglises.

Les églises acquirent des biens très-considérables. Nous voyons que les rois leur donnèrent de grands fiscs, c'est-à-dire de grands fiefs; et nous trouvons d'abord les justices établies dans les domaines de ces églises. D'où auroit pris son origine un privilége si extraordinaire? Il étoit dans la nature de la chose donnée; le bien des ecclésiastiques avoit ce privilége, parce qu'on ne le lui ôtoit pas. On donnoit un fisc à l'église, et on lui laissoit les prérogatives qu'il auroit eues, si on l'avoit donné à un leude : aussi fut-il soumis au

[1] Voyez M. du Cange, au mot *hominium*.

service que l'état en auroit tiré, s'il avoit été accordé au laique, comme on l'a déjà vu.

Les églises eurent donc le droit de faire payer les compositions dans leur territoire, et d'en exiger le *fredum* ; et, comme ces droits emportoient nécessairement celui d'empêcher les officiers royaux d'entrer dans le territoire pour exiger ces *freda* et y exercer tous actes de justice, le droit qu'eurent les ecclésiastiques de rendre la justice dans leur territoire fut appelé *immunité*, dans le style des formules [1], des chartres et des capitulaires.

La loi des Ripuaires [2] défend aux affranchis des églises [3] de tenir l'assemblée où la justice se rend [4] ailleurs que dans l'église où ils ont été affranchis. Les églises avoient donc des justices, même sur les hommes libres, et tenoient leurs plaids dès les premiers temps de la monarchie.

Je trouve dans les vies des saints [5] que Clovis donna à un saint personnage la puissance sur un

[1] Voyez les formules III et IV de Marculfe, liv. I.

[2] *Ne aliubi nisi ad ecclesiam, ubi relaxati sunt, mallum teneant.* Titre 58, § 1. Voyez aussi le § 19, édition de Lindembrock

[3] *Tabulariis.*

[4] *Mallum.*

[5] *Vita sancti Germeri, episcopi Tolosani apud Bollandianos,* 16 mai.

territoire de six lieues de pays, et qu'il voulut qu'il fût libre de toute juridiction quelconque. Je crois bien que c'est une fausseté, mais c'est une fausseté très-ancienne; le fond de la vie et les mensonges se rapportent aux mœurs et aux lois du temps, et ce sont ces mœurs et ces lois que l'on cherche ici [1].

Clotaire II ordonne aux évêques ou aux grands qui possèdent des terres dans des pays éloignés de choisir dans le lieu même ceux qui doivent rendre la justice ou en recevoir les émolumens [2].

Le même prince règle la compétence entre les juges des églises et ses officiers [3]. Le capitulaire de Charlemagne, de l'an 802, prescrit aux évêques et aux abbés les qualités que doivent avoir leurs officiers de justice. Un autre [4] du même prince défend aux officiers royaux d'exercer aucune juridiction sur ceux qui cultivent les terres ecclésiastiques [5], à moins qu'ils n'aient pris cette

---

[1] Voyez aussi la Vie de saint Melanius, et celle de saint Déicole.

[2] Dans le concile de Paris, l'an 615. *Episcopi, vel potentes, qui in aliis possident regionibus, judices vel missos discussores de aliis provinciis non instituant, nisi de loco, qui justitiam percipiant et aliis reddant.* Art. 19. Voyez aussi l'article 12.

[3] Dans le concile de Paris, l'an 615, article 5.

[4] Dans la loi des Lombards, liv. II, tit. 44, chap. 11, édition de Lindembrock.

[5] *Servi aldiones, libellarii antiqui, vel alii noviter facti.* Ibid.

condition en fraude, et pour se soustraire aux charges publiques. Les évêques assemblés à Reims déclarèrent que les vassaux des églises sont dans leur immunité [1]. Le capitulaire de Charlemagne, de l'an 806, veut que les églises aient la justice criminelle et civile sur tous ceux qui habitent dans leur territoire [2]. Enfin, le capitulaire de Charles-le-Chauve distingue les juridictions du roi, celles des seigneurs, et celles des églises [3]; et je n'en dirai pas davantage.

[1] Lettre de l'an 858, art. 7, dans les capitulaires, p. 108. *Sicut illæ res et facultates in quibus vivant clerici, ita et illæ sub consecratione immunitatis sunt de quibus debent militare vassalli.*

[2] Il est ajouté à la loi des Bavarois, art. 7. Voyez aussi l'article 3 de l'édition de Lindembrock, page 444 : *Imprimis omnium jubendum est ut habeant ecclesiæ earum justitias, et in vitâ illorum qui habitant in ipsis ecclesiis et post, tàm in pecuniis, quàm et in substantiis earum.*

[3] De l'an 857, *in synodo apud Carisiacum*, art. 4, édition de Baluze, page 96.

CHAPITRE XXII.

Que les justices étoient établies avant la fin de la seconde race.

On a dit que ce fut dans le désordre de la seconde race que les vassaux s'attribuèrent la justice dans leurs fiscs : on a mieux aimé faire une proposition générale que de l'examiner : il a été plus facile de dire que les vassaux ne possédoient pas que de découvrir comment ils possédoient. Mais les justices ne doivent point leur origine aux usurpations, elles dérivent du premier établissement, et non pas de sa corruption.

« Celui qui tue un homme libre, est-il dit dans « la loi des Bavarois [1], paiera la composition à ses « parens, s'il en a ; et s'il n'en a point, il la paiera « au duc, ou à celui à qui il s'étoit recommandé « pendant sa vie. » On sait ce que c'étoit que se recommander pour un bénéfice.

« Celui à qui on a enlevé son esclave, dit la loi « des Allemands [2], ira au prince auquel est soumis « le ravisseur, afin qu'il en puisse obtenir la com-
« position.

« Si un centenier, est-il dit dans le décret de

---

[1] Titre 3, chap. XIII, édition de Lindembrock.
[2] Titre 85.

« Childebert[1], trouve un voleur dans une autre
« centaine que la sienne, ou dans les limites de
« nos fidèles, et qu'il ne l'en chasse pas, il repré-
« sentera le voleur, ou se purgera par serment. »
Il y avoit donc de la différence entre le territoire
des centeniers et celui des fidèles.

Ce décret de Childebert explique la constitution de Clotaire[2] de la même année, qui, donnée pour le même cas et sur le même fait, ne diffère que dans les termes; la constitution appelant *in truste* ce que le décret appelle *in terminis fidelium nostrorum*. MM. Bignon et du Cange[3], qui ont cru que *in truste* signifioit le domaine d'un autre roi, n'ont pas bien rencontré.

Dans une constitution de Pepin[4], roi d'Italie,

---

[1] De l'an 595, art. 11 et 12, édition des capitulaires de Baluze, page 19. *Pari conditione convenit ut si una centena in aliâ centenâ vestigium secuta fuerit et invenerit, vel in quibuscumque fidelium nostrorum terminis vestigium miserit, et ipsum in aliam centenam minimè expellere potuerit, aut convictus reddat latronem*, etc.

[2] *Si vestigiis comprobatur latronis, tamen præsentiæ nihil longè mulctando; aut si persequens latronem suum comprehenderit, integram sibi compositionem accipiat. Quod si in truste invenitur, medietatem compositionis trustis adquirat, et capitale exigat à latrone.* Art. 2 et 3.

[3] Voyez le glossaire, au mot *trustis*.

[4] Insérée dans la loi des Lombards, liv. II, tit. 52, § 14. C'est le capitulaire de l'an 793, dans Baluze, page 544, art. 20.

faite tant pour les Francs que pour les Lombards, ce prince, après avoir imposé des peines aux comtes et autres officiers royaux qui prévariquent dans l'exercice de la justice, ou qui diffèrent de la rendre, ordonne que [1], s'il arrive qu'un Franc ou un Lombard ayant un fief ne veuille pas rendre la justice, le juge dans le district duquel il sera suspendra l'exercice de son fief; et que, dans cet intervalle, lui ou son envoyé rendra la justice.

Un capitulaire de Charlemagne [2] prouve que les rois ne levoient point partout les *freda*. Un autre du même prince [3] nous fait voir les règles féodales et la cour féodale déjà établies. Un autre de Louis-le-Débonnaire veut que, lorsque celui qui a un fief ne rend pas la justice, ou empêche qu'on ne la rende, on vive à discrétion dans sa maison, jusqu'à ce que la justice soit rendue [4]. Je citerai en-

---

[1] *Et si forsitan Francus aut Langobardus habens beneficium justitiam facere noluerit, ille judex in cujus ministerio fuerit, contradicat illi beneficium suum, interim, dùm ipse aut missus ejus justitiam faciat.* Voyez encore la même loi des Lombards, liv. II, titre 52, § 2, qui se rapporte au capitulaire de Charlemagne, de l'an 779, art. 21.

[2] Le troisième de l'an 812, art. 10.

[3] Second capitulaire de l'an 813, art. 14 et 20, page 509.

[4] *Capitulare quintum anni* 819, art. 23, édit. de Baluze, p. 617. *Ut ubicumque missi, aut episcopum, aut abatem, aut alium quemlibet, honore præditum invenerint, qui justitiam*

core deux capitulaires de Charles-le-Chauve : l'un de l'an 861 [1], où l'on voit des juridictions particulières établies, des juges et des officiers sous eux; l'autre de l'an 864 [2], où il fait la distinction de ses propres seigneuries d'avec celles des particuliers.

On n'a point de concessions originaires des fiefs, parce qu'ils furent établis par le partage qu'on sait avoir été fait entre les vainqueurs. On ne peut donc pas prouver, par des contrats originaires, que les justices, dans les commencemens, aient été attachées aux fiefs. Mais si, dans les formules des confirmations, ou des translations à perpétuité de ces fiefs, on trouve, comme on a dit, que la justice y étoit établie, il falloit bien que ce droit de justice fût de la nature du fief et une de ses principales prérogatives.

Nous avons un plus grand nombre de monumens qui établissent la justice patrimoniale des églises dans leur territoire que nous n'en avons

facere noluit vel prohibuit, de ipsius rebus vivant quandiù in eo loco justitias facere debent.

[1] *Edictum in Carisiaco*, dans Baluze, tome II, page 152. *Unusquisque advocatus pro omnibus de suâ advocatione...... in convenientiâ ut cum ministerialibus de suâ advocatione quos invenerit contra hunc bannum nostrum fecisse...... castiget.*

[2] *Edictum Pistense*, art. 18, édition de Baluze, tome II, p. 181. *Si in fiscum nostrum, vel in quamcumque immunitatem, aut alicujus potentis potestatem vel proprietatem confugerit*, etc.

pour prouver celle des bénéfices ou fiefs des leudes ou fidèles, par deux raisons : la première, que la plupart des monumens qui nous restent ont été conservés ou recueillis par les moines pour l'utilité de leurs monastères; la seconde, que le patrimoine des églises ayant été formé par des concessions particulières, et une espèce de dérogation à l'ordre établi, il falloit des chartres pour cela; au lieu que les concessions faites aux leudes étant des conséquences de l'ordre politique, on n'avoit pas besoin d'avoir, et encore moins de conserver une chartre particulière. Souvent même les rois se contentoient de faire une simple tradition par le sceptre, comme il paroît par la vie de saint Maur.

Mais la troisième formule de Marculfe [1] nous prouve assez que le privilége d'immunité, et par conséquent celui de la justice, étoient communs aux ecclésiastiques et aux séculiers, puisqu'elle est faite pour les uns et pour les autres. Il en est de même de la constitution de Clotaire II [2].

---

[1] Liv. I. *Maximum regni nostri augere credimus monimentum, si beneficia opportuna locis ecclesiarum, aut cui volueris dicere, benevolá deliberatione concedimus.*

[2] Je l'ai citée dans le chapitre précédent : *Episcopi vel potentes.*

CHAPITRE XXIII.

Idée générale du livre de l'Établissement de la monarchie française dans les Gaules, par M. l'abbé Dubos.

Il est bon qu'avant de finir ce livre j'examine un peu l'ouvrage de M. l'abbé Dubos, parce que mes idées sont perpétuellement contraires aux siennes, et que, s'il a trouvé la vérité, je ne l'ai pas trouvée.

Cet ouvrage a séduit beaucoup de gens, parce qu'il est écrit avec beaucoup d'art; parce qu'on y suppose éternellement ce qui est en question; parce que, plus on y manque de preuves, plus on y multiplie les probabilités; parce qu'une infinité de conjectures sont mises en principe, et qu'on en tire comme conséquences d'autres conjectures. Le lecteur oublie qu'il a douté, pour commencer à croire; et, comme une érudition sans fin est placée, non pas dans le système, mais à côté du système, l'esprit est distrait par des accessoires, et ne s'occupe plus du principal. D'ailleurs tant de recherches ne permettent pas d'imaginer qu'on n'ait rien trouvé : la longueur du voyage fait croire qu'on est enfin arrivé.

Mais, quand on examine bien, on trouve un

colosse immense qui a des pieds d'argile ; et c'est parce que les pieds sont d'argile que le colosse est immense. Si le système de M. l'abbé Dubos avoit eu de bons fondemens, il n'auroit pas été obligé de faire trois mortels volumes pour le prouver ; il auroit tout trouvé dans son sujet ; et, sans aller chercher de toutes parts ce qui en étoit très-loin, la raison elle-même se seroit chargée de placer cette vérité dans la chaîne des autres vérités. L'histoire et nos lois lui auroient dit : « Ne prenez point « tant de peine : nous rendrons témoignage de « vous. »

CHAPITRE XXIV.

Continuation du même sujet. Réflexion sur le fond du système.

Monsieur l'abbé Dubos veut ôter toute espèce d'idée que les Francs soient entrés dans les Gaules en conquérans : selon lui, nos rois, appelés par les peuples, n'ont fait que se mettre à la place et succéder aux droits des empereurs romains.

Cette prétention ne peut pas s'appliquer au temps où Clovis, entrant dans les Gaules, saccagea et prit les villes ; elle ne peut pas s'appliquer non plus au temps où il défit Syagrius, officier romain, et conquit le pays qu'il tenoit : elle ne peut donc se rapporter qu'à celui où Clovis, devenu maître d'une grande partie des Gaules par la violence, auroit été appelé par le choix et l'amour des peuples à la domination du reste du pays. Et il ne suffit pas que Clovis ait été reçu, il faut qu'il ait été appelé; il faut que M. l'abbé Dubos prouve que les peuples ont mieux aimé vivre sous la domination de Clovis que de vivre sous la domination des Romains, ou sous leurs propres lois. Or, les Romains de cette partie des Gaules qui n'avoit point encore été envahie par les barbares étoient, selon M. l'abbé Dubos, de deux sortes : les uns étoient de la confédération armorique, et avoient chassé les officiers de l'empereur pour se défendre eux-mêmes contre les barbares, et se gouverner par leurs propres lois; les autres obéissoient aux officiers romains. Or, M. l'abbé Dubos prouve-t-il que les Romains, qui étoient encore soumis à l'empire, aient appelé Clovis? Point du tout. Prouve-t-il que la république des Armoriques ait appelé Clovis, et fait même quelque traité avec lui? Point du tout encore. Bien loin qu'il puisse nous dire quelle fut la destinée de cette république, il n'en sauroit pas même montrer l'existence : et, quoiqu'il la suive depuis le temps d'Honorius jusqu'à la conquête de Clovis, quoiqu'il y rapporte avec un art admirable tous les événemens de ces temps-là, elle est restée invisible dans les auteurs. Car il y a bien de la différence entre prouver par un passage de Zosime [1] que, sous l'empire d'Honorius, la contrée armorique et les autres provinces des Gaules se révoltèrent, et formèrent une espèce de république [2], et faire voir que, malgré les diverses pacifications des Gaules, les Armoriques formèrent toujours une république particulière qui subsista jusqu'à la conquête de Clovis. Cependant il auroit besoin, pour établir son système, de preuves bien fortes et bien précises : car, quand on voit un conquérant entrer dans un état et en soumettre une grande partie par la force et par la violence, et qu'on voit quelque temps après l'état entier soumis sans que l'histoire dise comment il l'a été, on a un très-juste sujet de croire que l'affaire a fini comme elle a commencé.

Ce point une fois manqué, il est aisé de voir que tout le système de M. l'abbé Dubos croule de fond en comble; et toutes les fois qu'il tirera quelque conséquence de ce principe, que les Gaules n'ont pas été conquises par les Francs, mais que les Francs ont été appelés par les Romains, on pourra toujours la lui nier.

M. l'abbé Dubos prouve son principe par les

[1] Histoire, liv. VI.
[2] *Totusque tractus armoricus, aliæque Galliarum provinciæ.* Zosime, hist. liv. VI.

dignités romaines dont Clovis fut revêtu : il veut que Clovis ait succédé à Childéric son père dans l'emploi de maître de la milice. Mais ces deux charges sont purement de sa création. La lettre de saint Remi à Clovis, sur laquelle il se fonde [1], n'est qu'une félicitation sur son avénement à la couronne. Quand l'objet d'un écrit est connu, pourquoi lui en donner un qui ne l'est pas?

Clovis, sur la fin de son règne, fut fait consul par l'empereur Anastase : mais quel droit pouvoit lui donner une autorité simplement annale? Il y a apparence, dit M. l'abbé Dubos, que, dans le même diplôme, l'empereur Anastase fit Clovis proconsul; et moi, je dirai qu'il y a apparence qu'il ne le fit pas. Sur un fait qui n'est fondé sur rien, l'autorité de celui qui le nie est égale à l'autorité de celui qui l'allègue. J'ai même une raison pour cela. Grégoire de Tours, qui parle du consulat, ne dit rien du proconsulat. Ce proconsulat n'auroit été même que d'environ six mois. Clovis mourut un an et demi après avoir été fait consul; il n'est pas possible de faire du proconsulat une charge héréditaire. Enfin, quand le consulat, et, si l'on veut, le proconsulat, lui furent donnés, il étoit déjà le maître de la monarchie, et tous ses droits étoient établis.

---

[1] Tome II, liv. III, chap. XVIII, page 270.

La seconde preuve que M. l'abbé Dubos allègue, c'est la cession faite par l'empereur Justinien aux enfans et aux petits-enfans de Clovis de tous les droits de l'empire sur les Gaules. J'aurois bien des choses à dire sur cette cession. On peut juger de l'importance que les rois des Francs y mirent, par la manière dont ils en exécutèrent les conditions. D'ailleurs, les rois des Francs étoient maîtres des Gaules, ils étoient souverains paisibles; Justinien n'y possédoit pas un pouce de terre; l'empire d'Occident étoit détruit depuis long-temps, et l'empereur d'Orient n'avoit de droit sur les Gaules que comme représentant l'empereur d'Occident; c'étoient des droits sur des droits. La monarchie des Francs étoit déjà fondée; le réglement de leur établissement étoit fait; les droits réciproques des personnes et des diverses nations qui vivoient dans la monarchie étoient convenus; les lois de chaque nation étoient données, et même rédigées par écrit. Que faisoit cette cession étrangère à un établissement déjà formé?

Que veut dire M. l'abbé Dubos avec les déclamations de tous ces évêques qui, dans le désordre, la confusion, la chute totale de l'état, les ravages de la conquête, cherchent à flatter le vainqueur? Que suppose la flatterie, que la foiblesse de celui qui est obligé de flatter? Que prouvent la rhétorique et la poésie, que l'emploi même de ces arts?

Qui ne seroit étonné de voir Grégoire de Tours, qui, après avoir parlé des assassinats de Clovis, dit que cependant Dieu prosternoit tous les jours ses ennemis, parce qu'il marchoit dans ses voies? Qui peut douter que le clergé n'ait été bien aise de la conversion de Clovis, et qu'il n'en ait même tiré de grands avantages? Mais qui peut douter en même temps que les peuples n'aient essuyé tous les malheurs de la conquête, et que le gouvernement romain n'ait cédé au gouvernement germanique? Les Francs n'ont point voulu, et n'ont pas même pu changer; et même peu de vainqueurs ont eu cette manie. Mais, pour que toutes les conséquences de M. Dubos fussent vraies, il auroit fallu que non seulement ils n'eussent rien changé chez les Romains, mais encore qu'ils se fussent changés eux-mêmes.

Je m'engagerois bien, en suivant la méthode de M. l'abbé Dubos, à prouver de même que les Grecs ne conquirent pas la Perse. D'abord je parlerois des traités que quelques-unes de leurs villes firent avec les Perses : je parlerois des Grecs qui furent à la solde des Perses, comme les Francs furent à la solde des Romains. Que si Alexandre entra dans le pays des Perses, assiégea, prit et détruisit la ville de Tyr, c'étoit une affaire particulière, comme celle de Syagrius. Mais voyez comment le pontife des Juifs vient au-devant de lui; écoutez l'oracle de Jupiter Ammon : ressouvenez-vous comment il avoit été prédit à Gordium : voyez comment toutes les villes courent, pour ainsi dire, au-devant de lui; comment les satrapes et les grands arrivent en foule. Il s'habille à la manière des Perses; c'est la robe consulaire de Clovis. Darius ne lui offrit-il pas la moitié de son royaume? Darius n'est-il pas assassiné comme un tyran? La mère et la femme de Darius ne pleurent-elles pas la mort d'Alexandre? Quinte-Curce, Arrien, Plutarque, étoient-ils contemporains d'Alexandre? L'imprimerie ne nous a-t-elle pas donné des lumières qui manquoient à ces auteurs [1]? Voilà l'histoire de l'*Établissement de la monarchie française dans les Gaules.*

CHAPITRE XXV.

De la noblesse française.

M. l'abbé Dubos soutient que, dans les premiers temps de notre monarchie, il n'y avoit qu'un seul ordre de citoyens parmi les Francs. Cette prétention, injurieuse au sang de nos premières familles, ne le seroit pas moins aux trois grandes maisons

---

[1] Voyez le discours préliminaire de M. l'abbé Dubos.

qui ont successivement régné sur nous. L'origine de leur grandeur n'iroit donc point se perdre dans l'oubli, la nuit et le temps : l'histoire éclaireroit des siècles où elles auroient été des familles communes ; et, pour que Childéric, Pepin et Hugues-Capet fussent gentilshommes, il faudroit aller chercher leur origine parmi les Romains ou les Saxons, c'est-à-dire parmi les nations subjuguées.

M. l'abbé Dubos fonde son opinion sur la loi salique [1]. Il est clair, dit-il, par cette loi, qu'il n'y avoit point deux ordres de citoyens chez les Francs. Elle donnoit deux cents sous de composition pour la mort de quelque Franc que ce fût [2] : mais elle distinguoit, chez les Romains, le convive du roi, pour la mort duquel elle donnoit trois cents sous de composition, du Romain possesseur, à qui elle en donnoit cent, et du Romain tributaire, à qui elle n'en donnoit que quarante-cinq. Et, comme la différence des compositions faisoit la distinction principale, il conclut que, chez les Francs, il n'y avoit qu'un ordre de citoyens, et qu'il y en avoit trois chez les Romains.

Il est surprenant que son erreur même ne lui ait pas fait découvrir son erreur. En effet, il eût

---

[1] Voyez l'Établissement de la monarchie française, tome III, liv. VI, chap. IV, page 304.

[2] Il cite le titre 44 de cette loi, et la loi des Ripuaires, titres 7 et 36.

été bien extraordinaire que les nobles romains qui vivoient sous la domination des Francs y eussent eu une composition plus grande, et y eussent été des personnages plus importans que les plus illustres des Francs, et leurs plus grands capitaines. Quelle apparence que le peuple vainqueur eût eu si peu de respect pour lui-même, et qu'il en eût eu tant pour le peuple vaincu? De plus, M. l'abbé Dubos cite les lois des autres nations barbares, qui prouvent qu'il y avoit parmi eux divers ordres de citoyens. Il seroit bien extraordinaire que cette règle générale eût précisément manqué chez les Francs. Cela auroit dû lui faire penser qu'il entendoit mal, ou qu'il appliquoit mal les textes de la loi salique; ce qui lui est effectivement arrivé.

On trouve, en ouvrant cette loi, que la composition pour la mort d'un antrustion, c'est-à-dire d'un fidèle ou vassal du roi, étoit de six cents sous [1]; et que celle pour la mort d'un Romain, convive du roi, n'étoit que de trois cents [2]. On y trouve [3] que la composition pour la mort d'un

[1] *Qui in truste dominicâ est*, tit. 44, § 4; et cela se rapporte à la formule XIII de Marculfe, *de regis antrustione.* Voyez aussi le titre 66 de la loi salique, § 3 et 4; et le titre 74: et la loi des Ripuaires, tit. 11; et le capitulaire de Charles-le-Chauve, *apud Carisiacum*, de l'an 877, chap. XX.

[2] Loi salique, tit. 44, § 6.

[3] *Ibid.*, § 4.

simple Franc étoit de deux cents sous [1]; et que celle pour la mort d'un Romain d'une condition ordinaire n'étoit que de cent [2]. On payoit encore pour la mort d'un Romain tributaire, espèce de serf ou d'affranchi, une composition de quarante-cinq sous [3]; mais je n'en parlerai point, non plus que de celle pour la mort du serf franc, ou de l'affranchi franc : il n'est point ici question de ce troisième ordre de personnes.

Que fait M. l'abbé Dubos? Il passe sous silence le premier ordre de personnes chez les Francs, c'est-à-dire l'article qui concerne les antrustions; et ensuite, comparant le Franc ordinaire, pour la mort duquel on payoit deux cents sous de composition, avec ceux qu'il appelle des trois ordres chez les Romains, et pour la mort desquels on payoit des compositions différentes, il trouve qu'il n'y avoit qu'un seul ordre de citoyens chez les Francs, et qu'il y en avoit trois chez les Romains.

Comme, selon lui, il n'y avoit qu'un seul ordre de personnes chez les Francs, il eût été bon qu'il n'y en eût eu qu'un aussi chez les Bourguignons, parce que leur royaume forma une des principales pièces de notre monarchie. Mais il y a dans leurs codes trois sortes de compositions; l'une pour le

---

[1] Loi salique, tit. 44, § 1.
[2] Ibid., § 15.
[3] Ibid., § 7.

noble bourguignon ou romain, l'autre pour le Bourguignon ou Romain d'une condition médiocre, la troisième pour ceux qui étoient d'une condition inférieure dans les deux nations [1]. M. l'abbé Dubos n'a point cité cette loi.

Il est singulier de voir comment il échappe aux passages qui le pressent de toutes parts [2]. Lui parle-t-on des grands, des seigneurs, des nobles : Ce sont, dit-il, de simples distinctions, et non pas des distinctions d'ordre, ce sont des choses de courtoisie, et non pas des prérogatives de la loi. Ou bien, dit-il, les gens dont on parle étoient du conseil du roi; ils pouvoient même être des Romains : mais il n'y avoit toujours qu'un seul ordre de citoyens chez les Francs. D'un autre côté, s'il est parlé de quelque Franc d'un rang inférieur, ce sont des serfs [3]; et c'est de cette manière qu'il interprète le décret de Childebert. Il est nécessaire que je m'arrête sur

---

[1] *Si quis, quolibet casu, dentem optimati Burgundioni, vel Romano nobili excusserit, solidos viginti quinque cogatur exsolvere; de mediocribus personis ingenuis, tàm Burgundionibus quàm Romanis, si dens excussus fuerit, decem solidis componatur; de inferioribus personis, quinque solidos.* Art. 1, 2 et 3 du tit. 26 de la loi des Bourguignons.

[2] Établissement de la monarchie française, tome III, liv. VI, chap. IV et V.

[3] *Ibid.*, chap. V, pages 319 et 320.

ce décret. M. l'abbé Dubos l'a rendu ameux, parce qu'il s'en est servi pour prouver deux choses: l'une, que toutes les compositions que l'on trouve dans les lois des barbares n'étoient que des intérêts civils ajoutés aux peines corporelles [1], ce qui renverse de fond en comble tous les anciens monumens; l'autre, que tous les hommes libres étoient jugés directement et immédiatement par le roi [2], ce qui est contredit par une infinité de passages et d'autorités qui nous font connoître l'ordre judiciaire de ces temps-là [3].

Il est dit dans ce décret, fait dans une assemblée de la nation, que si le juge trouve un voleur fameux, il le fera lier pour être envoyé devant le roi, si c'est un Franc (*Francus*); mais si c'est une personne plus foible (*debilior persona*), il sera pendu sur le lieu [4]. Selon M. l'abbé Dubos, *Francus* est un homme libre, *debilior persona* est un

[1] Établissemens de la monarchie française, tome III, liv. VI, chap. iv, pages 307 et 308.

[2] *Ibid.*, page 309; et au chapitre suivant, pages 319 et 320.

[3] Voyez le livre XXVIII de cet ouvrage, chap. xxviii; et le liv. XXXI, chap. viii.

[4] *Itaque colonia convenit et ita bannivimus, ut unusquisque judex criminosum latronem ut audierit, ad casam suam ambulet, et ipsum ligare faciat : ita ut, si Francus fuerit, ad nostram præsentiam dirigatur ; et, si debilior persona fuerit, in loco pendatur.* Capitulaire de l'édition de Baluze, tome I, page 19.

serf. J'ignorerai, pour un moment, ce que peut signifier ici le mot *Francus*; et je commencerai par examiner ce qu'on peut entendre par ces mots, *une personne plus foible.* Je dis que, dans quelque langue que ce soit, tout comparatif suppose nécessairement trois termes, le plus grand, le moindre, et le plus petit. S'il n'étoit ici question que des hommes libres et des serfs, on auroit dit un serf, et non pas *un homme de moindre puissance.* Ainsi *debilior persona* ne signifie point là un serf, mais une personne au-dessous de laquelle doit être le serf. Cela supposé, *Francus* ne signifiera pas un homme libre, mais un homme puissant : et *Francus* est pris ici dans cette acception, parce que parmi les Francs étoient toujours ceux qui avoient dans l'état une plus grande puissance, et qu'il étoit plus difficile au juge et au comte de corriger. Cette explication s'accorde avec un grand nombre de capitulaires qui donnent les cas dans lesquels les criminels pouvoient être renvoyés devant le roi, et ceux où ils ne le pouvoient pas [1].

On trouve, dans la vie de Louis-le-Débonnaire, écrite par Tégan [2], que les évêques furent les principaux auteurs de l'humiliation de cet empereur, surtout ceux qui avoient été serfs, et ceux qui

---

[1] Voyez le livre XXVIII de cet ouvrage, chap. XXVIII; et le livre XXXI, chap. VIII.

[2] Chapitres XLIII et XLIV.

étoient nés parmi les barbares. Tégan apostrophe ainsi Hébon, que ce prince avoit tiré de la servitude, et avoit fait archevêque de Reims : « Quelle « récompense l'empereur a-t-il reçue de tant de « bienfaits [1]? Il t'a fait libre, et non pas noble ; il « ne pouvoit pas te faire noble, après t'avoir « donné la liberté. »

Ce discours, qui prouve si formellement deux ordres de citoyens, n'embarrasse point M. l'abbé Dubos. Il répond ainsi [2] : « Ce passage ne veut « point dire que Louis-le-Débonnaire n'eût pas pu « faire entrer Hébon dans l'ordre des nobles. Hé-« bon, comme archevêque de Reims, eût été du « premier ordre, supérieur à celui de la noblesse. » Je laisse au lecteur à décider si ce passage ne le veut point dire; je lui laisse à juger s'il est ici question d'une préséance du clergé sur la noblesse. « Ce passage prouve seulement, continue M. l'abbé « Dubos [3], que les citoyens nés libres étoient qua-« lifiés de nobles-hommes: dans l'usage du monde, « noble-homme, et homme né libre, ont signifié « long-temps la même chose. » Quoi! sur ce que, dans nos temps modernes, quelques bourgeois

---

[1] *O qualem remunerationem reddidisti ei! Fecit te liberum, non nobilem, quod impossibile est post libertatem.* Ibid.

[2] Établissement de la monarchie française, tome III, liv. VI, chap. IV, page 316.

[3] *Ibid.*

ont pris la qualité de nobles-hommes, un passage de la vie de Louis-le-Débonnaire s'appliquera à ces sortes de gens! « Peut-être aussi, ajoute-t-il « encore [1], qu'Hébon n'avoit point été esclave dans « la nation des Francs, mais dans la nation saxonne, « ou dans une autre nation germanique, où les ci- « toyens étoient divisés en plusieurs ordres. » Donc, à cause du *peut-être* de M. l'abbé Dubos, il n'y aura point eu de noblesse dans la nation des Francs. Mais il n'a jamais plus mal appliqué de *peut-être*. On vient de voir que Tégan [2] distingue les évêques qui avoient été opposés à Louis-le-Débonnaire, dont les uns avoient été serfs, et les autres étoient d'une nation barbare. Hébon étoit des premiers, et non pas des seconds. D'ailleurs je ne sais comment on peut dire qu'un serf tel qu'Hébon auroit été Saxon ou Germain : un serf n'a point de famille, ni par conséquent de nation. Louis-le-Débonnaire affranchit Hébon; et, comme les serfs affranchis prenoient la loi de leur maître, Hébon devint Franc, et non pas Saxon ou Germain.

[1] Établissement de la monarchie française, tome III, liv. VI, chap. IV, page 316.

[2] *Omnes episcopi molesti fuerunt Ludovico, et maximè ii quos è servili conditione honoratos habebat, cum his qui ex barbaris nationibus ad hoc fastigium perducti sunt.* De gestis Ludovici pii, cap. XLIII et XLIV.

Je viens d'attaquer; il faut que je me défende. On me dira que le corps des antrustions formoit bien dans l'état un ordre distingué de celui des hommes libres; mais que, comme les fiefs furent d'abord amovibles, et ensuite à vie, cela ne pouvoit pas former une noblesse d'origine, puisque les prérogatives n'étoient point attachées à un fief héréditaire. C'est cette objection qui a sans doute fait penser à M. de Valois qu'il n'y avoit qu'un seul ordre de citoyens chez les Francs : sentiment que M. l'abbé Dubos a pris de lui, et qu'il a absolument gâté à force de mauvaises preuves. Quoi qu'il en soit, ce n'est point M. l'abbé Dubos qui auroit pu faire cette objection. Car, ayant donné trois ordres de noblesse romaine, et la qualité de convive du roi pour le premier, il n'auroit pas pu dire que ce titre marquât plus une noblesse d'origine que celui d'antrustion. Mais il faut une réponse directe. Les antrustions ou fidèles n'étoient pas tels parce qu'ils avoient un fief, mais on leur donnoit un fief parce qu'ils étoient antrustions ou fidèles. On se ressouvient de ce que j'ai dit dans les premiers chapitres de ce livre : ils n'avoient pas pour lors, comme ils eurent dans la suite, le même fief; mais s'ils n'avoient pas celui-là, ils en avoient un autre, et parce que les fiefs se donnoient à la naissance, et parce qu'ils se donnoient souvent dans les assemblées de la nation, et enfin parce que, comme il étoit de l'intérêt des nobles d'en avoir, il étoit aussi de l'intérêt du roi de leur en donner. Ces familles étoient distinguées par leur dignité de fidèles, et par la prérogative de pouvoir se recommander pour un fief. Je ferai voir dans le livre suivant [1] comment, par les circonstances des temps, il y eut des hommes libres qui furent admis à jouir de cette grande prérogative, et par conséquent à entrer dans l'ordre de la noblesse. Cela n'étoit point ainsi du temps de Gontran et de Childebert, son neveu; et cela étoit ainsi du temps de Charlemagne. Mais quoique, dès le temps de ce prince, les hommes libres ne fussent pas incapables de posséder des fiefs, il paroît, par le passage de Tégan rapporté ci-dessus, que les serfs affranchis en étoient absolument exclus. M. l'abbé Dubos [2], qui va en Turquie pour nous donner une idée de ce qu'étoit l'ancienne noblesse française, nous dira-t-il qu'on se soit jamais plaint en Turquie de ce qu'on y élevoit aux honneurs et aux dignités des gens de basse naissance, comme on s'en plaignoit sous les règnes de Louis-le-Débonnaire et de Charles-le-Chauve? On ne s'en plaignoit pas du temps de Charlemagne, parce que ce prince distingua toujours les an-

[1] Chapitre XXIII.
[2] Histoire de l'établissement de la monarchie française, t. III, liv. VI, chap. IV, page 302.

ciennes familles d'avec les nouvelles; ce que Louis-le-Débonnaire et Charles-le-Chauve ne firent pas.

Le public ne doit pas oublier qu'il est redevable à M. l'abbé Dubos de plusieurs compositions excellentes. C'est sur ces beaux ouvrages qu'il doit le juger, et non pas sur celui-ci. M. l'abbé Dubos y est tombé dans de grandes fautes, parce qu'il a plus eu devant les yeux M. le comte de Boulainvilliers que son sujet. Je ne tirerai de toutes mes critiques que cette réflexion : Si ce grand homme a erré, que ne dois-je pas craindre?

LIVRE XXXI.

THÉORIE DES LOIS FÉODALES CHEZ LES FRANCS, DANS LE RAPPORT QU'ELLES ONT AVEC LES RÉVOLUTIONS DE LEUR MONARCHIE.

CHAPITRE I.

Changemens dans les offices et les fiefs.

D'ABORD les comtes n'étoient envoyés dans leurs districts que pour un an; bientôt ils achetèrent la continuation de leurs offices. On en trouve un exemple dès le règne des petits-enfans de Clovis. Un certain Peonius étoit comte dans la ville d'Auxerre [1]; il envoya son fils Mummolus porter de l'argent à Gontran, pour être continué dans son emploi; le fils donna de l'argent pour lui-même, et obtint la place du père. Les rois avoient déjà commencé à corrompre leurs propres grâces.

Quoique par la loi du royaume les fiefs fussent amovibles, ils ne se donnoient pourtant ni ne s'ô-

---

[1] Grégoire de Tours, liv. IV, chap. XLII.

toient d'une manière capricieuse et arbitraire; et c'étoit ordinairement une des principales choses qui se traitoient dans les assemblées de la nation. On peut bien penser que la corruption se glissa dans ce point, comme elle s'étoit glissée dans l'autre; et que l'on continua la possession des fiefs pour de l'argent, comme on continuoit la possession des comtés.

Je ferai voir, dans la suite de ce livre[1], qu'indépendamment des dons que les princes firent pour un temps, il y en eut d'autres qu'ils firent pour toujours. Il arriva que la cour voulut révoquer les dons qui avoient été faits : cela mit un mécontentement général dans la nation, et l'on en vit bientôt naître cette révolution fameuse dans l'histoire de France, dont la première époque fut le spectacle étonnant du supplice de Brunehault.

Il paroît d'abord extraordinaire que cette reine, fille, sœur, mère de tant de rois, fameuse encore aujourd'hui par des ouvrages dignes d'un édile ou d'un proconsul romain, née avec un génie admirable pour les affaires, douée de qualités qui avoient été si long-temps respectées, se soit vue tout-à-coup exposée à des supplices si longs, si honteux, si cruels[2], par un roi dont l'autorité étoit assez mal

---

[1] Chap. VII.

[2] Chronique de Frédégaire, chap. XLII.

affermie dans sa nation ¹, si elle n'étoit tombée, par quelque cause particulière, dans la disgrâce de cette nation. Clotaire lui reprocha la mort de dix rois ² : mais il y en avoit deux qu'il fit lui-même mourir; la mort de quelques autres fut le crime du sort ou de la méchanceté d'une autre reine; et une nation qui avoit laissé mourir Frédégonde dans son lit, qui s'étoit même opposée à la punition de ses épouvantables crimes ³, devoit être bien froide sur ceux de Brunehault.

Elle fut mise sur un chameau, et on la promena dans toute l'armée; marque certaine qu'elle étoit tombée dans la disgrâce de cette armée. Frédégaire dit que Protaire, favori de Brunehault, prenoit le bien des seigneurs, et en gorgeoit le fisc, qu'il humilioit la noblesse, et que personne ne pouvoit être sûr de garder le poste qu'il avoit ⁴. L'armée conjura contre lui, on le poignarda dans sa tente; et Brunehault, soit par les vengeances qu'elle tira de cette mort ⁵, soit par la poursuite

---

¹ Clotaire II, fils de Chilpéric, et père de Dagobert.

² Chronique de Frédégaire, chap. XLII.

³ Voyez Grégoire de Tours, liv. VIII, chap. XXXI.

⁴ *Sæva illi fuit contra personas iniquitas, fisco nimiùm tribuens, de rebus personarum ingeniosè fiscum vellens implere.., ut nullus reperiretur qui gradum quem arripuerat, potuisset adsumere.* Chronique de Frédégaire, chap. XXVII, sur l'an 605.

⁵ *Ibid.*, chap. XXVIII, sur l'an 607.

du même plan, devint tous les jours plus odieuse à la nation [1].

Clotaire, ambitieux de régner seul, et plein de la plus affreuse vengeance, sûr de périr si les enfans de Brunehault avoient le dessus, entra dans une conjuration contre lui-même; et soit qu'il fût mal habile, ou qu'il fût forcé par les circonstances, il se rendit accusateur de Brunehault, et fit faire de cette reine un exemple terrible.

Warnachaire avoit été l'âme de la conjuration contre Brunehault; il fut fait maire de Bourgogne : il exigea de Clotaire qu'il ne seroit jamais déplacé pendant sa vie [2]. Par là le maire ne put plus être dans le cas où avoient été les seigneurs français; et cette autorité commença à se rendre indépendante de l'autorité royale.

C'étoit la funeste régence de Brunehault qui avoit surtout effarouché la nation. Tandis que les lois subsistèrent dans leur force, personne ne put se plaindre de ce qu'on lui ôtoit un fief, puisque la loi ne le lui donnoit pas pour toujours : mais, quand l'avarice, les mauvaises pratiques, la corruption, firent donner des fiefs, on se plaignit

---

[1] *Ibid.*, chapitre LXI, sur l'an 613. *Burgundiæ farones, tàm episcopi quàm cæteri leudes, timentes Brunichildem, et odium in eam habentes, consilium inientes*, etc.

[2] *Ibid.*, chap. XLII, sur l'an 613. *Sacramento à Clotario accepto, ne unquàm vitæ suæ temporibus degradaretur.*

de ce qu'on étoit privé par de mauvaises voies des choses que souvent on avoit acquises de même. Peut-être que, si le bien public avoit été le motif de la révocation des dons, on n'auroit rien dit : mais on montroit l'ordre, sans cacher la corruption ; on réclamoit le droit du fisc, pour prodiguer les biens du fisc à sa fantaisie ; les dons ne furent plus la récompense ou l'espérance des services. Brunehault, par un esprit corrompu, voulut corriger les abus de la corruption ancienne. Ses caprices n'étoient point ceux d'un esprit foible : les leudes et les grands officiers se crurent perdus; ils la perdirent.

Il s'en faut bien que nous ayons tous les actes qui furent passés dans ces temps-là ; et les faiseurs de chroniques, qui savoient à peu près de l'histoire de leur temps ce que les villageois savent aujourd'hui de celle du nôtre, sont très-stériles. Cependant nous avons une constitution de Clotaire, donnée dans le concile de Paris [1] pour la réformation des abus [2], qui fait voir que ce prince fit cesser les plaintes qui avoient donné

---

[1] Quelque temps après le supplice de Brunehault, l'an 615. Voyez l'édition des capitulaires de Baluze, page 21.

[2] *Quæ contra rationis ordinem acta vel ordinata sunt, ne in anteà, quod advertat divinitas, contingant, disposuerimus, Christo præsule, per hujus edicti nostri tenorem generaliter emendare.* In proœmio. Ibid., art. 16.

lieu à la révolution. D'un côté, il y confirme tous les dons qui avoient été faits ou confirmés par les rois ses prédécesseurs [1]; et il ordonne de l'autre que tout ce qui a été ôté à ses leudes ou fidèles leur soit rendu [2].

Ce ne fut pas la seule concession que le roi fit dans ce concile. Il voulut que ce qui avoit été fait contre les priviléges des ecclésiastiques fût corrigé [3] : il modéra l'influence de la cour dans les élections aux évêchés [4]. Le roi réforma de même les affaires fiscales : il voulut que tous les nouveaux cens fussent ôtés [5]; qu'on ne levât aucun droit de passage établi depuis la mort de Gontran, Sigebert et Chilpéric [6]; c'est-à-dire qu'il supprimoit tout ce qui avoit été fait pendant les régences de Frédégonde et de Brunehault : il défendit que ses troupeaux fussent menés dans les forêts des par-

[1] *Quæ contra rationis*, etc. *Ibid.*, art. 16.

[2] *Ibid.*, art. 17.

[3] *Et quod per tempora ex hoc prætermissum est, vel dehinc perpetualiter observetur.* Ibid. In proœmio.

[4] *Ità ut, episcopo decedente, in loco ipsius qui à metropolitano ordinari debet cum provincialibus, à clero et populo eligatur, et, si persona condigna fuerit, per ordinationem principis ordinetur; vel certè, si de palatio eligitur, per meritum personæ et doctrinæ ordinetur.* Ibid., art. 1.

[5] *Ut ubicumque census novus impiè additus est..., emendetur.* Art. 8.

[6] *Ibid.*, art. 9.

ticuliers [1] ; et nous allons voir tout à l'heure que la réforme fut encore plus générale, et s'étendit aux affaires civiles.

CHAPITRE II.

Comment le gouvernement civil fut réformé.

ON avoit vu jusqu'ici la nation donner des marques d'impatience et de légèreté sur le choix ou sur la conduite de ses maîtres ; on l'avoit vue régler les différends de ses maîtres entre eux, et leur imposer la nécessité de la paix. Mais, ce qu'on n'avoit pas encore vu, la nation le fit pour lors : elle jeta les yeux sur sa situation actuelle ; elle examina ses lois de sang-froid ; elle pourvut à leur insuffisance ; elle arrêta la violence ; elle régla le pouvoir.

Les régences mâles, hardies et insolentes de Frédégonde et de Brunehault, avoient moins étonné cette nation qu'elles ne l'avoient avertie. Frédégonde avoit défendu ses méchancetés par ses méchancetés mêmes ; elle avoit justifié le poison et les assassinats par le poison et les assassinats ; elle

---

[1] *Ut ubicumque census novus impiè additus est..., emendetur.* Art. 21.

s'étoit conduite de manière que ses attentats étoient encore plus particuliers que publics. Frédégonde fit plus de maux; Brunehault en fit craindre davantage. Dans cette crise, la nation ne se contenta pas de mettre ordre au gouvernement féodal; elle voulut aussi assurer son gouvernement civil : car celui-ci étoit encore plus corrompu que l'autre ; et cette corruption étoit d'autant plus dangereuse, qu'elle étoit plus ancienne, et tenoit plus en quelque sorte à l'abus des mœurs qu'à l'abus des lois.

L'histoire de Grégoire de Tours et les autres monumens nous font voir, d'un côté, une nation féroce et barbare, et, de l'autre, des rois qui ne l'étoient pas moins. Ces princes étoient meurtriers, injustes et cruels, parce que toute la nation l'étoit. Si le christianisme parut quelquefois les adoucir, ce ne fut que par les terreurs que le christianisme donne aux coupables. Les églises se défendirent contre eux par les miracles et les prodiges de leurs saints. Les rois n'étoient point sacriléges, parce qu'ils redoutoient les peines des sacriléges : mais d'ailleurs ils commirent, ou par colère, ou de sang-froid, toutes sortes de crimes et d'injustices, parce que ces crimes et ces injustices ne leur montroient pas la main de la divinité si présente. Les Francs, comme j'ai dit, souffroient des rois meurtriers, parce qu'ils étoient meurtriers eux-mêmes; ils n'étoient point frappés des injustices et des rapines de leurs rois, parce qu'ils étoient ravisseurs et injustes comme eux. Il y avoit bien des lois établies; mais les rois les rendoient inutiles par de certaines lettres appelées *préceptions* [1], qui renversoient ces mêmes lois : c'étoit à peu près comme les rescrits des empereurs romains, soit que les rois eussent pris d'eux cet usage, soit qu'ils l'eussent tiré du fond même de leur naturel. On voit, dans Grégoire de Tours, qu'ils faisoient des meurtres de sang-froid, et faisoient mourir des accusés qui n'avoient pas seulement été entendus; ils donnoient des préceptions pour faire des mariages illicites [2]; ils en donnoient pour transporter les successions; ils en donnoient pour ôter le droit des parens ; ils en donnoient pour épouser des religieuses. Ils ne faisoient point à la vérité les lois de leur seul mouvement, mais ils suspendoient la pratique de celles qui étoient faites.

L'édit de Clotaire redressa tous les griefs. Personne ne put plus être condamné sans être entendu [3]; les parens durent toujours succéder selon

[1] C'étoient des ordres que le roi envoyoit aux juges pour faire ou souffrir de certaines choses contre la loi

[2] Voyez Grégoire de Tours, liv. IV, page 227. L'histoire et les chartres sont pleines de ceci; et l'étendue de ces abus paroît surtout dans l'édit de Clotaire II, de l'an 515, donné pour les réformer. Voyez les Capitulaires, édition de Baluze, tome I, page 22.

[3] Article 22.

l'ordre établi par la loi¹; toutes préceptions pour épouser des filles, des veuves ou des religieuses, furent nulles, et on punit sévèrement ceux qui les obtinrent et en firent usage ². Nous saurions peut-être plus exactement ce qu'il statuoit sur ces préceptions, si l'article 13 de ce décret et les deux suivans n'avoient péri par le temps. Nous n'avons que les premiers mots de cet article 13 qui ordonne que les préceptions seront observées; ce qui ne peut pas s'entendre de celles qu'il venoit d'abolir par la même loi. Nous avons une autre constitution du même prince, qui se rapporte à son édit, et corrige de même de point en point tous les abus des préceptions ³.

Il est vrai que M. Baluze, trouvant cette constitution sans date, et sans le nom du lieu où elle a été donnée, l'a attribuée à Clotaire Ier. Elle est de Clotaire II. J'en donnerai trois raisons.

1° Il y est dit que le roi conservera les immunités accordées aux églises par son père et son aïeul ⁴. Quelles immunités auroit pu accorder aux

---

¹ Voyez Grégoire de Tours, liv. IV, page 227, art. 6.

² *Ibid.*, art. 18.

³ Dans l'édition des Capitulaires de Baluze, tome I, page 7.

⁴ J'ai parlé au livre précédent de ces immunités, qui étoient des concessions de droits de justice, et qui contenoient des défenses aux juges royaux de faire aucune fonction dans le territoire, et étoient équivalentes à l'érection ou concession d'un fief.

églises Childéric, aïeul de Clotaire Ier, lui qui n'étoit pas chrétien, et qui vivoit avant que la monarchie eût été fondée ? Mais, si l'on attribue ce décret à Clotaire II, on lui trouvera pour aïeul Clotaire Ier lui-même, qui fit des dons immenses aux églises pour expier la mort de son fils Cramne, qu'il avoit fait brûler avec sa femme et ses enfans.

2° Les abus que cette constitution corrige subsistèrent après la mort de Clotaire 1er, et furent même portés à leur comble pendant la foiblesse du règne de Gontran, la cruauté de celui de Chilpéric, et les détestables régences de Frédégonde et de Brunehault. Or, comment la nation auroit-elle pu souffrir des griefs si solennellement proscrits, sans s'être jamais récriée sur le retour continuel de ces griefs ? Comment n'auroit-elle pas fait pour lors ce qu'elle fit lorsque Chilperic II ayant repris les anciennes violences [1], elle le pressa d'ordonner que, dans les jugemens, on suivît la loi et les coutumes, comme on faisoit anciennement [2] ?

3° Enfin, cette constitution, faite pour redresser les griefs, ne peut point concerner Clotaire Ier, puisqu'il n'y avoit point sous son règne de plaintes dans le royaume à cet égard, et que son autorité

---

[1] Il commença à régner vers l'an 670.

[2] Voyez la Vie de saint Léger.

y étoit très-affermie, surtout dans le temps ou l'on place cette constitution; au lieu qu'elle convient très-bien aux événemens qui arrivèrent sous le règne de Clotaire II, qui causèrent une révolution dans l'état politique du royaume. Il faut éclairer l'histoire par les lois, et les lois par l'histoire.

CHAPITRE III.

Autorité des maires du palais.

J'AI dit que Clotaire II s'étoit engagé à ne point ôter à Warnachaire la place de maire pendant sa vie. La révolution eut un autre effet : avant ce temps, le maire étoit le maire du roi; il devint le maire du royaume : le roi le choisissoit; la nation le choisit. Protaire, avant la révolution, avoit été fait maire par Théodoric [1], et Landéric par Frédégonde [2]; mais depuis, la nation fut en possession d'élire [3].

[1] *Instigante Brunichilde, Theodorico jubente*, etc. Frédégaire, chap. XXVII, sur l'an 605.

[2] *Gesta regum Francorum*, chap. XXXVI.

[3] Voyez Frédégaire, Chronique, chap. LIV, sur l'an 626; et son continuateur anonyme, chap. CI, sur l'an 695; et chap. CV, sur l'an 715. Aimoin, liv. IV, chap. XV. Éginhard, Vie de Charlemagne, chap. XLVIII. *Gesta regum Francorum*, chap. XLV.

Ainsi il ne faut pas confondre, comme ont fait quelques auteurs, ces maires du palais avec ceux qui avoient cette dignité avant la mort de Brunehault, les maires du roi avec les maires du royaume. On voit, par la loi des Bourguignons, que chez eux la charge de maire n'étoit point une des premières de l'état[1] : elle ne fut pas non plus une des plus éminentes chez les premiers rois francs[2].

Clotaire rassura ceux qui possédoient des charges et des fiefs ; et, après la mort de Warnachaire, ce prince ayant demandé aux seigneurs assemblés à Troyes qui ils vouloient mettre en sa place, ils s'écrièrent tous qu'ils n'éliroient point ; et, lui demandant sa faveur, ils se mirent entre ses mains[3].

Dagobert réunit, comme son père, toute la monarchie : la nation se reposa sur lui, et ne lui donna point de maire. Ce prince se sentit en liberté ; et, rassuré d'ailleurs par ses victoires, il reprit le

---

[1] Voyez la loi des Bourguignons, *in præfat.*; et le second supplément à cette loi, tit. XIII.

[2] Voyez Grégoire de Tours, liv. IX, chap. XXXVI.

[3] *Eo anno Clotarius cum proceribus et leudibus Burgundiæ Trecassinis conjungitur, cùm eorum esset sollicitus si vellent jàm, Warnachario discesso, alium in ejus honoris gradum sublimare : sed omnes unanimiter denegantes se nequaquàm velle majorem domûs eligere, regis gratiam obnixè petentes, cum rege transegére.* Chronique de Frédégaire, chap. LIV, sur l'an 626.

plan de Brunehault. Mais cela lui réussit si mal, que les leudes d'Austrasie se laissèrent battre par les Sclavons [1], s'en retournèrent chez eux, et les marches de l'Austrasie furent en proie aux barbares.

Il prit le parti d'offrir aux Austrasiens de céder l'Austrasie à son fils Sigebert, avec un trésor, et de mettre le gouvernement du royaume et du palais entre les mains de Cunibert, évêque de Cologne, et du duc Adalgise. Frédégaire n'entre point dans le détail des conventions qui furent faites pour lors : mais le roi les confirma toutes par ses chartres, et d'abord l'Austrasie fut mise hors de danger [2].

Dagobert, se sentant mourir, recommanda à Æga sa femme Nentechilde et son fils Clovis. Les leudes de Neustrie et de Bourgogne choisirent ce jeune prince pour leur roi [3]. Æga et Nentechilde gouvernèrent le palais [4]; ils rendirent tous les biens

[1] *Istam victoriam quam Vinidi contra Francos meruerunt, non tantùm Sclavinorum fortitudo obtinuit, quantùm dementatio Austrasiorum, dùm se cernebant cum Dagoberto odium incurrisse, et assiduè expoliarentur.* Chronique de Frédégaire, chap. LXVIII, sur l'an 630.

[2] *Deinceps Austrasii eorum studio limitem et regnum Francorum contra Vinidos utiliter defensasse noscuntur.* Chronique de Frédégaire, chap. LXXV, sur l'an 632.

[3] *Ibid.*, chap. LXXIX, sur l'an 638.

[4] *Ibid.*

que Dagobert avoit pris ¹; et les plaintes cessèrent en Neustrie et en Bourgogne, comme elles avoient cessé en Austrasie.

Après la mort d'Æga, la reine Nentechilde engagea les seigneurs de Bourgogne à élire Floachatus pour leur maire ². Celui-ci envoya aux évêques et aux principaux seigneurs du royaume de Bourgogne des lettres, par lesquelles il leur promettoit de leur conserver pour toujours, c'est-à-dire pendant leur vie, leurs honneurs et leurs dignités ³. Il confirma sa parole par un serment. C'est ici que l'auteur du livre des maires de la maison royale met le commencement de l'administration du royaume par des maires du palais ⁴.

Frédégaire, qui étoit Bourguignon, est entré dans de plus grands détails sur ce qui regarde les maires de Bourgogne dans le temps de la révolution dont nous parlons, que sur les maires d'Austrasie et de Neustrie : mais les conventions qui

¹ Chronique de Frédégaire, chap. LXXX, sur l'an 639.

² *Ibid.*, chap. LXXXIX, sur l'an 641.

³ Ibid. *Floachatus cunctis ducibus à regno Burgundiæ, seu et pontificibus, per epistolas etiam et sacramentis firmavit unicuique gradum honoris et dignitatem, seu et amicitiam, perpetuò conservare.*

⁴ *Deinceps à temporibus Clodovei, cui fuit filius Dagoberti incliti regis, pater verò Theodorici, regnum Francorum decidens per majores domûs cœpit ordinari.* De major. domûs regiæ.

furent faites en Bourgogne furent, par les mêmes raisons, faites en Neustrie et en Austrasie. La nation crut qu'il étoit plus sûr de mettre la puissance entre les mains d'un maire qu'elle élisoit, et à qui elle pouvoit imposer des conditions, qu'entre celles d'un roi dont le pouvoir étoit héréditaire.

CHAPITRE IV.

Quel étoit à l'égard des maires le génie de la nation.

UN gouvernement dans lequel une nation qui avoit un roi élisoit celui qui devoit exercer la puissance royale paroît bien extraordinaire : mais, indépendamment des circonstances où l'on se trouvoit, je crois que les Francs tiroient à cet égard leurs idées de bien loin.

Ils étoient descendus des Germains, dont Tacite dit que, dans le choix de leur roi, ils se déterminoient par sa noblesse, et, dans le choix de leur chef, par sa vertu [1]. Voilà les rois de la première race, et les maires du palais; les premiers étoient héréditaires, les seconds étoient électifs.

On ne peut douter que ces princes qui, dans

---

[1] *Reges ex nobilitate, duces ex virtute sumunt.* De moribus Germanorum, § 7.

l'assemblée de la nation, se levoient et se proposoient pour chefs de quelque entreprise à tous ceux qui voudroient les suivre, ne réunissent pour la plupart, dans leur personne, et l'autorité du roi et la puissance du maire. Leur noblesse leur avoit donné la royauté; et leur vertu, les faisant suivre par plusieurs volontaires qui les prenoient pour chefs, leur donnoit la puissance du maire. C'est par la dignité royale que nos premiers rois furent à la tête des tribunaux et des assemblées, et donnèrent des lois du consentement de ces assemblées; c'est par la dignité de duc ou de chef qu'ils firent leurs expéditions, et commandèrent leurs armées.

Pour connoître le génie des premiers Francs à cet égard, il n'y a qu'à jeter les yeux sur la conduite que tint Arbogaste, Franc de nation, à qui Valentinien avoit donné le commandement de l'armée [1]. Il enferma l'empereur dans le palais; il ne permit à qui que ce fût de lui parler d'aucune affaire civile ou militaire. Arbogaste fit pour lors ce que les Pepins firent depuis.

---

[1] Voyez Sulpicius Alexander, dans Grégoire de Tours, liv. II.

CHAPITRE V.

Comment les maires obtinrent le commandement des armées.

PENDANT que les rois commandèrent les armées, la nation ne pensa point à se choisir un chef. Clovis et ses quatre fils furent à la tête des Français, et les menèrent de victoire en victoire. Thibault, fils de Théodebert, prince jeune, foible et malade, fut le premier des rois qui resta dans son palais [1]. Il refusa de faire une expédition en Italie contre Narsès, et il eut le chagrin de voir les Francs se choisir deux chefs qui les y menèrent [2]. Des quatre enfans de Clotaire Ier, Gontran fut celui qui négligea le plus de commander les armées [3] : d'autres rois suivirent cet exemple ; et pour remettre, sans péril, le commandement en d'autres mains, ils le donnèrent à plusieurs chefs ou ducs [4].

[1] L'an 552.

[2] *Leutheris verò et Butulinus, tametsi id regi eorum minimè placebat, belli cum eis societatem inierunt.* Agathias, liv. I; Grégoire de Tours, liv. IV, chap. IX.

[3] Gontran ne fit pas même l'expédition contre Gondovalde, qui se disoit fils de Clotaire, et demandoit sa part du royaume.

[4] Quelquefois au nombre de vingt. Voyez Grégoire de Tours, liv. V, chap. XXVII; liv. VIII, chap. XVIII et XXX; liv. X, chap. III.

On en vit naître des inconvéniens sans nombre : il n'y eut plus de discipline, on ne sut plus obéir ; les armées ne furent plus funestes qu'à leur propre pays ; elles étoient chargées de dépouilles avant d'arriver chez les ennemis. On trouve dans Grégoire de Tours une vive peinture de tous ces maux [1]. « Comment pourrons-nous obtenir la victoire, disoit Gontran, nous qui ne conservons pas ce que nos pères ont acquis ? Notre nation n'est plus la même [2].... » Chose singulière ! elle étoit dans la décadence dès le temps des petits-fils de Clovis.

Il étoit donc naturel qu'on en vînt à faire un duc unique ; un duc qui eût de l'autorité sur cette multitude infinie de seigneurs et de leudes qui ne connoissoient plus leurs engagemens ; un duc qui rétablît la discipline militaire, et qui menât contre l'ennemi une nation qui ne savoit plus faire la guerre qu'à elle-même. On donna la puissance aux maires du palais.

La première fonction des maires du palais fut

Dagobert, qui n'avoit point de maire en Bourgogne, eut la même politique, et envoya contre les Gascons dix ducs, et plusieurs comtes qui n'avoient point de ducs sur eux. Chronique de Frédégaire, chap. LXXVIII, sur l'an 636.

[1] Grégoire de Tours, liv. VIII, chap. XXX; et liv. X, chap. III.
, *Ibid.*, liv. VIII, chap. XXX.
[2] *Ibid.*

le gouvernement économique des maisons royales. Ils eurent, concurremment avec d'autres officiers, le gouvernement politique des fiefs [1] : et, à la fin, ils en disposèrent seuls. Ils eurent aussi l'administration des affaires de la guerre, et le commandement des armées, et ces deux fonctions se trouvèrent nécessairement liées avec les deux autres. Dans ces temps-là, il étoit plus difficile d'assembler les armées que de les commander : et quel autre que celui qui disposoit des grâces pouvoit avoir cette autorité? Dans cette nation indépendante et guerrière, il falloit plutôt inviter que contraindre, il falloit donner ou faire espérer les fiefs qui vaquoient par la mort du possesseur, récompenser sans cesse, faire craindre les préférences : celui qui avoit la surintendance du palais devoit donc être le général de l'armée.

CHAPITRE VI.

Seconde époque de l'abaissement des rois de la première race.

Depuis le supplice de Brunehault, les maires avoient été administrateurs du royaume sous les

---

[1] Voyez le second supplément à la loi des Bourguignons, titre 13; et Grégoire de Tours, liv. IX, chap. XXXVI.

rois; et, quoiqu'ils eussent la conduite de la guerre, les rois étoient pourtant à la tête des armées, et le maire et la nation combattoient sous eux. Mais la victoire du duc Pepin sur Théodoric et son maire [1] acheva de dégrader les rois [2] : celle que remporta Charles-Martel sur Chilpéric et son maire Rainfroy [3] confirma cette dégradation. L'Austrasie triompha deux fois de la Neustrie et de la Bourgogne : et la mairie d'Austrasie étant comme attachée à la famille des Pepins, cette mairie s'éleva sur toutes les autres mairies, et cette maison sur toutes les autres maisons. Les vainqueurs craignirent que quelque homme accrédité ne se saisît de la personne des rois pour exciter des troubles. Ils les tinrent dans une maison royale, comme dans une espèce de prison [4]. Une fois, chaque année, ils étoient montrés au peuple. Là, ils faisoient des ordonnances [5], mais c'étoient celles du maire; ils répondoient aux ambassadeurs, mais c'étoient les réponses du maire. C'est dans ce temps

[1] Voyez les Annales de Metz, sur les années 687 et 688.

[2] *Illis quidem nomina regum imponens, ipse totius regni habens privilegium*, etc. Annales de Metz, sur l'an 695.

[3] *Ibid.*, sur l'an 719.

[4] *Sedemque illi regalem sub suâ ditione concessit.* Annales de Metz, sur l'an 819.

[5] *Ex Chronico Centulensi*, lib. II. *Ut responsa quæ erat edoctus, vel potiùs jussus, ex suâ velut potestate redderet.*

que les historiens nous parlent du gouvernement des maires sur les rois qui leur étoient assujettis [1].

Le délire de la nation pour la famille de Pepin alla si loin qu'elle élut pour maire un de ses petits-fils qui étoit encore dans l'enfance [2]; elle l'établit sur un certain Dagobert, et mit un fantôme sur un fantôme.

CHAPITRE VII.

Des grands offices et des fiefs sous les maires du palais.

Les maires du palais n'eurent garde de rétablir l'amovibilité des charges et des offices; ils ne régnoient que par la protection qu'ils accordoient à cet égard à la noblesse : ainsi les grands offices continuèrent à être donnés pour la vie, et cet usage se confirma de plus en plus.

[1] Annales de Metz, sur l'an 691. *Anno principatûs Pippini super Theodoricum.....* Annales de Fulde ou de Laurisban. *Pippinus, dux Francorum, obtinuit regnum Francorum per annos* 27, *cum regibus sibi subjectis.*

[2] *Post hæc Theudoaldus, filius ejus (Grimoaldi) parvulus, in loco ipsius, cum prædicto rege Dagoberto, major domûs palatii effectus est.* Le Continuateur anonyme de Frédégaire, sur l'an 714, chap. civ.

Mais j'ai des réflexions particulières à faire sur les fiefs. Je ne puis douter que, dès ce temps-là, la plupart n'eussent été rendus héréditaires.

Dans le traité d'Andeli ¹, Gontran, et son neveu Childebert, s'obligent de maintenir les libéralités faites aux leudes et aux églises par les rois leurs prédécesseurs; et il est permis aux reines, aux filles, aux veuves des rois, de disposer par testament, et pour toujours, des choses qu'elles tiennent du fisc ².

Marculfe écrivoit ses formules du temps des maires ³. On en voit plusieurs où les rois donnent et à la personne et aux héritiers ⁴ : et, comme les formules sont les images des actions ordinaires de la vie, elles prouvent que, sur la fin de la première race, une partie des fiefs passoit déjà aux héritiers. Il s'en falloit bien que l'on eût, dans ces temps-là, l'idée d'un domaine inaliénable; c'est une chose

---

¹ Rapporté par Grégoire de Tours, liv. IX. Voyez aussi l'édit de Clotaire II, de l'an 615, art. 16.

² *Ut si quid de agris fiscalibus vel speciebus atque præsidio, pro arbitrii sui voluntate, facere aut cuiquam conferre voluerint, fixâ stabilitate perpetuò conservetur.*

³ Voyez la XXIV et la XXXIV du livre I.

⁴ Voyez la formule XIV du livre I, qui s'applique également à des biens fiscaux donnés directement pour toujours, ou donnés d'abord en bénéfice, et ensuite pour toujours : « *Sicut ab illo, aut à* « *fisco nostro, fuit possessa.* Voyez aussi la formule XVII, *ibid.*

très-moderne, et qu'on ne connoissoit alors ni dans la théorie, ni dans la pratique.

On verra bientôt sur cela des preuves de fait : et, si je montre un temps où il ne se trouva plus de bénéfices pour l'armée, ni aucun fonds pour son entretien, il faudra bien convenir que les anciens bénéfices avoient été aliénés. Ce temps est celui de Charles-Martel, qui fonda de nouveaux fiefs, qu'il faut bien distinguer des premiers.

Lorsque les rois commencèrent à donner pour toujours, soit par la corruption qui se glissa dans le gouvernement, soit par la constitution même qui faisoit que les rois étoient obligés de récompenser sans cesse, il étoit naturel qu'ils commençassent plutôt à donner à perpétuité les fiefs que les comtés. Se priver de quelques terres étoit peu de chose; renoncer aux grands offices, c'étoit perdre la puissance même.

CHAPITRE VIII.

Comment les aleux furent changés en fiefs.

La manière de changer un aleu en fief se trouve dans une formule de Marculfe [1]. On donnoit sa

---

[1] Liv. I, formule XIII.

terre au roi; il la rendoit au donateur en usufruit ou bénéfice, et celui-ci désignoit au roi ses héritiers.

Pour découvrir les raisons que l'on eut de dénaturer ainsi son aleu, il faut que je cherche, comme dans des abîmes, les anciennes prérogatives de cette noblesse, qui, depuis onze siècles, est couverte de poussière, de sang et de sueur.

Ceux qui tenoient des fiefs avoient de très-grands avantages. La composition pour les torts qu'on leur faisoit étoit plus forte que celle des hommes libres. Il paroît, par les formules de Marculfe, que c'étoit un privilége de vassal du roi, que celui qui le tueroit paieroit six cents sous de composition. Ce privilége étoit établi par la loi salique [1] et par celle des Ripuaires [2] : et, pendant que ces deux lois ordonnoient six cents sous pour la mort du vassal du roi, elles n'en donnoient que deux cents pour la mort d'un ingénu, Franc, barbare, ou homme vivant sous la loi salique; et que cent pour celle d'un Romain [3].

Ce n'étoit pas le seul privilége qu'eussent les vassaux du roi. Il faut savoir que quand un homme étoit cité en jugement et qu'il ne se présentoit

---

[1] Titre 44. Voyez aussi le titre 66, § 3 et 4; et le titre 74.

[2] Titre 11.

[3] Voyez la loi des Ripuaires, tit. 7; et la loi salique, tit. 44, art. 1 et 4.

point, ou n'obéissoit pas aux ordonnances des juges, il étoit appelé devant le roi [1]; et s'il persistoit dans sa contumace, il étoit mis hors de la protection du roi, et personne ne pouvoit le recevoir chez soi, ni même lui donner du pain [2] : or, s'il étoit d'une condition ordinaire, ses biens étoient confisqués [3]; mais, s'il étoit vassal du roi, ils ne l'étoient pas [4]. Le premier, par sa contumace, étoit censé convaincu du crime, et non pas le second. Celui-là, dans les moindres crimes, étoit soumis à la preuve par l'eau bouillante [5]; celui-ci n'y étoit condamné que dans le cas du meurtre [6]. Enfin, un vassal du roi ne pouvoit être contraint de jurer en justice contre un autre vassal [7]. Ces priviléges augmentèrent toujours; et le capitulaire de Carloman fait cet honneur aux vassaux du roi, qu'on ne peut les obliger de jurer eux-mêmes, mais seulement par la bouche de leurs propres vassaux [8]. De plus, lorsque celui qui avoit les honneurs ne s'étoit pas rendu à l'armée, sa

---

[1] La loi salique, tit. 59 et 76.
[2] *Extra sermonem regis.* Loi salique, tit. 59 et 76.
[3] *Ibid.*, tit. 59, § 1.
[4] *Ibid.*, tit. 76, § 1.
[5] *Ibid.*, tit. 56 et 59.
[6] *Ibid.*, tit. 76, § 1.
[7] *Ibid.*, tit. 76, § 2.
[8] *Apud Vernis palatium*, de l'an 883, art. 4 et 11.

peine étoit de s'abstenir de chair et de vin, autant de temps qu'il avoit manqué au service : mais l'homme libre qui n'avoit pas suivi le comte [1] payoit une composition de soixante sous, et étoit mis en servitude jusqu'à ce qu'il l'eût payée [2].

Il est donc aisé de penser que les Francs, qui n'étoient point vassaux du roi, et encore plus les Romains, cherchèrent à le devenir; et qu'afin qu'ils ne fussent pas privés de leurs domaines, on imagina l'usage de donner son aleu au roi, de le recevoir de lui en fief, et de lui désigner ses héritiers. Cet usage continua toujours; et il eut surtout lieu dans les désordres de la seconde race, où tout le monde avoit besoin d'un protecteur, et vouloit faire corps avec d'autres seigneurs, et entrer pour ainsi dire dans la monarchie féodale, parce qu'on n'avoit plus la monarchie politique [3].

Ceci continua dans la troisième race, comme on le voit par plusieurs chartres [4], soit qu'on donnât son aleu, et qu'on le reprît par le même acte; soit qu'on le déclarât aleu, et qu'on le reconnût

---

[1] Capitulaire de Charlemagne, qui est le second de l'an 812, art. 1 et 3.

[2] *Heribannum.*

[3] « *Non infirmis reliquit hæredibus*, » dit Lambert d'Ardres, dans Ducange, au mot *alodis*.

[4] Voyez celles que Ducange cite au mot *alodis*; et celles que rapporte Galland, *Traité du franc-aleu*, pag. 14 et suiv.

en fief. On appeloit ces fiefs *fiefs de reprise.*

Cela ne signifie pas que ceux qui avoient des fiefs les gouvernassent en bons pères de famille ; et, quoique les hommes libres cherchassent beaucoup à avoir des fiefs, ils traitoient ce genre de biens comme on administre aujourd'hui les usufruits. C'est ce qui fit faire à Charlemagne, prince le plus vigilant et le plus attentif que nous ayons eu, bien des règlemens [1], pour empêcher qu'on ne dégradât les fiefs en faveur de ses propriétés. Cela prouve seulement que, de son temps, la plupart des bénéfices étoient encore à vie; et que, par conséquent, on prenoit plus de soin des aleux que des bénéfices : mais cela n'empêche pas que l'on n'aimât encore mieux être vassal du roi qu'homme libre. On pouvoit avoir des raisons pour disposer d'une certaine portion particulière d'un fief, mais on ne vouloit pas perdre sa dignité même.

Je sais bien encore que Charlemagne se plaint, dans un capitulaire [2], que, dans quelques lieux, il y avoit des gens qui donnoient leurs fiefs en propriété, et les rachetoient ensuite en propriété. Mais je ne dis point qu'on n'aimât mieux une pro-

[1] Capitulaire II, de l'an 802, art. 10; et le capitulaire VII, de l'an 803, art. 3; et le capitulaire I, *incerti anni*, art. 49; et le capitulaire de l'an 806, art. 7.

[2] Le cinquième, de l'an 806, art. 8.

priété qu'un usufruit : je dis seulement que, lorsqu'on pouvoit faire d'un aleu un fief qui passât aux héritiers, ce qui est le cas de la formule dont j'ai parlé, on avoit de grands avantages à le faire.

CHAPITRE IX.

Comment les biens ecclésiastiques furent convertis en fiefs.

Les biens fiscaux n'auroient dû avoir d'autre destination que de servir aux dons que les rois pouvoient faire pour inviter les Francs à de nouvelles entreprises, lesquelles augmentoient d'un autre côté les biens fiscaux ; et cela étoit, comme j'ai dit, l'esprit de la nation : mais les dons prirent un autre cours. Nous avons un discours de Chilpéric [1], petit-fils de Clovis, qui se plaignoit déjà que ses biens avoient été presque tous donnés aux églises. « Notre fisc est devenu pauvre, disoit-il ; « nos richesses ont été transportées aux églises [2] : « il n'y a plus que les évêques qui règnent ; ils sont « dans la grandeur, et nous n'y sommes plus. »

Cela fit que les maires, qui n'osoient attaquer

[1] Dans Grégoire de Tours, liv. VI, chap. XLVI.

[2] Cela fit qu'il annula les testamens faits en faveur des églises, et même les dons faits par son père : Gontran les rétablit, et fit même de nouveaux dons. Grégoire de Tours ; liv. VII, chap. VII.

les seigneurs, dépouillèrent les églises ; et une des raisons qu'allégua Pepin pour entrer en Neustrie [1] fut qu'il y avoit été invité par les ecclésiastiques, pour arrêter les entreprises des rois, c'est-à-dire des maires, qui privoient l'église de tous ses biens.

Les maires d'Austrasie, c'est-à-dire la maison des Pepins, avoient traité l'église avec plus de modération qu'on n'avoit fait en Neustrie et en Bourgogne ; et cela est bien clair par nos chroniques [2], où les moines ne peuvent se lasser d'admirer la dévotion et la libéralité des Pepins. Ils avoient occupé eux-mêmes les premières places de l'église. « Un corbeau ne crève pas les yeux à un corbeau, » comme disoit Chilpéric aux évêques [3].

Pepin soumit la Neustrie et la Bourgogne : mais ayant pris, pour détruire les maires et les rois, le prétexte de l'oppression des églises, il ne pouvoit plus les dépouiller, sans contredire son titre, et faire voir qu'il se jouoit de la nation. Mais la conquête de deux grands royaumes, et la destruction du parti opposé, lui fournirent assez de moyens de contenter ses capitaines.

Pepin se rendit maître de la monarchie, en pro-

---

[1] Voyez les Annales de Metz, sur l'an 687 : *Excitor imprimis querelis sacerdotum et servorum Dei, qui me sæpiùs adierunt ut pro sublatis injustè patrimoniis*, etc.

[2] Voyez les Annales de Metz, sur l'an 687.

[3] Dans Grégoire de Tours.

tégeant le clergé : Charles-Martel, son fils, ne put se maintenir qu'en l'opprimant. Ce prince, voyant qu'une partie des biens royaux et des biens fiscaux avoient été donnés à vie ou en propriété à la noblesse, et que le clergé, recevant des mains des riches et des pauvres, avoit acquis une grande partie des allodiaux mêmes, il dépouilla les églises; et les fiefs du premier partage ne subsistant plus, il forma une seconde fois des fiefs [1]. Il prit, pour lui et pour ses capitaines, les biens des églises et les églises mêmes, et fit cesser un abus qui, à la différence des maux ordinaires, étoit d'autant plus facile à guérir qu'il étoit extrême.

CHAPITRE X.

Richesses du clergé.

LE clergé recevoit tant, qu'il faut que, dans les trois races, on lui ait donné plusieurs fois tous les biens du royaume. Mais, si les rois, la noblesse, et le peuple, trouvèrent le moyen de leur donner tous leurs biens, ils ne trouvèrent pas

---

[1] *Carolus, plurima juri ecclesiastico detrahens, prædia fisco sociavit, ac deindè militibus dispertivit.* Ex chronico Centulensi, lib. II.

moins celui de les leur ôter. La piété fit fonder les églises dans la première race : mais l'esprit militaire les fit donner aux gens de guerre, qui les partagèrent à leurs enfans. Combien ne sortit-il pas de terres de la mense du clergé! Les rois de la seconde race ouvrirent leurs mains, et firent encore d'immenses libéralités : les Normands arrivent, pillent et ravagent, persécutent surtout les prêtres et les moines, cherchent les abbayes, regardent où ils trouveront quelque lieu religieux; car ils attribuoient aux ecclésiastiques la destruction de leurs idoles, et toutes les violences de Charlemagne, qui les avoit obligés les uns après les autres de se réfugier dans le Nord. C'étoient des haines que quarante ou cinquante années n'avoient pu leur faire oublier. Dans cet état des choses, combien le clergé perdit-il de biens! A peine y avoit-il des ecclésiastiques pour les redemander. Il resta donc encore à la piété de la troisième race assez de fondations à faire, et de terres à donner : les opinions répandues et crues dans ces temps-là auroient privé les laïques de tout leur bien, s'ils avoient été assez honnêtes gens. Mais, si les ecclésiastiques avoient de l'ambition, les laïques en avoient aussi : si le mourant donnoit, le successeur vouloit reprendre. On ne voit que querelles entre les seigneurs et les évêques, les gentilshommes et les abbés, et il falloit qu'on pressât vivement les ecclésiastiques, puisqu'ils furent obligés de se mettre sous la protection de certains seigneurs, qui les défendoient pour un moment, et les opprimoient après.

Déjà une meilleure police, qui s'établissoit dans le cours de la troisième race, permettoit aux ecclésiastiques d'augmenter leur bien. Les calvinistes parurent, et firent battre de la monnoie de tout ce qui se trouva d'or et d'argent dans les églises. Comment le clergé auroit-il été assuré de sa fortune, il ne l'étoit pas de son existence. Il traitoit des matières de controverse, et l'on brûloit ses archives. Que servit-il de redemander à une noblesse toujours ruinée ce qu'elle n'avoit plus, ou ce qu'elle avoit hypothéqué de mille manières ? Le clergé a toujours acquis, il a toujours rendu, et il acquiert encore.

CHAPITRE XI.

État de l'Europe du temps de Charles-Martel.

Charles-Martel, qui entreprit de dépouiller le clergé, se trouva dans les circonstances les plus heureuses : il étoit craint et aimé des gens de guerre, et il travailloit pour eux ; il avoit le pré-

texte de ses guerres contre les Sarrasins [1]; quelque
haï qu'il fût du clergé, il n'en avoit aucun besoin;
le pape, à qui il étoit nécessaire, lui tendoit les
bras : on sait la célèbre ambassade que lui envoya
Grégoire III [2]. Ces deux puissances furent fort
unies, parce qu'elles ne pouvoient se passer l'une
de l'autre; le pape avoit besoin des Francs pour
le soutenir contre les Lombards et contre les
Grecs; Charles-Martel avoit besoin du pape pour
humilier les Grecs, embarrasser les Lombards,
se rendre plus respectable chez lui, et accréditer
les titres qu'il avoit, et ceux que lui ou ses enfans
pourroient prendre [3]. Il ne pouvoit donc manquer
son entreprise.

Saint Eucher, évêque d'Orléans, eut une vision
qui étonna les princes. Il faut que je rapporte, à
ce sujet, la lettre que les évêques assemblés à

---

[1] Voyez les Annales de Metz.

[2] *Epistolam quoque, decreto Romanorum principum, sibi prædictus præsul Gregorius miserat, quòd sese populus romanus, relictâ imperatoris dominatione, ad suam defensionem et invictam clementiam convertere voluisset.* Annales de Metz, sur l'an 741. *Eo pacto patrato, ut à partibus imperatoris recederet.* Frédégaire.

[3] On peut voir dans les auteurs de ces temps-là l'impression que l'autorité de tant de papes fit sur l'esprit des Français. Quoique le roi Pepin eût déjà été couronné par l'archevêque de Mayence, il regarda l'onction qu'il reçut du pape Étienne comme une chose qui le confirmoit dans tous ses droits.

Reims écrivirent à Louis-le-Germanique [1], qui étoit entré dans les terres de Charles-le-Chauve, parce qu'elle est très-propre à nous faire voir quel étoit, dans ces temps-là, l'état des choses, et la situation des esprits. Ils disent [2] que « Saint Eucher
« ayant été ravi dans le ciel, il vit Charles-Martel
« tourmenté dans l'enfer inférieur par l'ordre des
« saints qui doivent assister avec Jésus-Christ au
« jugement dernier; qu'il avoit été condamné à
« cette peine avant le temps, pour avoir dépouillé
« les églises de leurs biens, et s'être par là rendu
« coupable des péchés de tous ceux qui les avoient
« dotées; que le roi Pepin fit tenir à ce sujet un
« concile; qu'il fit rendre aux églises tout ce qu'il
« put retirer des biens ecclésiastiques; que, comme
« il n'en put ravoir qu'une partie à cause de ses
« démêlés avec Vaifre, duc d'Aquitaine, il fit faire
« en faveur des églises des lettres précaires du
« reste [3], et régla que les laïques paieroient

[1] *Anno* 858, *apud Carisiacum*, édit. de Baluze, tom. II, art. 1, pag. 109.

[2] *Anno* 858, *apud Carisiacum*, édit. de Baluze, tom. II, art. 7, pag. 109.

[3] « *Precaria, quòd precibus utendum conceditur*, » dit Cujas dans ses notes sur le livre I des fiefs. Je trouve dans un diplôme du roi Pepin, daté de la troisième année de son règne, que ce prince n'établit pas le premier ces lettres précaires; il en cite une faite par le maire Ébroin, et continuée depuis. Voyez le diplôme de ce roi dans le tome V des Historiens de France des bénédictins, art. 6.

« une dîme des biens qu'ils tenoient des églises,
« et douze deniers pour chaque maison ; que
« Charlemagne ne donna point les biens de l'é-
« glise ; qu'il fit au contraire un capitulaire par
« lequel il s'engagea, pour lui et ses successeurs,
« de ne les donner jamais ; que tout ce qu'ils
« avancent est écrit ; et que même plusieurs d'entre
« eux l'avoient entendu raconter à Louis-le-Dé-
« bonnaire, père des deux rois. »

Le règlement du roi Pepin, dont parlent les évêques, fut fait dans le concile tenu à Leptines [1]. L'église y trouvoit cet avantage, que ceux qui avoient reçu de ces biens ne les tenoient plus que d'une manière précaire; et que d'ailleurs elle en recevoit la dîme, et douze deniers pour chaque case qui lui avoit appartenu. Mais c'étoit un remède palliatif, et le mal restoit toujours.

Cela même trouva de la contradiction : et Pepin fut obligé de faire un autre capitulaire [2], où il enjoignit à ceux qui tenoient de ces bénéfices de payer cette dîme et cette redevance, et même d'entretenir les maisons de l'évêché ou du monastère, sous peine de perdre les biens donnés. Charlemagne renouvela les règlemens de Pepin [3].

[1] L'an 743. Voyez le livre V des capitulaires, art. 3, édition de Baluze, page 825.

[2] Celui de Metz, de l'an 756, art. 4.

[3] Voyez son capitulaire de l'an 803, donné à Worms, édition de

Ce que les évêques disent dans la même lettre, que Charlemagne promit, pour lui et ses successeurs, de ne plus partager les biens des églises aux gens de guerre, est conforme au capitulaire de ce prince donné à Aix-la-Chapelle l'an 803, fait pour calmer les terreurs des ecclésiastiques à cet égard : mais les donations déjà faites subsistèrent toujours [1]. Les évêques ajoutent, et avec raison, que Louis-le-Débonnaire suivit la conduite de Charlemagne, et ne donna point les biens de l'église aux soldats.

Cependant les anciens abus allèrent si loin que, sous les enfans de Louis-le-Débonnaire, les laïques établissoient des prêtres dans leurs églises, ou les chassoient, sans le consentement des évêques [2]. Les églises se partageoient entre les héritiers [3] ; et, quand elles étoient tenues d'une manière in-

---

Baluze, pag. 411, où il règle le contrat précaire ; et celui de Francfort, de l'an 794, pag. 267, art. 24, sur les réparations des maisons ; et celui de l'an 800, page 330.

[1] Comme il paroit par la note précédente, et par le capitulaire de Pepin, roi d'Italie, où il est dit que le roi donneroit en fief les monastères à ceux qui se recommanderoient pour des fiefs. Il est ajouté à la loi des Lombards, liv. III, tit. 1, § 30 ; et aux lois saliques, recueil des lois de Pepin, dans Échard, page 195, tit. 26, art. 4.

[2] Voyez la constitution de Lothaire I, dans la loi des Lombards, liv. III ; loi 1, § 43.

[3] *Ibid.*, § 44

décente, les évêques n'avoient d'autre ressource que d'en retirer les reliques [1].

Le capitulaire de Compiègne établit que l'envoyé du roi pouvoit faire la visite de tous les monastères avec l'évêque [2], de l'avis et en présence de celui qui le tenoit [3]; et cette règle générale prouve que l'abus étoit général.

Ce n'est pas qu'on manquât de lois pour la restitution des biens des églises. Le pape ayant reproché aux évêques leur négligence sur le rétablissement des monastères, ils écrivirent à Charles-le-Chauve qu'ils n'avoient point été touchés de ce reproche, parce qu'ils n'en étoient pas coupables; et ils l'avertirent de ce qui avoit été promis, résolu et statué dans tant d'assemblées de la nation [4]. Effectivement ils en citent neuf.

On disputoit toujours. Les Normands arrivèrent, et mirent tout le monde d'accord.

[1] Voyez la constitution de Lothaire I, dans la loi des Lombards, liv. III; loi 1, § 44.

[2] Donné la vingt-huitième année du règne de Charles-le-Chauve, l'an 868, édit. de Baluze, page 203.

[3] *Cum consilio et consensu ipsius qui locum retinet.*

[4] *Concilium apud Bonoilum*, seizième année de Charles-le-Chauve, l'an 856, édition de Baluze, page 78.

CHAPITRE XII.

Établissement des dîmes.

Les réglemens faits sous le roi Pepin avoient plutôt donné à l'église l'espérance d'un soulagement qu'un soulagement effectif : et, comme Charles-Martel trouva tout le patrimoine public entre les mains des ecclésiastiques, Charlemagne trouva les biens des ecclésiastiques entre les mains des gens de guerre. On ne pouvoit faire restituer à ceux-ci ce qu'on leur avoit donné; et les circonstances où l'on étoit pour lors rendoient la chose encore plus impraticable qu'elle n'étoit de sa nature. D'un autre côté, le christianisme ne devoit pas périr, faute de ministres, de temples et d'instructions [1].

Cela fit que Charlemagne établit les dîmes [2], nouveau genre de bien, qui eut cet avantage pour le clergé, qu'étant singulièrement donné à l'église,

---

[1] Dans les guerres civiles qui s'élevèrent du temps de Charles-Martel, les biens de l'église de Reims furent donnés aux laïques. On laissa le clergé subsister comme il pourroit, est-il dit dans la Vie de saint Remi. Surius, tom. I, pag. 279.

[2] Loi des Lombards, liv. III, tit. 3, § 1 et 2.

il fut plus aisé dans la suite d'en reconnoître les usurpations.

On a voulu donner à cet établissement des dates bien plus reculées : mais les autorités que l'on cite me semblent être des témoins contre ceux qui les allèguent. La constitution de Clotaire [1] dit seulement qu'on ne lèveroit point de certaines dîmes sur les biens de l'église [2]. Bien loin donc que l'église levât des dîmes dans ces temps-là, toute sa prétention étoit de s'en faire exempter. Le second concile de Mâcon [3], tenu l'an 585, qui ordonne que l'on paie les dîmes, dit, à la vérité, qu'on les avoit payées dans les temps anciens; mais il dit aussi que, de son temps, on ne les payoit plus.

---

[1] C'est celle dont j'ai tant parlé au chapitre IV ci-dessus, que l'on trouve dans l'édition des capitulaires de Baluze, tom. I, art. 11, pag. 9.

[2] *Agraria et pascuaria, vel decimas porcorum, ecclesiæ concedimus; ità ut actor aut decimator in rebus ecclesiæ nullus accedat.* Le capitulaire de Charlemagne, de l'an 800, édition de Baluze, page 336, explique très-bien ce que c'étoit que cette sorte de dîme dont Clotaire exempte l'église ; c'étoit le dixième des cochons que l'on mettoit dans les forêts du roi pour engraisser; et Charlemagne veut que ses juges le paient comme les autres, afin de donner l'exemple. On voit que c'étoit un droit seigneurial ou économique.

[3] *Canone V, ex tomo primo conciliorum antiquorum Galliæ; opera Jacobi Sirmundi.*

Qui doute qu'avant Charlemagne on n'eût ouvert la bible, et prêché les dons et les offrandes du lévitique? Mais je dis qu'avant ce prince les dîmes pouvoient être prêchées, mais qu'elles n'étoient point établies.

J'ai dit que les réglemens faits sous le roi Pepin avoient soumis au paiement des dîmes, et aux réparations des églises, ceux qui possédoient en fief les biens ecclésiastiques. C'étoit beaucoup d'obliger par une loi, dont on ne pouvoit disputer la justice, les principaux de la nation à donner l'exemple.

Charlemagne fit plus, et on voit, par le capitulaire *de villis*[1], qu'il obligea ses propres fonds au paiement des dîmes; c'étoit encore un grand exemple.

Mais le bas peuple n'est guère capable d'abandonner ses intérêts par des exemples. Le synode de Francfort[2] lui présenta un motif plus pressant pour payer les dîmes. On y fit un capitulaire, dans lequel il est dit que, dans la dernière famine, on avoit trouvé les épis de blé vides; qu'ils avoient été dévorés par les démons, et qu'on avoit entendu leurs voix qui reprochoient de n'avoir pas payé la dîme[3] : et, en conséquence, il fut ordonné à tous

---

[1] Article 6, édition de Baluze, page 332. Il fut donnée l'an 800.

[2] Tenu sous Charlemagne l'an 794.

[3] *Experimento enim didicimus in anno quo illa valida fames*

ceux qui tenoient les biens ecclésiastiques de payer la dîme; et, en conséquence encore, on l'ordonna à tous.

Le projet de Charlemagne ne réussit pas d'abord : cette charge parut accablante [1]. Le paiement des dîmes, chez les Juifs, étoit entré dans le plan de la fondation de leur république : mais ici le paiement des dîmes étoit une charge indépendante de celles de l'établissement de la monarchie. On peut voir, dans les dispositions ajoutées à la loi des Lombards [2], la difficulté qu'il y eut à faire recevoir les dîmes par les lois civiles : on peut juger, par les différens canons des conciles, de celle qu'il y eut à les faire recevoir par les lois ecclésiastiques.

Le peuple consentit enfin à payer les dîmes, à condition qu'il pourroit les racheter. La constitution de Louis-le-Débonnaire [3], et celle de l'empe-

---

irrepsit, ebullire vacuas annonas à dæmonibus devoratas, et voces exprobrationis auditas, etc. Édition de Baluze, page 267, art. 23.

[1] Voyez entre autres le capitulaire de Louis-le-Débonnaire, de l'an 829, édition de Baluze, page 663, contre ceux qui, dans la vue de ne pas payer la dîme, ne cultivoient point leurs terres; et article 5 : *Nonis quidem et decimis, undè et genitor noster et nos frequenter, in diversis placitis, admonitionem fecimus.*

[2] Entre autres celle de Lothaire, liv. III, tit. 3, chap. vi.

[3] De l'an 829, art. 7, dans Baluze, tom. I, pag. 663.

reur Lothaire, son fils [1], ne le permirent pas.

Les lois de Charlemagne sur l'établissement des dîmes étoient l'ouvrage de la nécessité; la religion seule y eut part, et la superstition n'en eut aucune.

La fameuse division qu'il fit des dîmes en quatre parties, pour la fabrique des églises, pour les pauvres, pour l'évêque, pour les clercs [2], prouve bien qu'il vouloit donner à l'église cet état fixe et permanent qu'elle avoit perdu.

Son testament fait voir qu'il voulut achever de réparer les maux que Charles-Martel, son aïeul, avoit faits [3]. Il fit trois parties égales de ses biens mobiliers : il voulut que deux de ces parties fussent divisées en vingt-une, pour les vingt-une métropoles de son empire; chaque partie devoit être subdivisée entre la métropole et les évêchés qui en dépendoient. Il partagea le tiers qui restoit en quatre parties; il en donna une à ses enfans et ses petits-enfans; une autre fut ajoutée aux deux tiers déjà donnés; les deux autres furent employées en œuvres pies. Il sembloit qu'il regardât le don immense qu'il venoit de faire aux églises moins comme

---

[1] *Loi des Lombards*, liv. III, tit. 3, § 8.

[2] *Ibid.*, § 4.

[3] C'est une espèce de codicille rapporté par Éginhart, et qui est différent du testament même qu'on trouve dans Goldast et Baluze.

une action religieuse que comme une dispensation politique.

CHAPITRE XIII.

Des élections aux évêchés et abbayes.

Les églises étant devenues pauvres, les rois abandonnèrent les élections aux évêchés et autres bénéfices ecclésiastiques [1]. Les princes s'embarrassèrent moins d'en nommer les ministres, et les compétiteurs réclamèrent moins leur autorité. Ainsi l'église recevoit une espèce de compensation pour les biens qu'on lui avoit ôtés.

Et si Louis-le-Débonnaire laissa au peuple romain le droit d'élire les papes [2], ce fut un effet de l'esprit général de son temps : on se gouverna à l'égard du siége de Rome comme on faisoit à l'égard des autres.

[1] Voyez le capitulaire de Charlemagne, de l'an 803, art. 2, édit. de Baluze, pag. 379; et l'édit de Louis-le-Débonnaire, de l'an 834, dans Goldast, constitution impériale, tom. I.

[2] Cela est dit dans le fameux canon *Ego Ludovicus*, qui est visiblement supposé. Il est dans l'édition de Baluze, pag. 591, sur l'an 817.

CHAPITRE XIV.

Des fiefs de Charles-Martel.

Je ne dirai point si Charles-Martel donnant les biens de l'église en fief, il les donna à vie, ou à perpétuité. Tout ce que je sais, c'est que, du temps de Charlemagne [1] et de Lothaire I [2], il y avoit de ces sortes de biens qui passoient aux héritiers et se partageoient entre eux.

Je trouve de plus qu'une partie fut donnée en aleu, et l'autre partie en fief [3].

J'ai dit que les propriétaires des aleux étoient soumis au service comme les possesseurs des fiefs. Cela fut sans doute en partie cause que Charles-Martel donna en aleu aussi bien qu'en fief.

---

[1] Comme il paroit par son capitulaire de l'an 801, art. 17, dans Baluze, tome I, page 360.

[2] Voyez sa constitution, insérée dans le code des Lombards, liv. III, tit. 1, § 44.

[3] Voyez la constitution ci-dessus; et le capitulaire de Charles-le-Chauve, de l'an 846, chap. xx, *in villâ Sparnaco*, édit. de Baluze, tom. II, pag. 31; et celui de l'an 853, chap. III et v, dans le synode de Soissons, édit. de Baluze, tom. II, pag. 54; et celui de l'an 854, *apud Attiniacum*, chap. x, édition de Baluze, tom. II, pag. 70 Voyez aussi le capitulaire premier de Charlemagne, *incertianni*, art. 49 et 56, édit. de Baluze, tom. I, pag. 519.

CHAPITRE XV.

Continuation du même sujet.

Il faut remarquer que les fiefs ayant été changés en biens d'église, et les biens d'église ayant été changés en fiefs, les fiefs et les biens d'église prirent réciproquement quelque chose de la nature de l'un et de l'autre. Ainsi les biens d'église eurent les priviléges des fiefs, et les fiefs eurent les priviléges des biens d'église : tels furent les droits honorifiques dans les églises, qu'on vit naître dans ces temps-là [1]. Et, comme ces droits ont toujours été attachés à la haute justice, préférablement à ce que nous appelons aujourd'hui le fief, il suit que les justices patrimoniales étoient établies dans le temps même de ces droits.

[1] Voyez les capitulaires, liv. V, art. 44; et l'édit de Pistes, de l'an 866, art. 8 et 9, où l'on voit les droits honorifiques des seigneurs établis tels qu'ils sont aujourd'hui.

CHAPITRE XVI.

Confusion de la royauté et de la mairie. Seconde race.

L'ORDRE des matières a fait que j'ai troublé l'ordre des temps; de sorte que j'ai parlé de Charlemagne avant d'avoir parlé de cette époque fameuse de la translation de la couronne aux Carlovingiens, faite sous le roi Pepin : chose qui, à la différence des événemens ordinaires, est peut-être plus remarquée aujourd'hui qu'elle ne le fut dans le temps même qu'elle arriva.

Les rois n'avoient point d'autorité, mais ils avoient un nom; le titre de roi étoit héréditaire, et celui de maire étoit électif. Quoique les maires, dans les derniers temps, eussent mis sur le trône celui des Mérovingiens qu'ils vouloient, ils n'avoient point pris de roi dans une autre famille; et l'ancienne loi, qui donnoit la couronne à une certaine famille, n'étoit point effacée du cœur des Francs. La personne du roi étoit presque inconnue dans la monarchie; mais la royauté ne l'étoit pas. Pepin, fils de Charles-Martel, crut qu'il étoit à propos de confondre ces deux titres ; confusion qui laisseroit toujours de l'incertitude si la royauté nouvelle étoit héréditaire, ou non : et cela suffisoit à celui qui joignoit à la royauté une grande puissance. Pour lors, l'autorité du maire fut jointe à l'autorité royale. Dans le mélange de ces deux autorités, il se fit une espèce de conciliation. Le maire avoit été électif, et le roi héréditaire : la couronne, au commencement de la seconde race, fut élective, parce que le peuple choisit; elle fut héréditaire, parce qu'il choisit toujours dans la même famille [1].

Le père Le Cointe, malgré la foi de tous les monumens [2], nie que le pape ait autorisé ce grand changement [3]; une de ses raisons est qu'il auroit fait une injustice. Et il est admirable de voir un historien juger de ce que les hommes ont fait par ce qu'ils auroient dû faire. Avec cette manière de raisonner, il n'y auroit plus d'histoire.

Quoi qu'il en soit, il est certain que, dès le moment de la victoire du duc Pepin, sa famille fut régnante, et que celle des Mérovingiens ne le fut plus. Quand son petit-fils Pepin fut couronné

---

[1] Voyez le testament de Charlemagne et le partage que Louis-le-Débonnaire fit à ses enfans dans l'assemblée des états tenue à Quierzy, rapportés par Goldast : *Quem populus eligere velit, ut patri suo succedat in regni hæreditate.*

[2] L'anonyme, sur l'an 752; et chron. Centul. sur l'an 754.

[3] *Fabella quæ post Pippini mortem excogitata est, æquitati et sanctitati Zachariæ papæ plurimùm adversatur.....* Annales ecclésiastiques des Français, tom. II, pag. 319.

roi, ce ne fut qu'une cérémonie de plus, et un fantôme de moins : il n'acquit rien par là que les ornemens royaux; il n'y eut rien de changé dans la nation.

J'ai dit ceci pour fixer le moment de la révolution, afin qu'on ne se trompe pas, en regardant comme une révolution ce qui n'étoit qu'une conséquence de la révolution.

Quand Hugues-Capet fut couronné roi au commencement de la troisième race, il y eut un plus grand changement, parce que l'état passa de l'anarchie à un gouvernement quelconque : mais quand Pepin prit la couronne, on passa d'un gouvernement au même gouvernement.

Quand Pepin fut couronné roi, il ne fit que changer de nom : mais, quand Hugues-Capet fut couronné roi, la chose changea, parce qu'un grand fief uni à la couronne fit cesser l'anarchie.

Quand Pepin fut couronné roi, le titre de roi fut uni au plus grand office; quand Hugues-Capet fut couronné, le titre de roi fut uni au plus grand fief.

CHAPITRE XVII.

Chose particulière dans l'élection des rois de la seconde race.

On voit, dans la formule de la consécration de Pepin [1], que Charles et Carloman furent aussi oints et bénis; et que les seigneurs français s'obligèrent, sous peine d'interdiction et d'excommunication, de n'élire jamais personne d'une autre race [2].

Il paroît, par les testamens de Charlemagne et de Louis-le-Débonnaire, que les Francs choisissoient entre les enfans des rois; ce qui se rapporte très-bien à la clause ci-dessus. Et, lorsque l'empire passa dans une autre maison que celle de Charlemagne, la faculté d'élire, qui étoit restreinte et conditionnelle, devint pure et simple; et on s'éloigna de l'ancienne constitution.

Pepin, se sentant près de sa fin, convoqua les seigneurs ecclésiastiques et laïques à Saint-Denis [3], et partagea son royaume à ses deux fils, Charles et Carloman. Nous n'avons point les actes de cette

---

[1] Tome V des Historiens de France, par les PP. bénédictins, pag. 9.

[2] *Ut numquàm de alterius lumbis regem in œvo præsumant eligere, sed ex ipsorum.* Ibid., pag. 10.

[3] L'an 768.

assemblée : mais on trouve ce qui s'y passa dans l'auteur de l'ancienne collection historique mise au jour par Canisius [1], et celui des annales de Metz, comme l'a remarqué M. Baluze [2]. Et j'y vois deux choses en quelque façon contraires : qu'il fit le partage du consentement des grands ; et ensuite, qu'il le fit par un droit paternel. Cela prouve ce que j'ai dit, que le droit du peuple, dans cette race, étoit d'élire dans la famille : c'étoit, à proprement parler, plutôt un droit d'exclure qu'un droit d'élire.

Cette espèce de droit d'élection se trouve confirmée par les monumens de la seconde race. Tel est ce capitulaire de la division de l'empire que Charlemagne fait entre ses trois enfans, où, après avoir formé leur partage, il dit que, « si un des « trois frères a un fils, tel que le peuple veuille « l'élire pour qu'il succède au royaume de son « père, ses oncles y consentiront [3]. »

Cette même disposition se trouve dans le partage que Louis-le-Débonnaire fit entre ses trois enfans, Pepin, Louis et Charles, l'an 837, dans l'assemblée d'Aix-la-Chapelle [4]; et encore dans un

---

[1] Tome II, *lectionis antiquæ*.

[2] Édition des capitulaires, tom. I, pag. 188.

[3] Dans le capitulaire premier de l'an 806, édit. de Baluze, pag. 439, art. 5.

[4] Dans Goldast, constitutions impériales, tom. II, pag. 19.

autre partage du même empereur, fait, vingt ans auparavant, entre Lothaire, Pepin et Louis [1]. On peut voir encore le serment que Louis-le-Bègue fit à Compiègne, lorsqu'il y fut couronné. « Moi, Louis, « constitué roi par la miséricorde de Dieu et l'é- « lection du peuple, je promets..... [2]. » Ce que je dis est confirmé par les actes du concile de Valence, tenu l'an 890, pour l'élection de Louis, fils de Boson, au royaume d'Arles [3]. On y élit Louis, et on donne pour principales raisons de son élection qu'il étoit de la famille impériale [4], que Charles-le-Gros lui avoit donné la dignité de roi, et que l'empereur Arnoul l'avoit investi par le sceptre et par le ministère de ses ambassadeurs. Le royaume d'Arles, comme les autres, démembrés, ou dépendans de l'empire de Charlemagne, étoit électif et héréditaire.

[1] Édition de Baluze, pag. 574, art. 14. *Si verò aliquis illorum decedens, legitimos filios reliquerit, non inter eos potestas ipsa dividatur; sed potiùs populus, pariter conveniens, unum ex iis, quem dominus voluerit, eligat; et hunc senior frater in loco fratris et filii suscipiat.*

[2] Capitulaire de l'an 877, édit. de Baluze, page 272.

[3] Dans Dumont, corps diplomatique, tom. I, art. 36.

[4] Par femmes.

CHAPITRE XVIII.

Charlemagne.

CHARLEMAGNE songea à tenir le pouvoir de la noblesse dans ses limites, et à empêcher l'oppression du clergé et des hommes libres. Il mit un tel tempérament dans les ordres de l'état, qu'ils furent contre-balancés, et qu'il resta le maître. Tout fut uni par la force de son génie. Il mena continuellement la noblesse d'expédition en expédition; il ne lui laissa pas le temps de former des desseins, et l'occupa tout entière à suivre les siens. L'empire se maintint par la grandeur du chef : le prince étoit grand, l'homme l'étoit davantage. Les rois ses enfans furent ses premiers sujets, les instrumens de son pouvoir, et les modèles de l'obéissance. Il fit d'admirables règlemens; il fit plus, il les fit exécuter. Son génie se répandit sur toutes les parties de l'empire. On voit, dans les lois de ce prince, un esprit de prévoyance qui comprend tout, et une certaine force qui entraîne tout. Les prétextes pour éluder les devoirs sont ôtés; les négligences corrigées, les abus réformés ou prévenus [1]. Il savoit punir; il savoit encore mieux

---

[1] Voyez son capitulaire III, de l'an 811, pag. 486, art. 1 à 8; et

pardonner. Vaste dans ses desseins, simple dans l'exécution, personne n'eut à un plus haut degré l'art de faire les plus grandes choses avec facilité, et les difficiles avec promptitude. Il parcouroit sans cesse son vaste empire, portant la main partout où il alloit tomber. Les affaires renaissoient de toutes parts; il les finissoit de toutes parts. Jamais prince ne sut mieux braver les dangers, jamais prince ne les sut mieux éviter. Il se joua de tous les périls, et particulièrement de ceux qu'éprouvent presque toujours les grands conquérans, je veux dire les conspirations. Ce prince prodigieux étoit extrêmement modéré; son caractère étoit doux, ses manières simples; il aimoit à vivre avec les gens de sa cour. Il fut peut-être trop sensible aux plaisirs des femmes : mais un prince qui gouverna toujours par lui-même, et qui passa sa vie dans les travaux, peut mériter plus d'excuses. Il mit une règle admirable dans sa dépense : il fit valoir ses domaines avec sagesse, avec attention, avec économie; un père de famille pourroit apprendre dans ses lois à gouverner sa maison [1]. On voit dans ses capitulaires la source pure et sacrée d'où il tira ses richesses. Je ne dirai plus qu'un

le capitulaire premier, de l'an 812, pag. 490, art. 1; et le capitulaire de la même année, pag. 494, art. 9 et 11, et autres.

[1] Voyez le capitulaire *de villis*, de l'an 800; son capitulaire 11, de l'an 813, art. 6 et 19; et le livre V des capitulaires, art. 303.

mot : il ordonnoit qu'on vendît les œufs des basses-cours de ses domaines, et les herbes inutiles de ses jardins¹, et il avoit distribué à ses peuples toutes les richesses des Lombards, et les immenses trésors de ces Huns qui avoient dépouillé l'univers.

CHAPITRE XIX.

Continuation du même sujet.

CHARLEMAGNE et ses premiers successeurs craignirent que ceux qu'ils placeroient dans des lieux éloignés ne fussent portés à la révolte; ils crurent qu'ils trouveroient plus de docilité dans les ecclésiastiques; ainsi ils érigèrent en Allemagne un grand nombre d'évêchés, et y joignirent de grands fiefs². Il paroît, par quelques chartres, que les clauses qui contenoient les prérogatives de ces fiefs n'étoient pas différentes de celles qu'on mettoit ordinairement dans ces concessions³, quoi-

---

¹ Capitulaire *de villis*, art. 39. Voyez tout ce capitulaire, qui est un chef-d'œuvre de prudence, de bonne administration et d'économie.

² Voyez entre autres la fondation de l'archevêché de Brême, dans le capitulaire de 789, édition de Baluze, page 245.

³ Par exemple, la défense aux juges royaux d'entrer dans le ter-

qu'on voie aujourd'hui les principaux ecclésiastiques d'Allemagne revêtus de la puissance souveraine. Quoi qu'il en soit, c'étoient des pièces qu'ils mettoient en avant contre les Saxons. Ce qu'ils ne pouvoient attendre de l'indolence ou des négligences d'un leude, ils crurent qu'ils devoient l'attendre du zèle et de l'attention agissante d'un évêque; outre qu'un tel vassal, bien loin de se servir contre eux des peuples assujettis, auroit au contraire besoin d'eux pour se soutenir contre ses peuples.

CHAPITRE XX.

Louis-le-Débonnaire.

AUGUSTE, étant en Égypte, fit ouvrir le tombeau d'Alexandre. On lui demanda s'il vouloit qu'on ouvrît ceux des Ptolomées; il dit qu'il avoit voulu voir le roi, et non pas les morts. Ainsi, dans l'histoire de cette seconde race, on cherche Pepin et Charlemagne; on voudroit voir les rois, et non pas les morts.

Un prince, jouet de ses passions, et dupe de ses vertus mêmes; un prince qui ne connut jamais

ritoire pour exiger les *freda* et autres droits. J'en ai beaucoup parlé au livre précédent.

sa force ni sa foiblesse ; qui ne sut se concilier ni la crainte ni l'amour ; qui, avec peu de vices dans le cœur, avoit toutes sortes de défauts dans l'esprit, prit en main les rênes de l'empire que Charlemagne avoit tenues.

Dans le temps que l'univers est en larmes pour la mort de son père; dans cet instant d'étonnement, où tout le monde demande Charles, et ne le trouve plus ; dans le temps qu'il hâte ses pas pour aller remplir sa place, il envoie devant lui des gens affidés pour arrêter ceux qui avoient contribué au désordre de la conduite de ses sœurs. Cela causa de sanglantes tragédies [1]. C'étoient des imprudences bien précipitées. Il commença à venger les crimes domestiques avant d'être arrivé au palais, et à révolter les esprits avant d'être le maître.

Il fit crever les yeux à Bernard, roi d'Italie, son neveu, qui étoit venu implorer sa clémence, et qui mourut quelques jours après ; cela multiplia ses ennemis. La crainte qu'il en eut le détermina à faire tondre ses frères ; cela en augmenta encore le nombre. Ces deux derniers articles lui furent bien reprochés [2] : on ne manqua pas de

---

[1] L'auteur incertain de la Vie de Louis-le-Débonnaire, dans le recueil de Duchesne, tom. II, pag. 295.

[2] Voyez le procès-verbal de sa dégradation, dans le recueil de Duchesne, tome II, page 333.

dire qu'il avoit violé son serment, et les promesses solennelles qu'il avoit faites à son père le jour de son couronnement [1].

Après la mort de l'impératrice Hirmengarde, dont il avoit trois enfans, il épousa Judith; il en eut un fils; et bientôt, mêlant les complaisances d'un vieux mari avec toutes les foiblesses d'un vieux roi, il mit un désordre dans sa famille, qui entraîna la chute de la monarchie.

Il changea sans cesse les partages qu'il avoit faits à ses enfans. Cependant ces partages avoient été confirmés tour à tour par ses sermens, ceux de ses enfans, et ceux des seigneurs. C'étoit vouloir tenter la fidélité de ses sujets; c'étoit chercher à mettre de la confusion, des scrupules et des équivoques dans l'obéissance; c'étoit confondre les droits divers des princes, dans un temps surtout où les forteresses étant rares, le premier rempart de l'autorité étoit la foi promise et la foi reçue.

Les enfans de l'empereur, pour maintenir leurs partages, sollicitèrent le clergé, et lui donnèrent des droits inouïs jusqu'alors. Ces droits étoient spécieux; on faisoit entrer le clergé en garantie d'une chose qu'on avoit voulu qu'il au-

---

[1] Il lui ordonna d'avoir pour ses sœurs, ses frères et ses neveux, une clémence sans bornes, *indeficientem misericordiam*. Tégan, dans le recueil de Duchesne, tom. II, pag. 276.

torisât. Agobard représenta à Louis-le-Débonnaire qu'il avoit envoyé Lothaire à Rome pour le faire déclarer empereur; qu'il avoit fait des partages à ses enfans, après avoir consulté le ciel par trois jours de jeûnes et de prières [1]. Que pouvoit faire un prince superstitieux, attaqué d'ailleurs par la superstition même? On sent quel échec l'autorité souveraine reçut deux fois, par la prison de ce prince et sa pénitence publique. On avoit voulu dégrader le roi, ou dégrada la royauté.

On a d'abord de la peine à comprendre comment un prince qui avoit plusieurs bonnes qualités, qui ne manquoit pas de lumières, qui aimoit naturellement le bien, et, pour tout dire enfin, le fils de Charlemagne, pût avoir des ennemis si nombreux, si violens, si irréconciliables, si ardens à l'offenser, si insolens dans son humiliation, si déterminés à le perdre [2] : et ils l'auroient perdu deux fois sans retour, si ses enfans, dans le fond plus honnêtes gens qu'eux, eussent pu suivre un projet et convenir de quelque chose.

[1] Voyez ses lettres.

[2] Voyez le procès-verbal de sa dégradation, dans le recueil de Duchesne, tom. II, pag. 331. Voyez aussi sa Vie, écrite par Tégan. *Tanto enim odio laborabat, ut tæderet eos vita ipsius*, dit l'auteur incertain, dans Duchesne, tom. II, pag. 307.

CHAPITRE XXI.

Continuation du même sujet.

La force que Charlemagne avoit mise dans la nation subsista assez sous Louis-le-Débonnaire pour que l'état pût se maintenir dans sa grandeur, et être respecté des étrangers. Le prince avoit l'esprit foible; mais la nation étoit guerrière. L'autorité se perdoit au dedans, sans que la puissance parût diminuer au dehors.

Charles-Martel, Pepin et Charlemagne gouvernèrent l'un après l'autre la monarchie. Le premier flatta l'avarice des gens de guerre; les deux autres celle du clergé; Louis-le-Débonnaire mécontenta tous les deux.

Dans la constitution française, le roi, la noblesse et le clergé avoient dans leurs mains toute la puissance de l'état. Charles-Martel, Pepin et Charlemagne se joignirent quelquefois d'intérêts avec l'une des deux parties pour contenir l'autre, et presque toujours avec toutes les deux : mais Louis-le-Débonnaire détacha de lui l'un et l'autre de ces corps. Il indisposa les évêques par des réglemens qui leur parurent rigides, parce qu'il alloit plus loin qu'ils ne vouloient aller eux-mêmes.

Il y a de très-bonnes lois faites mal à propos. Les évêques, accoutumés dans ces temps-là à aller à la guerre contre les Sarrasins et les Saxons, étoient bien éloignés de l'esprit monastique [1]. D'un autre côté, ayant perdu toute sorte de confiance pour sa noblesse, il éleva des gens de néant [2]. Il la priva de ses emplois, la renvoya du palais, appela des étrangers [3]. Il s'étoit séparé de ces deux corps, il en fut abandonné.

[1] « Pour lors les évêques et les clercs commencèrent à quitter « les ceintures et les baudriers d'or, les couteaux enrichis de pier- « reries qui y étoient suspendus, les habillemens d'un goût exquis, « les éperons, dont la richesse accabloit leurs talons. Mais l'ennemi « du genre humain ne souffrit point une telle dévotion, qui souleva « contre elle les ecclésiastiques de tous les ordres, et se fit à elle- « même la guerre. » L'auteur incertain de la Vie de Louis-le-Débonnaire, dans le recueil de Duchesne, tom. II, pag. 298.

[2] Tégan dit que ce qui se faisoit très-rarement sous Charlemagne se fit communément sous Louis.

[3] Voulant contenir la noblesse, il prit pour son chambrier un certain Bénard, qui acheva de la désespérer.

CHAPITRE XXII.

Continuation du même sujet.

MAIS ce qui affoiblit surtout la monarchie, c'est que ce prince en dissipa les domaines [1]. C'est ici que Nitard, un des plus judicieux historiens que nous ayons; Nitard, petit-fils de Charlemagne, qui étoit attaché au parti de Louis-le-Débonnaire, et qui écrivoit l'histoire par ordre de Charles-le-Chauve, doit être écouté.

Il dit « qu'un certain Adelhard avoit eu pendant « un temps un tel empire sur l'esprit de l'empe- « reur, que ce prince suivoit sa volonté en toutes « choses; qu'à l'instigation de ce favori, il avoit « donné les biens fiscaux à tous ceux qui en avoient « voulu [2], et par là avoit anéanti la république [3]. » Ainsi il fit dans tout l'empire ce que j'ai dit qu'il avoit fait en Aquitaine [4]; chose que Charlemagne répara, et que personne ne répara plus.

---

[1] *Villas regias, quæ erant sui et avi et tritavi, fidelibus suis tradidit eas in possessiones sempiternas : fecit enim hoc diu tempore.* Tégan, *de Gestis Ludovici Pii.*

[2] *Hinc libertates, hinc publica in propriis usibus distribuere suasit.* Nitard, liv. IV, à la fin.

[3] *Rempublicam penitus annullavit.* Ibid.

[4] Voyez le liv. XXX, chap. XIII.

L'état fut mis dans cet épuisement où Charles-Martel le trouva lorsqu'il parvint à la mairie; et l'on étoit dans ces circonstances, qu'il n'étoit plus question d'un coup d'autorité pour le rétablir.

Le fisc se trouva si pauvre, que sous Charles-le-Chauve on ne maintenoit personne dans les honneurs; on n'accordoit la sûreté à personne que pour de l'argent [1] : quand on pouvoit détruire les Normands, on les laissoit échapper pour de l'argent [2]; et le premier conseil qu'Hincmar donne à Louis-le-Bègue, c'est de demander dans une assemblée de quoi soutenir les dépenses de sa maison.

CHAPITRE XXIII.

Continuation du même sujet.

LE clergé eut sujet de se repentir de la protection qu'il avoit accordée aux enfans de Louis-le-Débonnaire. Ce prince, comme j'ai dit, n'avoit jamais donné de préceptions des biens de l'église aux laïques [3] : mais bientôt Lothaire en Italie, et

---

[1] Hincmar, lettre première à Louis-le-Bègue.

[2] Voyez le fragment de la chronique du monastère de Saint-Serge d'Angers, dans Duchesne, tom. II, pag. 401.

[3] Voyez ce que disent les évêques dans le synode de l'an 845, *apud Teudonis villam*, art. 4.

Pepin en Aquitaine, quittèrent le plan de Charlemagne, et reprirent celui de Charles-Martel. Les ecclésiastiques eurent recours à l'empereur contre ses enfans : mais ils avoient affoibli eux-mêmes l'autorité qu'ils réclamoient. En Aquitaine, on eut quelque condescendance; en Italie, on n'obéit pas.

Les guerres civiles, qui avoient troublé la vie de Louis-le-Débonnaire, furent le germe de celles qui suivirent sa mort. Les trois frères, Lothaire, Louis et Charles, cherchèrent, chacun de leur côté, à attirer les grands dans leur parti, et à se faire des créatures. Ils donnèrent à ceux qui voulurent les suivre, des préceptions des biens de l'église; et, pour gagner la noblesse, ils lui livrèrent le clergé.

On voit, dans les capitulaires, que ces princes furent obligés de céder à l'importunité des demandes, et qu'on leur arracha souvent ce qu'ils n'auroient pas voulu donner [1] : on y voit que le clergé se croyoit plus opprimé par la noblesse que par les rois. Il paroît encore que Charles-le-Chauve

---

[1] Voyez le synode de l'an 845, *apud Teudonis villam*, art. 3 et 4, qui décrit très-bien l'état des choses; aussi-bien que celui de la même année, tenu au palais de Vernes, art. 12; et le synode de Beauvais, encore de la même année, art. 3, 4 et 6; et le capitulaire *in villâ Sparnaco*, de l'an 846, art. 20; et la lettre que les évêques assemblés à Reims écrivirent l'an 858 à Louis-le-Germanique, art. 8.

fut celui qui attaqua le plus le patrimoine du clergé ¹; soit qu'il fût le plus irrité contre lui, parce qu'il avoit dégradé son père à son occasion; soit qu'il fût le plus timide. Quoi qu'il en soit, on voit dans les capitulaires des querelles continuelles entre le clergé qui demandoit ses biens, et la noblesse qui refusoit, qui éludoit, ou qui différoit de les rendre, et les rois entre deux ².

C'est un spectacle digne de pitié, de voir l'état des choses en ces temps-là. Pendant que Louis-le-Débonnaire faisoit aux églises des dons immenses

---

¹ Voyez le capitulaire *in villâ Sparnaco*, de l'an 846. La noblesse avoit irrité le roi contre les évêques; de sorte qu'il les chassa de l'assemblée : on choisit quelques canons des synodes, et on leur déclara que ce seroient les seuls qu'on observeroit; on ne leur accorda que ce qu'il étoit impossible de leur refuser. Voyez les articles 20, 21 et 22. Voyez aussi la lettre que les évêques assemblés écrivirent, l'an 858, à Louis-le-Germanique, art. 8; et l'édit de Pistes, de l'an 864, art. 5.

² Voyez le même capitulaire de l'an 846, *in villâ Sparnaco*. Voyez aussi le capitulaire de l'assemblée tenue, *apud Marsnam*, de l'an 847, art. 4, dans laquelle le clergé se retrancha à demander qu'on le remit en possession de tout ce dont il avoit joui sous le règne de Louis-le-Débonnaire. Voyez aussi le capitulaire de l'an 851, *apud Marsnam*, art. 6 et 7, qui maintient la noblesse et le clergé dans leurs possessions; et celui *apud Bonoilum*, de l'an 856, qui est une remontrance des évêques au roi sur ce que les maux, après tant de lois faites, n'avoient pas été réparés; et enfin la lettre que es évêques assemblés à Reims écrivirent, l'an 858, à Louis-le-Germanique, art. 8.

de ses domaines, ses enfans distribuoient les biens du clergé aux laïques. Souvent la même main qui fondoit des abbayes nouvelles, dépouilloit les anciennes. Le clergé n'avoit point un état fixe. On lui ôtoit; il regagnoit : mais la couronne perdoit toujours.

Vers la fin du règne de Charles-le-Chauve, et depuis ce règne, il ne fut plus guère question des démêlés du clergé et des laïques sur la restitution des biens de l'église. Les évêques jetèrent bien encore quelques soupirs dans leurs remontrances à Charles-le-Chauve, que l'on trouve dans le capitulaire de l'an 856, et dans la lettre qu'ils écrivirent à Louis-le-Germanique l'an 858 [1] : mais ils proposoient des choses, et ils réclamoient des promesses tant de fois éludées, que l'on voit qu'ils n'avoient aucune espérance de les obtenir.

Il ne fut plus question que de réparer en général les torts faits dans l'église et dans l'état [2]. Les rois s'engageoient de ne point ôter aux leudes leurs hommes libres, et de ne plus donner les biens ecclésiastiques par des préceptions [3]; de sorte que

[1] Art. 8.

[2] Voyez le capitulaire de l'an 851, art. 6 et 7.

[3] Charles-le-Chauve, dans le synode de Soissons, dit qu'il avoit promis aux évêques de ne plus donner de préceptions des biens de l'église. Capitulaire de l'an 853, art. 11, édition de Baluze, tom. II, pag. 56.

le clergé et la noblesse parurent s'unir d'intérêts.

Les étranges ravages des Normands, comme j'ai dit, contribuèrent beaucoup à mettre fin à ces querelles.

Les rois, tous les jours moins accrédités, et par les causes que j'ai dites, et par celles que je dirai, crurent n'avoir d'autre parti à prendre que de se mettre entre les mains des ecclésiastiques. Mais le clergé avoit affoibli les rois, et les rois avoient affoibli le clergé.

En vain Charles-le-Chauve et ses successeurs appelèrent-ils le clergé pour soutenir l'état, et en empêcher la chute [1]; en vain se servirent-ils du respect que les peuples avoient pour ce corps, pour maintenir celui qu'on devoit avoir pour eux [2];

---

[1] Voyez dans Nitard, liv. IV, comment, après la fuite de Lothaire, les rois Louis et Charles consultèrent les évêques pour savoir s'ils pourroient prendre et partager le royaume qu'ils avoient abandonné. En effet, comme les évêques formoient entre eux un corps plus uni que les leudes, il convenoit à ces princes d'assurer leurs droits par une résolution des évêques, qui pourroient engager tous les autres seigneurs à les suivre.

[2] Voyez le capitulaire de Charles-le-Chauve, *apud Saponarias*, de l'an 859, art. 3. Venilon, que j'avois fait archevêque de Sens, m'a sacré, et je ne devois être chassé du royaume par personne, « *saltem sine audientiâ et judicio episcoporum, quorum minis-« terio in regem sum consecratus, et qui throni Dei sunt dicti in « quibus Deus sedet, et per quos sua decernit judicia; quorum « paternis correctionibus et castigatoriis me subdere fui para-« tus, et in præsenti sum subditus.* »

en vain cherchèrent-ils à donner de l'autorité à leurs lois par l'autorité des canons [1]; en vain joignirent-ils les peines ecclésiastiques aux peines civiles [2]; en vain, pour contre-balancer l'autorité du comte, donnèrent-ils à chaque évêque la qualité de leur envoyé dans les provinces [3] : il fut impossible au clergé de réparer le mal qu'il avoit fait; et un étrange malheur dont je parlerai bientôt fit tomber la couronne à terre.

CHAPITRE XXIV.

Que les hommes libres furent rendus capables de posséder des fiefs.

J'AI dit que les hommes libres alloient à la guerre sous leur comte, et les vassaux sous leur seigneur. Cela faisoit que les ordres de l'état se balançoient les uns les autres ; et, quoique les leudes eussent des vassaux sous eux, ils pouvoient

---

[1] Voyez le capitulaire de Charles-le-Chauve, *de Carisiaco*, de l'an 857, édit. de Baluze, tom. II, pag. 88, art. 1, 2, 3, 4, et 7.

[2] Voyez le synode de Pistes, de l'an 862, art. 4 et le capitulaire de Carloman et de Louis II, *apud Vernis palatium* de l'an 883, art. 4 et 5.

[3] Capitulaire de l'an 876, sous Charles-le-Chauve, *in synodo Pontigonensi*, édit. de Baluze, art. 12.

être contenus par le comte, qui étoit à la tête de tous les hommes libres de la monarchie.

D'abord [1], ces hommes libres ne purent pas se recommander pour un fief, mais ils le purent dans la suite, et je trouve que ce changement se fit dans le temps qui s'écoula depuis le règne de Gontran jusqu'à celui de Charlemagne. Je le prouve par la comparaison qu'on peut faire du traité d'Andely [2], passé entre Gontran, Childebert et la reine Brunehault, et le partage fait par Charlemagne à ses enfans, et un partage pareil fait par Louis-le-Débonnaire [3]. Ces trois actes contiennent des dispositions à peu près pareilles à l'égard des vassaux; et comme on y règle les mêmes points, et à peu près dans les mêmes circonstances, l'esprit et la lettre de ces trois traités se trouvent à peu près les mêmes à cet égard.

Mais, pour ce qui concerne les hommes libres, il s'y trouve une différence capitale. Le traité d'Andely ne dit point qu'ils pussent se recommander pour un fief; au lieu qu'on trouve, dans les partages de Charlemagne et de Louis-le-Débonnaire, des clauses expresses pour qu'ils pussent

[1] Voyez ce que j'ai dit ci-dessus, au liv. XXX, chap. dernier, vers la fin.

[2] De l'an 587, dans Grégoire de Tours, liv. IX.

[3] Voyez le chapitre suivant, où je parle plus au long de ces partages, et les notes où ils sont cités.

s'y recommander : ce qui fait voir que, depuis le traité d'Andely, un nouvel usage s'introduisoit, par lequel les hommes libres étoient devenus capables de cette grande prérogative.

Cela dut arriver, lorsque Charles-Martel ayant distribué les biens de l'église à ses soldats, et les ayant donnés, partie en fief, partie en aleu, il se fit une espèce de révolution dans les lois féodales. Il est vraisemblable que les nobles, qui avoient déjà des fiefs, trouvèrent plus avantageux de recevoir les nouveaux dons en aleu, et que les hommes libres se trouvèrent encore trop heureux de les recevoir en fief.

CHAPITRE XXV.

CAUSE PRINCIPALE DE L'AFFOIBLISSEMENT DE LA SECONDE RACE.

Changement dans les aleux.

CHARLEMAGNE, dans le partage dont j'ai parlé au chapitre précédent [1], régla qu'après sa mort les hommes de chaque roi recevroient des bénéfices dans le royaume de leur roi, et non dans le

---

[1] De l'an 806, entre Charles, Pepin et Louis. Il est rapporté par Goldast et par Baluze, tom. I, pag. 439.

royaume d'un autre ¹ ; au lieu qu'on conserveroit ses aleux dans quelque royaume que ce fût. Mais il ajoute que tout homme libre pourroit, après la mort de son seigneur, se recommander pour un fief dans les trois royaumes, à qui il voudroit, de même que celui qui n'avoit jamais eu de seigneur². On trouve les mêmes dispositions dans le partage que fit Louis-le-Débonnaire à ses enfans, l'an 817 ³.

Mais, quoique les hommes libres se recommandassent pour un fief, la milice du comte n'en étoit point affoiblie : il falloit toujours que l'homme libre contribuât pour son aleu, et préparât des gens qui en fissent le service, à raison d'un homme pour quatre manoirs; ou bien qu'il préparât un homme qui servît pour lui le fief : et quelques abus s'étant introduits là-dessus, ils furent corrigés, comme il paroît par les constitutions de

¹ Art. 9, pag. 443. Ce qui est conforme au traité d'Andely dans Grégoire de Tours, liv. IX.

² Art. 10. Et il n'est point parlé de ceci dans le traité d'Andely.

³ Dans Baluze, tom I, pag. 174. *Licentiam habeat unusquisque liber homo, qui seniorem non habuerit, cuicumque ex his tribus fratribus voluerit se commendandi*, art. 9. Voyez aussi le partage que fit le même empereur l'an 837, article 6, édition de Baluze, pag. 686.

Charlemagne [1], et par celle de Pepin, roi d'Italie [2], qui s'expliquent l'une l'autre.

Ce que les historiens ont dit, que la bataille de Fontenay causa la ruine de la monarchie, est très-vrai : mais qu'il me soit permis de jeter un coup-d'œil sur les funestes conséquences de cette journée.

Quelque temps après cette bataille, les trois frères, Lothaire, Louis et Charles firent un traité dans lequel je trouve des clauses qui durent changer tout l'état politique chez les Français [3].

1° Dans l'annonciation [4] que Charles fit au peuple de la partie de ce traité qui le concernoit, il dit que tout homme libre pourroit choisir pour seigneur qui il voudroit, du roi ou des autres seigneurs [5]. Avant ce traité, l'homme libre pouvoit se recommander pour un fief; mais son aleu res-

[1] De l'an 811, édit. de Baluze, tom. I, pag. 486, art. 7 et 8; et celle de l'an 812, *ibid.*, pag. 490, art. 1. *Ut omnis liber homo qui quatuor mansos vestitos de proprio suo, sive de alicujus beneficio, habet, ipse se præparet, et ipse in hostem pergat, sive cum seniore suo*, etc. Voyez le capitulaire de l'an 807 édit. de Baluze, tom. I, pag. 458.

[2] De l'an 793, insérée dans la loi des Lombards, liv. III, tit. 9, chap. ix.

[3] En l'an 847, rapporté par Aubert-le-Mire et Baluze, tom. II, pag. 42, *conventus apud Marsnam.*

[4] *Adnunciatio.*

[5] *Ut unusquisque liber homo in nostro regno seniorem quem*

toit toujours sous la puissance immédiate du roi, c'est-à-dire sous la juridiction du comte; et il ne dépendoit du seigneur auquel il s'étoit recommandé qu'à raison du fief qu'il en avoit obtenu. Depuis ce traité, tout homme libre put soumettre son aleu au roi, ou à un autre seigneur, à son choix. Il n'est point question de ceux qui se recommandoient pour un fief, mais de ceux qui changeoient leur aleu en fief, et sortoient, pour ainsi dire, de la juridiction civile pour entrer dans la puissance du roi ou du seigneur qu'ils vouloient choisir.

Ainsi ceux qui étoient autrefois nûment sous la puissance du roi, en qualité d'hommes libres sous le comte, devinrent insensiblement vassaux les uns des autres; puisque chaque homme libre pouvoit choisir pour seigneur qui il vouloit, ou du roi ou des autres seigneurs.

2° Qu'un homme changeant en fief une terre qu'il possédoit à perpétuité, ces nouveaux fiefs ne pouvoient plus être à vie. Aussi voyons-nous, un moment après, une loi générale pour donner les fiefs aux enfans du possesseur : elle est de Charles-le-Chauve, un des trois princes qui contractèrent [1].

voluerit, in nobis et in nostris fidelibus, accipiat. Art. 2 de l'Annonciation de Charles.

[1] Capitulaire de l'an 877, tit. 53, art. 9 et 10, *apud Carisia-*

Ce que j'ai dit de la liberté qu'eurent tous les hommes de la monarchie, depuis le traité des trois frères, de choisir pour seigneur qui ils vouloient, du roi ou des autres seigneurs, se confirme par les actes passés depuis ce temps-là.

Du temps de Charlemagne, lorsqu'un vassal avoit reçu d'un seigneur une chose, ne valût-elle qu'un sou, il ne pouvoit plus le quitter [1]. Mais sous Charles-le-Chauve les vassaux purent impunément suivre leurs intérêts ou leur caprice : et ce prince s'exprime si fortement là-dessus, qu'il semble plutôt les inviter à jouir de cette liberté, qu'à la restreindre [2]. Du temps de Charlemagne, les bénéfices étoient plus personnels que réels ; dans la suite ils devinrent plus réels que personnels.

---

cum. Similiter et de vassallis nostris faciendum est, etc. Ce capitulaire se rapporte à un autre de la même année et du même lieu, art. 3.

[1] Capitulaire d'Aix-la-Chapelle, de l'an 813, art. 16. *Quòd nullus seniorem suum dimittat, postquam ab eo acceperit valente solidum unum.* Et le capitulaire de Pepin, de l'an 783, art. 5.

[2] Voyez le capitulaire *de Carisiaco*, de l'an 856, art. 10 et 13, édit. de Baluze, tom. II, pag. 83, dans lequel le roi et les seigneurs ecclésiastiques et laïques convinrent de ceci: *Et si aliquis de vobis talis est cui suus senioratus non placet, et illi simulat ut ad alium seniorem meliùs quàm ad illum acaptare possit, veniat ad illum, et ipse tranquillo et pacifico animo donet illi commeatum..... et quod Deus illi cupierit, et ad alium seniorem acaptare potuerit, pacificè habeat.*

CHAPITRE XXVI.

Changement dans les fiefs.

Il n'arriva pas de moindres changemens dans les fiefs que dans les aleux. On voit par le capitulaire de Compiègne, fait sous le roi Pepin [1], que ceux à qui le roi donnoit un bénéfice donnoient eux-mêmes une partie de ce bénéfice à divers vassaux; mais ces parties n'étoient point distinguées du tout. Le roi les ôtoit lorsqu'il ôtoit le tout; et, à la mort du leude, le vassal perdoit aussi son arrière-fief; un nouveau bénéficiaire venoit, qui établissoit aussi de nouveaux arrière-vassaux. Ainsi l'arrière-fief ne dépendoit point du fief; c'étoit la personne qui dépendoit. D'un côté, l'arrière-vassal revenoit au roi, parce qu'il n'étoit pas attaché pour toujours au vassal; et l'arrière-fief revenoit de même au roi, parce qu'il étoit le fief même, et non pas une dépendance du fief.

Tel étoit l'arrière-vasselage lorsque les fiefs étoient amovibles; tel il étoit encore pendant que les fiefs furent à vie. Cela changea lorsque les fiefs passèrent aux héritiers, et que les arrière-fiefs y

---

[1] De l'an 757, art. 6, édit. de Baluze, pag. 181.

passèrent de même. Ce qui relevoit du roi immédiatement n'en releva plus que médiatement; et la puissance royale se trouva, pour ainsi dire, reculée d'un degré, quelquefois de deux, et souvent davantage.

On voit dans les livres des fiefs [1] que, quoique les vassaux du roi pussent donner en fief, c'est-à-dire en arrière-fief du roi, cependant ces arrière-vassaux ou petits vavasseurs ne pouvoient pas de même donner en fief; de sorte que ce qu'ils avoient donné, ils pouvoient toujours le reprendre. D'ailleurs, une telle concession ne passoit point aux enfans comme les fiefs, parce qu'elle n'étoit point censée faite selon la loi des fiefs.

Si l'on compare l'état où étoit l'arrière-vasselage du temps que les deux sénateurs de Milan écrivoient ces livres avec celui où il étoit du temps du roi Pepin, on trouvera que les arrière-fiefs conservèrent plus long-temps leur nature primitive que les fiefs [2].

Mais lorsque ces sénateurs écrivirent, on avoit mis des exceptions si générales à cette règle, qu'elles l'avoient presque anéantie. Car, si celui qui avoit reçu un fief du petit vavasseur l'avoit suivi à Rome dans une expédition, il acquéroit

---

[1] Liv. I, chap. 1.

[2] Au moins en Italie et en Allemagne.

tous les droits de vassal; de même, s'il avoit donné de l'argent au petit vavasseur pour obtenir le fief, celui-ci ne pouvoit le lui ôter, ni l'empêcher de le transmettre à son fils, jusqu'à ce qu'il lui eût rendu son argent [1]. Enfin cette règle n'étoit plus suivie dans le sénat de Milan [2].

CHAPITRE XXVII.

Autre changement arrivé dans les fiefs.

Du temps de Charlemagne [3], on étoit obligé, sous de grandes peines, de se rendre à la convocation, pour quelque guerre que ce fût; on ne recevoit point d'excuses; et le comte qui auroit exempté quelqu'un auroit été puni lui-même. Mais le traité des trois frères [4] mit là-dessus une restriction qui tira, pour ainsi dire, la noblesse de la main du roi [5] : on ne fut plus tenu de suivre

[1] Liv. I des fiefs, chap. 1.

[2] *Ibid.*

[3] Capitulaire de l'an 802, art. 7, édit. de Baluze, pag. 365.

[4] *Apud Marsnam*, l'an 847, édit. de Baluze, pag. 42.

[5] *Volumus ut cujuscumque nostrûm homo, in cujuscumque regno sit, cum seniore suo in hostem, vel aliis suis utilitatibus, pergat; nisi talis regni invasio quam* Lantuveri *dicunt, quod*

le roi à la guerre que quand cette guerre étoit défensive. Il fut libre, dans les autres, de suivre son seigneur, ou de vaquer à ses affaires. Ce traité se rapporte à un autre, fait cinq ans auparavant entre les deux frères Charles-le-Chauve et Louis roi de Germanie, par lequel ces deux frères dispensèrent leurs vassaux de les suivre à la guerre, en cas qu'ils fissent quelque entreprise l'un contre l'autre : chose que les deux princes jurèrent, et qu'ils firent jurer aux deux armées [1].

La mort de cent mille Français à la bataille de Fontenoy fit penser à ce qui restoit encore de noblesse que, par les querelles particulières de ses rois sur leur partage, elle seroit enfin exterminée, et que leur ambition et leur jalousie feroient verser tout ce qu'il y avoit encore de sang à répandre [2]. On fit cette loi, que la noblesse ne seroit contrainte de suivre les princes à la guerre que lorsqu'il s'agiroit de défendre l'état contre une invasion étrangère. Elle fut en usage pendant plusieurs siècles [3].

---

absit, acciderit, ut omnis populus illius regni ad eam repellendam communiter pergat. Art. 5, *ibid*, pag. 44.

[1] *Apud Argentoratum*, dans Baluze, capitulaires, tome II, page 39.

[2] Effectivement ce fut la noblesse qui fit ce traité. Voyez Nitard, liv. IV.

[3] Voyez la loi de Guy, roi des Romains, parmi celles qui ont

CHAPITRE XXVIII.

Changemens arrivés dans les grands offices et dans les fiefs.

Il sembloit que tout prît un vice particulier, et se corrompît en même temps. J'ai dit que, dans les premiers temps, plusieurs fiefs étoient aliénés à perpétuité : mais c'étoient des cas particuliers, et les fiefs en général conservoient toujours leur propre nature ; et si la couronne avoit perdu des fiefs, elle en avoit substitué d'autres. J'ai dit encore que la couronne n'avoit jamais aliéné les grands offices à perpétuité [1].

Mais Charles-le-Chauve fit un réglement général, qui affecta également et les grands offices et les fiefs : il établit, dans ses capitulaires, que les comtés seroient donnés aux enfans du comte ; et il voulut que ce réglement eût encore lieu pour les fiefs [2].

___

été ajoutées à la loi salique et à celle des Lombards, tit. 6, § 2, dans Échard.

[1] Des auteurs ont dit que le comté de Toulouse avoit été donné par Charles-Martel, et passa d'héritier en héritier jusqu'au dernier Raymond : mais, si cela est, ce fut l'effet de quelques circonstances qui purent engager à choisir les comtes de Toulouse parmi les enfans du dernier possesseur.

[2] Voyez son capitulaire de l'an 877, tit. 53, art. 9 et 10, *apud*

On verra tout à l'heure que ce réglement reçut une plus grande extension; de sorte que les grands offices et les fiefs passèrent à des parens plus éloignés. Il suivit de là que la plupart des seigneurs, qui relevoient immédiatement de la couronne, n'en relevèrent plus que médiatement. Ces comtes qui rendoient autrefois la justice dans les plaids du roi, ces comtes qui menoient les hommes libres à la guerre, se trouvèrent entre le roi et ses hommes libres; et la puissance se trouva encore reculée d'un degré.

Il y a plus : il paroît par les capitulaires que les comtes avoient des bénéfices attachés à leurs comtés, et des vassaux sous eux [1]. Quand les comtés furent héréditaires, ces vassaux du comte ne furent plus les vassaux immédiats du roi; les bénéfices attachés aux comtés ne furent plus les bénéfices du roi; les comtes devinrent plus puissans, parce que les vassaux qu'ils avoient déjà les mirent en état de s'en procurer d'autres.

Pour bien sentir l'affoiblissement qui en résulta à la fin de la seconde race, il n'y a qu'à voir ce

---

Carisiacum. Ce capitulaire se rapporte à un autre de la même année et du même lieu, art. 3.

[1] Le capitulaire III de l'an 812, art. 7; et celui de l'an 815, art. 6, sur les Espagnols; le recueil des capitulaires, liv. V, article 228; et le capitulaire de l'an 869, art. 2; et celui de l'an 877, art. 13, édit. de Baluze.

qui arriva au commencement de la troisième, où la multiplication des arrière-fiefs mit les grands vassaux au désespoir.

C'étoit une coutume du royaume, que, quand les aînés avoient donné des partages à leurs cadets, ceux-ci en faisoient hommage à l'aîné [1]; de manière que le seigneur dominant ne les tenoit plus qu'en arrière-fief. Philippe-Auguste, le duc de Bourgogne, les comtes de Nevers, de Boulogne, de Saint-Paul, de Dampierre, et autres seigneurs, déclarèrent que dorénavant, soit que le fief fût divisé par succession ou autrement, le tout releveroit toujours du même seigneur, sans aucun seigneur moyen [2]. Cette ordonnance ne fut pas généralement suivie; car, comme j'ai dit ailleurs, il étoit impossible de faire, dans ces temps-là, des ordonnances générales : mais plusieurs de nos coutumes se réglèrent là-dessus.

---

[1] Comme il paroît par Othon de Frissingue, des Gestes de Frédéric, liv. II, chap. XXIX.

[2] Voyez l'ordonnance de Philippe-Auguste, de l'an 1209, dans le nouveau recueil.

CHAPITRE XXIX.

De la nature des fiefs depuis le règne de Charles-le-Chauve.

J'AI dit que Charles-le-Chauve voulut que, quand le possesseur d'un grand office ou d'un fief laisseroit en mourant un fils, l'office ou le fief lui fût donné. Il seroit difficile de suivre le progrès des abus qui en résultèrent, et de l'extension qu'on donna à cette loi dans chaque pays. Je trouve, dans les livres des fiefs [1], qu'au commencement du règne de l'empereur Conrad II, les fiefs, dans les pays de sa domination, ne passoient point aux petits-fils; ils passoient seulement à celui des enfans du dernier possesseur que le seigneur avoit choisi [2] : ainsi les fiefs furent donnés par une espèce d'élection que le seigneur fit entre ses enfans.

J'ai expliqué au chapitre XVII de ce livre comment, dans la seconde race, la couronne se trouvoit à certains égards élective, et à certains égards héréditaire. Elle étoit héréditaire, parce qu'on prenoit toujours les rois dans cette race; elle l'étoit

---

[1] Liv. I, tit. 1.

[2] *Sic progressum est, ut ad filios deveniret in quem dominus hoc vellet beneficium confirmare.* Ibid.

encore parce que les enfans succédoient : elle étoit élective parce que le peuple choisissoit entre les enfans. Comme les choses vont toujours de proche en proche, et qu'une loi politique a toujours du rapport à une autre loi politique, on suivit pour la succession des fiefs le même esprit que l'on avoit suivi pour la succession à la couronne [1]. Ainsi les fiefs passèrent aux enfans, et par droit de succession et par droit d'élection; et chaque fief se trouva, comme la couronne, électif et héréditaire.

Ce droit d'élection, dans la personne du seigneur, ne subsistoit pas [2] du temps des auteurs des livres des fiefs [3], c'est-à-dire sous le règne de l'empereur Frédéric Ier.

CHAPITRE XXX.

Continuation du même sujet.

Il est dit, dans les livres des fiefs [4], que, quand l'empereur Conrad partit pour Rome, les fidèles qui étoient à son service lui demandèrent de faire

[1] Au moins en Italie et en Allemagne.
[2] *Quòd hodie ita stabilitum est, ut ad omnes æqualiter veniat.* Liv. I des fiefs, tit. 1.
[3] *Gerardus Niger, et Aubertus de Orto.*
[4] Liv. I, des fiefs, tit. 1.

une loi pour que les fiefs qui passoient aux enfans passassent aussi aux petits-enfans ; et que celui dont le frère étoit mort sans héritiers légitimes pût succéder au fief qui avoit appartenu à leur père commun : cela fut accordé.

On y ajoute, et il faut se souvenir que ceux qui parlent vivoient du temps de l'empereur Frédéric Ier [1], « que les anciens jurisconsultes avoient « toujours tenu que la succession des fiefs en ligne « collatérale ne passoit point au delà des frères « germains, quoique, dans des temps modernes, « on l'eût portée jusqu'au septième degré, comme, « par le droit nouveau, on l'avoit portée en ligne « directe jusqu'à l'infini [2]. » C'est ainsi que la loi de Conrad reçut peu à peu des extensions.

Toutes ces choses supposées, la simple lecture de l'histoire de France fera voir que la perpétuité des fiefs s'établit plus tôt en France qu'en Allemagne. Lorsque l'empereur Conrad II commença à régner en 1024, les choses se trouvèrent encore en Allemagne comme elles étoient déjà en France sous le règne de Charles-le-Chauve, qui mourut en 877. Mais en France, depuis le règne de Charles-le-Chauve, il se fit de tels changemens que Charles-le-Simple se trouva hors d'état de disputer à une

---

[1] Cujas l'a très-bien prouvé.

[2] Liv. I des fiefs, tit. 1.

maison étrangère ses droits incontestables à l'empire; et qu'enfin, du temps de Hugues-Capet, la maison régnante, dépouillée de tous ses domaines, ne put pas même soutenir la couronne.

La foiblesse d'esprit de Charles-le-Chauve mit en France une égale foiblesse dans l'état. Mais comme Louis-le-Germanique son frère, et quelques-uns de ceux qui lui succédèrent, eurent de plus grandes qualités, la force de leur état se soutint plus long-temps.

Que dis-je? Peut-être que l'humeur flegmatique, et, si j'ose le dire, l'immutabilité de l'esprit de la nation allemande, résista plus long-temps que celui de la nation française à cette disposition des choses, qui faisoit que les fiefs, *comme par une tendance naturelle*, se perpétuoient dans les familles.

J'ajoute que le royaume d'Allemagne ne fut pas dévasté, et, pour ainsi dire, anéanti, comme le fut celui de France, par ce genre particulier de guerre que lui firent les Normands et les Sarrasins. Il y avoit moins de richesses en Allemagne, moins de villes à saccager, moins de côtes à parcourir, plus de marais à franchir, plus de forêts à pénétrer. Les princes, qui ne virent pas à chaque instant l'état prêt à tomber, eurent moins besoin de leurs vassaux, c'est-à-dire en dépendirent moins. Et il y a apparence que, si les empereurs d'Allemagne n'avoient été obligés de s'aller faire couronner à Rome, et de faire des expéditions continuelles en Italie, les fiefs auroient conservé plus long-temps chez eux leur nature primitive.

CHAPITRE XXXI.

Comment l'empire sortit de la maison de Charlemagne.

L'EMPIRE qui, au préjudice de la branche de Charles-le-Chauve, avoit déjà été donné aux bâtards de celle de Louis-le-Germanique [1], passa encore dans une maison étrangère, par l'élection de Conrad, duc de Franconie, l'an 912. La branche qui régnoit en France, et qui pouvoit à peine disputer des villages, étoit encore moins en état de disputer l'empire. Nous avons un accord passé entre Charles-le-Simple et l'empereur Henri Ier, qui avoit succédé à Conrad. On l'appelle le pacte de Bonn [2]. Les deux princes se rendirent dans un navire qu'on avoit placé au milieu du Rhin, et se jurèrent une amitié éternelle. On employa un *mezzo termine* assez bon. Charles prit le titre de

---

[1] Arnoul et son fils Louis IV.

[2] De l'an 926, rapporté par Aubert-le-Mire, cod. *donationum piarum*, chap. XXVII.

roi de la France occidentale, et Henri celui de roi de la France orientale. Charles contracta avec le roi de Germanie, et non avec l'empereur.

CHAPITRE XXXII.

Comment la couronne de France passa dans la maison de Hugues-Capet.

L'HÉRÉDITÉ des fiefs et l'établissement général des arrière-fiefs éteignirent le gouvernement politique, et formèrent le gouvernement féodal. Au lieu de cette multitude innombrable de vassaux que les rois avoient eus, ils n'en eurent plus que quelques-uns, dont les autres dépendirent. Les rois n'eurent presque plus d'autorité directe : un pouvoir qui devoit passer par tant d'autres pouvoirs, et par de si grands pouvoirs, s'arrêta ou se perdit avant d'arriver à son terme. De si grands vassaux n'obéirent plus ; et ils se servirent même de leurs arrière-vassaux pour ne plus obéir. Les rois, privés de leurs domaines, réduits aux villes de Reims et de Laon, restèrent à leur merci. L'arbre étendit trop loin ses branches, et la tête se sécha. Le royaume se trouva sans domaine, comme est aujourd'hui l'empire. On donna la couronne à un des plus puissans vassaux.

Les Normands ravageoient le royaume : ils venoient sur des espèces de radeaux ou de petits bâtimens, entroient par l'embouchure des rivières, les remontoient, et dévastoient le pays des deux côtés. Les villes d'Orléans et de Paris arrêtoient ces brigands [1]; et ils ne pouvoient avancer ni sur la Seine ni sur la Loire. Hugues-Capet, qui possédoit ces deux villes, tenoit dans ses mains les deux clefs des malheureux restes du royaume; on lui déféra une couronne qu'il étoit seul en état de défendre. C'est ainsi que depuis on a donné l'empire à la maison qui tient immobiles les frontières des Turcs.

L'empire étoit sorti de la maison de Charlemagne dans le temps que l'hérédité des fiefs ne s'établissoit que comme une condescendance. Elle fut même plus tard en usage chez les Allemands que chez les Français [2] : cela fit que l'empire, considéré comme un fief, fut électif. Au contraire, quand la couronne de France sortit de la maison de Charlemagne, les fiefs étoient réellement héréditaires dans ce royaume : la couronne, comme un grand fief, le fut aussi.

Du reste, on a eu grand tort de rejeter sur le

[1] Voyez le capitulaire de Charles-le-Chauve, de l'an 877, *apud Carisiacum*, sur l'importance de Paris, de Saint-Denis, et des châteaux sur la Loire, dans ces temps-là.

[2] Voyez ci-dessus le chap. xxx de ce livre, pag. 464.

moment de cette révolution tous les changemens qui étoient arrivés, ou qui arrivèrent depuis. Tout se réduisit à deux événemens : la famille régnante changea, et la couronne fut unie à un grand fief.

CHAPITRE XXXIII.

Quelques conséquences de la perpétuité des fiefs.

Il suivit de la perpétuité des fiefs que le droit d'aînesse et de primogéniture s'établit parmi les Français. On ne le connoissoit point dans la première race [1] : la couronne se partageoit entre les frères ; les aleux se divisoient de même ; et les fiefs, amovibles ou à vie, n'étant pas un objet de succession, ne pouvoient pas être un objet de partage.

Dans la seconde race, le titre d'empereur qu'avoit Louis-le-Débonnaire, et dont il honora Lothaire, son fils aîné, lui fit imaginer de donner à ce prince une espèce de primauté sur ses cadets. Les deux rois devoient aller trouver l'empereur chaque année, lui porter des présens, et en recevoir de lui de plus grands ; ils devoient conférer

---

[1] Voyez la loi salique et la loi des Ripuaires, au titre *des aleux*.

avec lui sur les affaires communes [1]. C'est ce qui donna à Lothaire ces prétentions qui lui réussirent si mal. Quand Agobard écrivit pour ce prince [2], il allégua la disposition de l'empereur même, qui avoit associé Lothaire à l'empire, après que, par trois jours de jeûne et par la célébration des saints sacrifices, par des prières et des aumônes, Dieu avoit été consulté; que la nation lui avoit prêté serment; qu'elle ne pouvoit point se parjurer; qu'il avoit envoyé Lothaire à Rome pour être confirmé par le pape. Il pèse sur tout ceci, et non pas sur le droit d'aînesse. Il dit bien que l'empereur avoit désigné un partage aux cadets, et qu'il avoit préféré l'aîné: mais en disant qu'il avoit préféré l'aîné, c'étoit dire en même temps qu'il auroit pu préférer les cadets.

Mais quand les fiefs furent héréditaires, le droit d'aînesse s'établit dans la succession des fiefs; et, par la même raison, dans celle de la couronne, qui étoit le grand fief. La loi ancienne, qui formoit des partages, ne subsista plus: les fiefs étant chargés d'un service, il falloit que le possesseur fût en état de le remplir. On établit un droit de primo-

---

[1] Voyez le capitulaire de l'an 817, qui contient le premier partage que Louis-le-Débonnaire fit entre ses enfans.

[2] Voyez ses deux lettres à ce sujet, dont l'une a pour titre *de divisione imperii*.

géniture ; et la raison de la loi féodale força celle de la loi politique ou civile.

Les fiefs passant aux enfans du possesseur, les seigneurs perdoient la liberté d'en disposer ; et, pour s'en dédommager, ils établirent un droit qu'on appela le droit de rachat, dont parlent nos coutumes, qui se paya d'abord en ligne directe, et qui, par usage, ne se paya plus qu'en ligne collatérale.

Bientôt les fiefs purent être transportés aux étrangers, comme un bien patrimonial. Cela fit naître le droit de lods et ventes, établi dans presque tout le royaume. Ces droits furent d'abord arbitraires; mais quand la pratique d'accorder ces permissions devint générale, on les fixa dans chaque contrée.

Le droit de rachat devoit se payer à chaque mutation d'héritier, et se paya même d'abord en ligne directe [1]. La coutume la plus générale l'avoit fixé à une année du revenu. Cela étoit onéreux et incommode au vassal, et affectoit, pour ainsi dire, le fief. Il obtint souvent, dans l'acte d'hommage, que le seigneur ne demanderoit plus pour le rachat qu'une certaine somme d'argent [2], laquelle,

---

[1] Voyez l'ordonnance de Philippe-Auguste, de l'an 1209, sur les fiefs.

[2] On trouve dans les chartres plusieurs de ces conventions,

par les changemens arrivés aux monnoies, est devenue de nulle importance : ainsi le droit de rachat se trouve aujourd'hui presque réduit à rien, tandis que celui de lods et ventes a subsisté dans toute son étendue. Ce droit-ci ne concernant ni le vassal ni ses héritiers, mais étant un cas fortuit qu'on ne devoit ni prévoir ni attendre, on ne fit point ces sortes de stipulations, et on continua à payer une certaine portion du prix.

Lorsque les fiefs étoient à vie, on ne pouvoit pas donner une partie de son fief, pour le tenir pour toujours en arrière-fief; il eût été absurde qu'un simple usufruitier eût disposé de la propriété de la chose. Mais lorsqu'ils devinrent perpétuels, cela fut permis [1], avec de certaines restrictions que mirent les coutumes [2]; ce qu'on appela se jouer de son fief.

La perpétuité des fiefs ayant fait établir le droit de rachat, les filles purent succéder à un fief, au défaut des mâles. Car le seigneur donnant le fief à la fille, il multiplioit les cas de son droit de rachat, parce que le mari devoit le payer comme la

---

comme dans le capitulaire de Vendôme et celui de l'abbaye de Saint-Cyprien, en Poitou, dont M. Galland, pag. 55, a donné des extraits.

[1] Mais on ne pouvoit pas abréger le fief, c'est-à-dire en éteindre une portion.

[2] Elles fixèrent la portion dont on pouvoit se jouer.

femme ¹. Cette disposition ne pouvoit avoir lieu pour la couronne; car comme elle ne relevoit de personne, il ne pouvoit point y avoir de droit de rachat sur elle.

La fille de *Guillaume V*, comte de Toulouse, ne succéda pas au comté. Dans la suite, Aliénor succéda à l'Aquitaine, et Mathilde à la Normandie; et le droit de la succession des filles parut, dans ces temps-là, si bien établi, que Louis-le-Jeune, après la dissolution de son mariage avec Aliénor, ne fit aucune difficulté de lui rendre la Guienne. Comme ces deux exemples suivirent de très-près le premier, il faut que la loi générale qui appeloit les femmes à la succession des fiefs se soit introduite plus tard dans le comté de Toulouse que dans les autres provinces du royaume ².

La constitution des divers royaumes de l'Europe a suivi l'état actuel où étoient les fiefs dans les temps que ces royaumes ont été fondés. Les femmes ne succédèrent ni à la couronne de France, ni à l'empire, parce que, dans l'établissement de ces deux monarchies, les femmes ne pouvoient succéder aux fiefs; mais elles succé-

---

¹ C'est pour cela que le seigneur contraignoit la veuve de se remarier.

² La plupart des grandes maisons avoient leurs lois de succession particulières. Voyez ce que M. de La Thaumassière nous dit sur les maisons du Berri.

dèrent dans les royaumes dont l'établissement suivit celui de la perpétuité des fiefs, tels que ceux qui furent fondés par les conquêtes des Normands, ceux qui furent fondés par les conquêtes faites sur les Maures; d'autres enfin, qui, au-delà des limites de l'Allemagne, et dans des temps assez modernes, prirent, en quelque façon, une seconde naissance par l'établissement du christianisme.

Quand les fiefs étoient amovibles, on les donnoit à des gens qui étoient en état de les servir; et il n'étoit point question des mineurs. Mais, quand ils furent perpétuels, les seigneurs prirent le fief jusqu'à la majorité, soit pour augmenter leurs profits, soit pour faire élever le pupille dans l'exercice des armes [1]. C'est ce que nos coutumes appellent la garde-noble, laquelle est fondée sur d'autres principes que ceux de la tutelle, et en est entièrement distincte.

Quand les fiefs étoient à vie, on se recommandoit pour un fief; et la tradition réelle, qui se faisoit par le sceptre, constatoit le fief, comme fait aujourd'hui l'hommage. Nous ne voyons pas que

---

[1] On voit dans le capitulaire de l'année 877, *apud Carisiacum*, art. 3, édition de Baluze, tom. II, pag. 269, le moment où les rois firent administrer les fiefs pour les conserver aux mineurs : exemple qui fut suivi par les seigneurs, et donna l'origine à ce que nous appelons la garde-noble.

les comtes, où même les envoyés du roi, reçussent les hommages dans les provinces ; et cette fonction ne se trouve pas dans les commissions de ces officiers qui nous ont été conservées dans les capitulaires. Ils faisoient bien quelquefois prêter le serment de fidélité à tous les sujets[1] ; mais ce serment étoit si peu un hommage de la nature de ceux qu'on établit depuis, que, dans ces derniers, le serment de fidélité étoit une action jointe à l'hommage, qui tantôt suivoit et tantôt précédoit l'hommage, qui n'avoit point lieu dans tous les hommages, qui fut moins solennelle que l'hommage, et en étoit entièrement distincte[2].

Les comtes et les envoyés du roi faisoient encore, dans les occasions, donner aux vassaux dont la fidélité étoit suspecte une assurance qu'on ap-

[1] On en trouve la formule dans le capitulaire 11 de l'an 802. Voyez aussi celui de l'an 854, art. 13 et autres.

[2] M. du Cange, au mot *hominium*, page 1163, et au mot *fidelitas*, page 474, cite les chartres des anciens hommages où ces différences se trouvent, et grand nombre d'autorités qu'on peut voir. Dans l'hommage, le vassal mettoit sa main dans celle du seigneur, et juroit : le serment de fidélité se faisoit en jurant sur les évangiles. L'hommage se faisoit à genoux : le serment de fidélité, debout. Il n'y avoit que le seigneur qui pût recevoir l'hommage ; mais ses officiers pouvoient prendre le serment de fidélité. Voyez Littlton, sect. XCI et XCII. *Foi et hommage*, c'est fidélité et hommage.

peloit *firmitas* [1] ; mais cette assurance ne pouvoit être un hommage, puisque les rois se la donnoient entre eux [2].

Que si l'abbé Suger parle d'une chaire de Dagobert, où, selon le rapport de l'antiquité, les rois de France avoient coutume de recevoir les hommages des seigneurs [3], il est clair qu'il emploie ici les idées et le langage de son temps.

Lorsque les fiefs passèrent aux héritiers, la reconnoissance du vassal, qui n'étoit dans les premiers temps qu'une chose occasionelle, devint une action réglée : elle fut faite d'une manière plus éclatante, elle fut remplie de plus de formalités, parce qu'elle devoit porter la mémoire des devoirs réciproques du seigneur et du vassal dans tous les âges.

Je pourrois croire que les hommages commencèrent à s'établir du temps du roi Pepin, qui est le temps où j'ai dit que plusieurs bénéfices furent donnés à perpétuité : mais je le croirois avec précaution, et dans la supposition seule que les auteurs des anciennes annales des Francs n'aient pas été des ignorans, qui, décrivant les cérémonies de

---

[1] Capitulaire de Charles-le-Chauve, de l'an 860, *post reditum à confluentibus*, art. 3, édit. de Baluze, pag. 145.

[2] *Ibid.*, art. 1.

[3] Lib. *de administratione suâ.*

l'acte de fidélité que Tassillon, duc de Bavière, fit à Pepin ¹, aient parlé suivant les usages qu'ils voyoient pratiquer de leur temps ².

CHAPITRE XXXIV.

Continuation du même sujet.

QUAND les fiefs étoient amovibles ou à vie, ils n'appartenoient guère qu'aux lois politiques : c'est pour cela que, dans les lois civiles de ces temps-là, il est fait si peu de mention des lois des fiefs. Mais, lorsqu'ils devinrent héréditaires, qu'ils purent se donner, se vendre, se léguer, ils appartinrent et aux lois politiques et aux lois civiles. Le fief, considéré comme une obligation au service militaire, tenoit au droit politique; considéré comme un genre de bien qui étoit dans le commerce, il tenoit au droit civil. Cela donna naissance aux lois civiles sur les fiefs.

Les fiefs étant devenus héréditaires, les lois

---

¹ *Anno* 757, chap. XVII.

² *Tassillio venit in vassatico se commendans, per manus sacramenta juravit multa, et innumerabilia, reliquiis sanctorum manus imponens, et fidelitatem promisit Pippino.* Il sembleroit qu'il y auroit là un hommage et un serment de fidélité. Voyez à la page 101, la note 2.

concernant l'ordre des successions durent être relatives à la perpétuité des fiefs. Ainsi s'établit, malgré la disposition du droit romain et de la loi salique [1], cette règle du droit français, *propres ne remontent point* [2]. Il falloit que le fief fût servi ; mais un aïeul, un grand-oncle, auroient été de mauvais vassaux à donner au seigneur : aussi cette règle n'eut-elle d'abord lieu que pour les fiefs, comme nous l'apprenons de Boutillier [3].

Les fiefs étant devenus héréditaires, les seigneurs, qui devoient veiller à ce que le fief fût servi, exigèrent que les filles qui devoient succéder au fief [4], et, je crois, quelquefois les mâles, ne pussent se marier sans leur consentement; de sorte que les contrats de mariage devinrent, pour les nobles, une disposition féodale et une disposition civile. Dans un acte pareil, fait sous les yeux du seigneur, on fit des dispositions pour la succession future, dans la vue que le fief pût être servi par les héritiers : aussi les seuls nobles eurent-ils d'abord la liberté de disposer des successions fu-

---

[1] Au titre des aïeux.

[2] Liv. IV, *de feudis*, tit. LIX.

[3] Somme rurale, liv. I, tit. 76, pag. 447.

[4] Suivant une ordonnance de saint Louis, de l'an 1246, pour constater les coutumes d'Anjou et du Maine, ceux qui auront le bail d'une fille héritière d'un fief donneront assurance au seigneur qu'elle ne sera mariée que de son consentement.

tures par contrat de mariage, comme l'ont remarqué Boyer [1] et Aufrerius [2].

Il est inutile de dire que le retrait lignager, fondé sur l'ancien droit des parens, qui est un mystère de notre ancienne jurisprudence française que je n'ai pas le temps de développer, ne put avoir lieu, à l'égard des fiefs, que lorsqu'ils devinrent perpétuels.

Italiam, Italiam..... [3]. Je finis le traité des fiefs où la plupart des auteurs l'ont commencé.

---

[1] Décision 155, n° 8; et 202, n° 38.
[2] *In capel. Thol.*, décision 453.
[3] *Æneid.*, lib. III.

FIN DU QUATRIÈME VOLUME.

TABLE DES MATIÈRES

CONTENUES DANS CE VOLUME.

LIVRE XXIV.

Des lois, dans le rapport qu'elles ont avec la religion établie dans chaque pays, considérée dans ses pratiques et en elle-même.

Chap. I. Des religions en général............ Page	1
Chap. II. Paradoxe de Bayle.....................	3
Chap. III. Que le gouvernement modéré convient mieux à la religion chrétienne, et le gouvernement despotique à la mahométane.......	5
Chap. IV. Conséquences du caractère de la religion chrétienne et de celui de la religion mahométane....	7
Chap. V. Que la religion catholique convient mieux à une monarchie, et que la protestante s'accommode mieux d'une république.......................	8
Chap. VI. Autre paradoxe de Bayle...............	9
Chap. VII. Des lois de perfection dans la religion.....	10
Chap. VIII. De l'accord des lois de la morale avec celles de la religion......	12
Chap. IX. Des Esséens.....................	13
Chap. X. De la secte stoïque.....................	ibid.
Chap. XI. De la contemplation...................	15
Chap. XII. Des pénitences.........	16
Chap. XIII. Des crimes inexpiables...............	ibid.
Chap. XIV. Comment la force de la religion s'applique à celle des lois civiles...........................	18
Chap. XV. Comment les lois civiles corrigent quelque-	

fois les fausses religions........................ 21
Chap. XVI. Comment les lois de la religion corrigent les inconvéniens de la constitution politique........... 22
Chap. XVII. Continuation du même sujet........... 23
Chap. XVIII. Comment les lois de la religion ont l'effet des lois civiles............................... 24
Chap. XIX. Que c'est moins la vérité ou la fausseté d'un dogme qui le rend utile ou pernicieux aux hommes dans l'état civil, que l'usage ou l'abus que l'on en ait................................... 25
Chap. XX. Continuatio n du même sujet............ 28
Chap. XXI. De la métempsycose................... *ibid.*
Chap. XXII. Combien il est dangereux que la religion inspire de l'horreur pour des choses indifférentes.... 29
Chap. XXIII. Des fêtes........................ 30
Chap. XXIV. Des lois de religion locales.......... 32
Chap. XXV. Inconvénient du transport d'une religion d'un pays à un autre......................... 33
Chap. XXVI. Continuation du même sujet.......... 34

LIVRE XXV.

Des lois dans le rapport qu'elles ont avec l'établissement de la religion de chaque pays et sa police extérieure.

Chap. I. Du sentiment pour la religion............. 36
Chap. II. Du motif d'attachement pour les diverses religions................................... *ibid.*
Chap. III. Des temples......................... 40
Chap. IV. Des ministres de la religion............. 43
Chap. V. Des bornes que les lois doivent mettre aux richesses du clergé........................... 45
Chap. VI. Des monastères....................... 47

Chap. VII. Du luxe de la superstition............ 48
Chap. VIII. Du pontificat........................ 50
Chap. IX. De la tolérance en fait de religion............ 51
Chap. X. Continuation du même sujet.............. 52
Chap. XI. Du changement de religion 53
Chap. XII. Des lois pénales....................... 54
Chap. XIII. Très-humble remontrance aux inquisiteurs d'Espagne et de Portugal..................... 55
Chap. XIV. Pourquoi la religion chrétienne est si odieuse au Japon........................... 60
Chap. XV. De la propagation de la religion.......... 61

LIVRE XXVI.

Des lois, dans le rapport qu'elles doivent avoir avec l'ordre des choses sur lesquelles elles statuent.

Chap. I. Idée de ce livre...................... 63
Chap. II. Des lois divines et des lois humaines....... 64
Chap. III. Des lois civiles qui sont contraires à la loi naturelle..................................... 66
Chap. IV. Continuation du même sujet............. 68
Chap. V. Cas où l'on peut juger par les principes du droit civil, en modifiant les principes du droit naturel. 69
Chap. VI. Que l'ordre des successions dépend des principes du droit politique ou civil, et non pas des principes du droit naturel......................... 70
Chap. VII. Qu'il ne faut point décider par les préceptes de la religion lorsqu'il s'agit de ceux de la loi naturelle.. 74
Chap. VIII. Qu'il ne faut pas régler par les principes du droit qu'on appelle canonique les choses réglées par les principes du droit civil...................... 75

Chap. IX. Que les choses qui doivent être réglées par les principes du droit civil peuvent rarement l'être par les principes des lois de la religion............ 77
Chap. X. Dans quel cas il faut suivre la loi civile qui permet, et non pas la loi de la religion qui défend... 80
Chap. XI. Qu'il ne faut point régler les tribunaux humains par les maximes des tribunaux qui regardent l'autre vie.................................. *ibid.*
Chap. XII. Continuation du même sujet............ 81
Chap. XIII. Dans quel cas il faut suivre, à l'égard des mariages, les lois de la religion; et dans quel cas il faut suivre les lois civiles...................... 82
Chap. XIV. Dans quels cas, dans les mariages entre parens, il faut se régler par les lois de la nature; dans quels cas on doit se régler par les lois civiles........ 84
Chap. XV. Qu'il ne faut point régler par les principes du droit politique les choses qui dépendent des principes du droit civil............................. 91
Chap. XVI. Qu'il ne faut point décider par les règles du droit civil quand il s'agit de décider par celles du droit politique....................................... 93
Chap. XVII. Continuation du même sujet........... 96
Chap. XVIII. Qu'il faut examiner si les lois qui paroissent se contredire sont du même ordre........ 97
Chap. XIX. Qu'il ne faut pas décider par les lois civiles les choses qui doivent l'être par les lois domestiques. 98
Chap. XX. Qu'il ne faut pas décider par les principes des lois civiles les choses qui appartiennent au droit des gens...................................... 99
Chap. XXI. Qu'il ne faut pas décider par les lois politiques les choses qui appartiennent au droit des gens... 100
Chap. XXII. Malheureux sort de l'ynca Athualpa.... 101
Chap. XXIII. Que lorsque, par quelque circonstance,

la loi politique détruit l'état, il faut décider par la loi politique qui le conserve, qui devient quelquefois un droit des gens................................ 102

Chap. XXIV. Que les réglemens de police sont d'un autre ordre que les autres lois civiles............ 104

Chap. XXV. Qu'il ne faut pas suivre les dispositions générales du droit civil lorsqu'il s'agit de choses qui doivent être soumises à des règles particulières tirées de leur propre nature........................ 105

LIVRE XXVII.

Chapitre unique. De l'origine et des révolutions des lois des Romains sur les successions............. 107

LIVRE XXVIII.

De l'origine et des révolutions des lois civiles chez les Français.

Chap. I. Du différent caractère des lois des peuples germains....................................... 127

Chap. II. Que les lois des barbares furent toutes personnelles.. 132

Chap. III. Différence capitale entre les lois saliques et les lois des Wisigoths et des Bourguignons......... 134

Chap. IV. Comment le droit romain se perdit dans le pays du domaine des Francs, et se conserva dans le pays du domaine des Goths et des Bourguignons.... 137

Chap. V. Continuation du même sujet.............. 142

Chap. VI. Comment le droit romain se conserva dans le domaine des Lombards..................... 143

Chap. VII. Comment le droit romain se perdit en Espagne.. 144

Chap. VIII. Faux capitulaires..................... 147

CHAP. IX. Comment les codes des lois des barbares et les capitulaires se perdirent.................... 147
CHAP. X. Continuation du même sujet.............. 150
CHAP. XI. Autres causes de la chute des codes des lois des barbares, du droit romain, et des capitulaires... 151
CHAP. XII. Des coutumes locales; révolution des lois des peuples barbares et du droit romain.............. 153
CHAP. XIII. Différence de la loi salique ou des Francs saliens d'avec celle des Francs ripuaires et des autres peuples barbares............................. 156
CHAP. XIV. Autre différence..................... 158
CHAP. XV. Réflexion............................ 160
CHAP. XVI. De la preuve par l'eau bouillante, établie par la loi salique.............................. 161
CHAP. XVII. Manière de penser de nos pères....... 162
CHAP. XVIII. Comment la preuve par le combat s'étendit. 167
CHAP. XIX. Nouvelle raison de l'oubli des lois saliques, des lois romaines et des capitulaires.............. 174
CHAP. XX. Origine du point d'honneur............. 177
CHAP. XXI. Nouvelle réflexion sur le point d'honneur chez les Germains............................. 180
CHAP. XXII. Des mœurs relatives aux combats....... 181
CHAP. XXIII. De la jurisprudence du combat judiciaire. 184
CHAP. XXIV. Règles établies dans le combat judiciaire. 185
CHAP. XXV. Des bornes que l'on mettoit à l'usage du combat judiciaire.............................. 188
CHAP. XXVI. Du combat judiciaire entre une des parties et un des témoins............................. 192
CHAP. XXVII. Du combat judiciaire entre une partie et un des pairs du seigneur. Appel de faux jugement... 194
CHAP. XXVIII. De l'appel de défaute de droit........ 204
CHAP. XXIX. Époque du règne de saint Louis........ 211
CHAP. XXX. Observation sur les appels............ 216

Chap. XXXI. Continuation du même sujet.......... 217
Chap. XXXII. Continuation du même sujet.......... 218
Chap. XXXIII. Continuation du même sujet......... 220
Chap. XXXIV. Comment la procédure devint secrète. 221
Chap. XXXV. Des dépens....................... 223
Chap. XXXVI. De la partie publique............. 225
Chap. XXXVII. Comment les Établissemens de saint Louis tombèrent dans l'oubli.................. 230
Chap. XXXVIII. Continuation du même sujet........ 233
Chap. XXXIX. Continuation du même sujet......... 237
Chap. XL. Comment on prit les formes judiciaires des décrétales.. 239
Chap. XLI. Flux et reflux de la juridiction ecclésiastique et de la juridiction laie.................... 241
Chap. XLII. Renaissance du droit romain, et ce qui en résulta. Changemens dans les tribunaux........... 244
Chap. XLIII. Continuation du même sujet........... 248
Chap. XLIV. De la preuve par témoins............. 250
Chap. XLV. Des coutumes de France.............. 251

LIVRE XXIX.

De la manière de composer les lois.

Chap. I. De l'esprit du législateur................. 256
Chap. II. Continuation du même sujet.............. 257
Chap. III. Que les lois qui paroissent s'éloigner des vues du législateur y sont souvent conformes........... *ibid.*
Chap. IV. Des lois qui choquent les vues du législateur. 259
Chap. V. Continuation du même sujet.............. *ibid.*
Chap. VI. Que les lois qui paroissent les mêmes n'ont pas toujours le même effet........................... 261
Chap. VII. Continuation du même sujet. Nécessité de bien composer les lois........................... 262

Chap. VIII. Que les lois qui paroissent les mêmes n'ont pas toujours eu le même motif................ 263

Chap. IX. Que les lois grecques et romaines ont puni l'homicide de soi-même, sans avoir le même motif... 264

Chap. X. Que les lois qui paroissent contraires dérivent quelquefois du même esprit.................. 266

Chap. XI. De quelle manière deux lois diverses peuvent être comparées......................... 267

Chap. XII. Que les lois qui paroissent les mêmes sont réellement quelquefois différentes............. 268

Chap. XIII. Qu'il ne faut point séparer les lois de l'objet pour lequel elles sont faites. Des lois romaines sur le vol.. 270

Chap. XIV. Qu'il ne faut point séparer les lois des circonstances dans lesquelles elles ont été faites....... 273

Chap. XV. Qu'il est bon quelquefois qu'une loi se corrige elle-même....................................... 274

Chap. XVI. Choses à observer dans la composition des lois.. 275

Chap. XVII. Mauvaise manière de donner des lois..... 283
Chap. XVIII. Des idées d'uniformité............... 284
Chap. XIX. Des législateurs...................... 285

LIVRE XXX.

Théorie des lois féodales chez les Francs, dans le rapport qu'elles ont avec l'établissement de la monarchie.

Chap. I. Des lois féodales....................... 287
Chap. II. Des sources des lois féodales.......... 288
Chap. III. Origine du vasselage................. 289
Chap. IV. Continuation du même sujet............ 292
Chap. V. De la conquête des Francs.............. 293

Chap. VI. Des Goths, des Bourguignons et des Francs. 294
Chap. VII. Différentes manières de partager les terres. 295
Chap. VIII. Continuation du même sujet............ 297
Chap. IX. Juste application de la loi des Bourguignons et de celle des Wisigoths sur le partage des terres... 298
Chap. X. Des servitudes....................... 300
Chap. XI. Continuation du même sujet............ 302
Chap. XII. Que les terres du partage des barbares ne payoient pas de tributs..................... 308
Chap. XIII. Quelles étoient les charges des Romains et des Gaulois dans la monarchie des Francs......... 313
Chap. XIV. De ce qu'on appeloit *census*............ 317
Chap. XV. Que ce qu'on appeloit *census* ne se levoit que sur les serfs, et non pas sur les hommes libres...... 320
Chap. XVI. Des leudes ou vassaux............... 325
Chap. XVII. Du service militaire des hommes libres... 328
Chap. XVIII. Du double service................. 333
Chap. XIX. Des compositions chez les peuples barbares. 337
Chap. XX. De ce qu'on a appelé depuis la justice des seigneurs................................ 345
Chap. XXI. De la justice territoriale des églises...... 351
Chap. XXII. Que les justices étoient établies avant la fin de la seconde race......................... 355
Chap. XXIII. Idée générale du livre de l'*Établissement de la monarchie française dans les Gaules*, par M. l'abbé Dubos........................... 360
Chap. XXIV. Continuation du même sujet. Réflexion sur le fond du système..................... 361
Chap. XXV. De la noblesse française............. 367

LIVRE XXXI.

Théorie des lois féodales chez les Francs, dans le rapport qu'elles ont avec les révolutions de leur monarchie.

CHAP. I. Changemens dans les offices et les fiefs. 379
CHAP. II. Comment le gouvernement civil fut réformé. 385
CHAP. III. Autorité des maires du palais. 390
CHAP. IV. Quel étoit à l'égard des maires le génie de la nation 394
CHAP. V. Comment les maires obtinrent le commandement des armées. 396
CHAP. VI. Seconde époque de l'abaissement des rois de la première race. 398
CHAP. VII. Des grands offices et des fiefs sous les maires du palais. 400
CHAP. VIII. Comment les aleux furent changés en fiefs. 402
CHAP. IX. Comment les biens ecclésiastiques furent convertis en fiefs. 407
CHAP. X. Richesses du clergé. 409
CHAP. XI. État de l'Europe du temps de Charles-Martel. 411
CHAP. XII. Établissement des dîmes. 417
CHAP. XIII. Des élections aux évêchés et abbayes. . . . 422
CHAP. XIV. Des fiefs de Charles-Martel 423
CHAP. XV. Continuation du même sujet. 424
CHAP. XVI. Confusion de la royauté et de la mairie. Seconde race. 425
CHAP. XVII. Chose particulière dans l'élection des rois de la seconde race. 428
CHAP. XVIII. Charlemagne. 431
CHAP. XIX. Continuation du même sujet. 433
CHAP. XX. Louis-le-Débonnaire. 434
CHAP. XXI. Continuation du même sujet. 438

Chap. XXII. Continuation du même sujet............ 440
Chap. XXIII. Continuation du même sujet........... 441
Chap. XXIV. Que les hommes libres furent rendus capables de posséder des fiefs.................... 446
Chap. XXV. Cause principale de l'affoiblissement de la seconde race.—Changement dans les aleux........ 448
Chap. XXVI. Changement dans les fiefs............ 453
Chap. XXVII. Autre changement arrivé dans les fiefs.. 455
Chap. XXVIII. Changemens arrivés dans les grands offices et dans les fiefs......................... 457
Chap. XXIX. De la nature des fiefs depuis le règne de Charles-le-Chauve............................ 460
Chap. XXX. Continuation du même sujet 461
Chap. XXXI. Comment l'empire sortit de la maison de Charlemagne................................ 464
Chap. XXXII. Comment la couronne de France passa dans la maison de Hugues-Capet................ 465
Chap. XXXIII. Quelques conséquences de la perpétuité des fiefs.................................... 467
Chap. XXXIV. Continuation du même sujet.......... 475

FIN DE LA TABLE.

www.ingramcontent.com/pod-product-compliance
Lightning Source LLC
Chambersburg PA
CBHW050236230426

43664CB00012B/1716